HAS
CHINA
WON?

THE CHINESE CHALLENGE
TO AMERICAN PRIMACY

中国的选择

中美博弈与战略抉择

［新加坡］马凯硕（KISHORE MAHBUBANI）_著

全球化智库（CCG）_译

中信出版集团｜北京

图书在版编目（CIP）数据

中国的选择：中美博弈与战略抉择／（新加坡）马
凯硕著；全球化智库译 . -- 北京：中信出版社，
2021.9（2025.6重印）
　ISBN 978-7-5217-3495-9

　Ⅰ . ①中… Ⅱ . ①马… ②全… Ⅲ . ①中美关系—研
究 Ⅳ . ① D822.371.2

中国版本图书馆 CIP 数据核字（2021）第 167028 号

中国的选择：中美博弈与战略抉择

著　　者：［新加坡］马凯硕
译　　者：全球化智库（CCG）
出版发行：中信出版集团股份有限公司
　　　　　（北京市朝阳区东三环北路27号嘉铭中心　邮编　100020）
承 印 者：北京通州皇家印刷厂

开　　本：787mm×1092mm　1/16　　印　张：20.25　　字　数：240 千字
版　　次：2021 年 9 月第 1 版　　　　印　次：2025 年 6 月第 7 次印刷
京权图字：01-2020-7286
书　　号：ISBN 978-7-5217-3495-9
定　　价：68.00 元

重磅推荐

《中国的选择：中美博弈与战略抉择》一书的出版正当其时！过去几年中美关系的恶化让人们在感到错愕时也不禁反思，中美两国到底发生了什么，使得关系走到这一步？未来两国关系将如何演进？双方存在哪些误解和分歧？双方面临什么战略决策及后果？马凯硕是非常著名的外交家和国际关系专家，我与他结识多年，非常钦佩他在重大国际事务方面的睿智与坦诚。中国古话说得好，旁观者清。在这本书中，马凯硕毫不避讳，用直率生动的语言、丰富多元的案例给出了他对上述问题的精彩分析和客观建议。他对中美两国政治、经济与外交的洞察令人叹服，他对未来中美冲突的担忧让我们感同身受。他的分析也许会逼迫我们离开熟悉的思路和舒适区，也可能有人会不赞同，但更重要的是，他的分析将为我们理解中美关系的演变和发展提供新的空间和思路。

——薛澜

清华大学苏世民书院院长

马凯硕这本新著凝聚了他几十年来对世界政治的洞见，既有纵向的梳理，也有横向的剖析，既有参与者的热忱，也有观察者的冷静。他对中美两国战略家的忠告得到的倾听越多，两国陷入战略冲突的可能性就越小。

——王缉思

北京大学国际战略研究院院长，北京大学国际关系学院教授

马凯硕长期关注中美竞争态势的发展，他的新著通过对历史与地缘政治的洞见，揭示战略思考中的各种盲点，辨析中美两国之间的误解与误判，试图以冷静理性的进言敦促中美化解冲突，避免走向两败俱伤甚至危及人类命运的战争局面。作者的观点得益于他特有的经验、学识与第三方视角，富有启发性，值得借鉴。

——刘擎

华东师范大学政治哲学与思想史教授

中美关系的走向塑造着我们今天所处世界的整体格局与趋势。在中国重回世界舞台中心的过程中，美国和中国之间究竟会如何博弈？两国各自的战略有哪些得失？马凯硕作为一位学者型的资深外交家，在这本书中深入浅出地介绍了中美关系在经济、政治、外交和军事等方面的十大关键问题，并结合自己的观察对中美关系的定位和未来的发展方向给出了建设性建议。新加坡作为一个以华人为主而又深度融入英美同盟和其他经济体系的安全的亚洲富国，长期活跃在中美两国中间，因而此地观察家们的观点展现出很难得的客观性、兼容性和全局性。马凯硕先生是其中的佼佼者，其个人深厚的学术背景和资深的外交经历，使这本书兼具现实性、思想性和前瞻性。此书值得一读。

——翟东升

中国人民大学国际关系学院副院长，

中国人民大学国际货币研究所特聘研究员

当下的中美之争正在深刻地改变着我们曾经熟悉的世界景象，一个无法避免又极其重要的主题是：中美竞争将把世界带向何方？作为资深外交官和国际关系学者，马凯硕在书中给出了自己的思考和答案，他为我们提供了一个贯通前后、洞见当下的机会，一个与大师对话的机会。贯穿全书的十个问题，是马凯硕对中美关系的深刻反思，更是塑造中美关系变化的几大关键变量。通过对中美国际战略、国内政治以及经济变迁等维度的独到分析，马凯硕为我们厘清了中美双方如何走到今日的困窘之局。马凯硕建议中美都需要反思自身战略中存在的失误和不足，对自身长期利益需要有清楚的认识，避免被情绪操纵，正确评估自己的国际位置，理性制定符合国情需要并能积累长期优势的战略。马凯硕在书中所强调的政治改革能力和领导力将是有益的建议，这是中国相较于美国的制度优势，但核心任务是将制度优势转化为战略优势，进而走向能力优势，这需要不断探索方能实现。

——陈琪

清华大学战略与安全中心秘书长、教授

世界的未来在很大程度上取决于中美关系将如何发展。马凯硕先生以令人信服的方式阐释了中国和平发展的本质，他认为具有中国特色的国家治理模式为提供国际公共产品做出了巨大贡献。这本书是当前和未来一段时间处理中美关系与大国关系的重要指南。推荐给所有人，特别是政治家、外交官、学者与青年学生。

——王勇

北京大学国际关系学院教授

马凯硕所著的新书《中国的选择：中美博弈与战略抉择》对中美关系中的矛盾和冲突进行了深刻的分析。作者认为，中美关系是当今世界最重要的一组大国关系，中美关系的走向对当今世界的地缘政治变化、全球经济竞争格局的演变方向有着举足轻重的影响。这本书不仅帮我们轻松读懂了两个大国之间复杂的矛盾与博弈，同时也启发了我们对过往事态的总结与反思，对我们有效把握中美关系，促成竞争合作的新局面，避免形成两大阵营的对抗，有着积极的参考价值。此书值得我们认真阅读并从中汲取一些人类智慧的结晶。

——霍建国

中国世界贸易组织研究会副会长，

商务部国际贸易经济合作研究院原院长，CCG 特邀高级研究员

这本书非常直白坦诚地分析了中美两国在处理双边关系方面存在的战略失误。对于中美能否避免重大地缘政治竞争这一问题，这本书的答案是：既不可避免，也可以避免。世界上有足够的空间供中国和美国共同繁荣发展。归根结底，世界上其他 50 多亿人期望美国和中国能够做到：致力拯救地球并改善人类的生活条件，尤其是本国人民的生活条件。因此，最终问题将不再是美国或中国的胜利，而是人类是否会赢得胜利。这本书给中美双方和世界提供了一个中立、客观的视角，让我们能够更加理性地看待和应对未来中美地缘政治竞争。

——管涛

中银证券全球首席经济学家

这本书研究的问题发人深省、耐人寻味，它探讨的也许是 21 世纪最重大的问题，答案却并不简单。马凯硕运用生动有趣且令人震撼的数据和事实来深入揭示两国的优势及劣势。两国的较量远未结束。在我读过的同类图书中，这部是最佳之作。

——单伟建

太盟投资集团董事长兼首席执行官

著有《走出戈壁：我的中美故事》

《金钱游戏：揭秘美国交易高手如何拯救韩国银行巨头》

在中美大国博弈的时代，更需要折冲其间纵横连横的策士，马凯硕正是一个很有代表性的人物。他出生于印巴分治中流亡的印度裔家庭，在新加坡成长为资深外交官，再跃升为中美都奉为座上宾的智囊，其外部人的视角恰恰能点出局内人可能存在的盲点。首先，他秉持务实主义，这种务实主义就体现在他对中国作为崛起大国的清醒认知上。其次，他有对中国的近距离观察，能作为利益相关方给出中肯的建议，而不是许多西方观察家的那种"纸上谈兵"。此外，作为印度裔新加坡人，他能很好地在中美之间协调。这本《中国的选择：中美博弈与战略抉择》，应该说是在这个全新的两极多边时代，纵横家给出的一本有分量的策书。

——吴晨

《经济学人·商论》执行总编辑

未来的中美关系将会沿着何种方向演进？中美之间的战略博弈将会给各国造成什么影响？中美能否以及应该如何避免恶性竞争？这些都是国际战略界普遍关注的议题。在《中国的选择：中美博弈与战略抉择》一书中，新加坡著名外交家和国际问题专家马凯硕对上述问题进行了深入分析。他认为中国并没有去挑战或威胁美国的意识形态，中美在意识形态、政治价值观方面实际上并不存在根本性的矛盾，两国之间也不必然陷入严重的地缘政治冲突。

——吴其胜

上海社会科学院国际问题研究所副研究员

＊　＊　＊

马凯硕在外交和国际关系领域有着丰富的经验，在复杂环境下具备高度发展且相对罕见的战略思维能力，以及联系和尊重多种文明及其价值观的独特能力。这些技能、洞察力和经验在他的新著《中国的选择：中美博弈与战略抉择》中得以充分展示。他不偏不倚地分析了在中国和美国正面临的竞争中可能发生的情况。他对双方的偏见和错误的评估，既一针见血，又至关重要。这本书的可贵之处在于，它会带领大多数读者走出自己的舒适区。书中有很多深刻的见解，核心是，随着时间的推移，竞争结果将主要取决于双方是否有能力去理解和尊重数百年乃至数千年文明的深刻差异，这种差异带来了不同的治理结构和有关个人自由、社会与政治稳定等方面的相对价值观。换言之，要通过他人的眼睛去看世界。尽管如此，双方仍需要建立广泛的共同利益。在马凯硕看来，结局很明朗：要么人人（不止中国和美国）都赢，要么没人赢。在历史的关键时刻，这是一本重要的著作。

——迈克尔·斯宾塞

2001 年诺贝尔经济学奖得主

不管我们是把中国视作朋友、对手，还是非敌非友，我们都需要知道中国是如何思考和看待自己在世界上的地位的。对于西方人来说，马凯硕是最能帮助我们了解亚洲人世界观的人。他在这部极其重要的著作中分享了丰富的知识和经验。

——劳伦斯·萨默斯

美国前财政部长，哈佛大学前校长

在这部新著中，马凯硕解释了为什么争论中美输赢实际上是一个错误的问题。尽管双方的误解不断增加，但中美两国终归知道，双方爆发战争将会是灾难性的。在这部富有启发性的新著中，马凯硕呼吁两个大国都要具备更深层次的理性。他认为，当今时代的最大挑战将是回答人类是否会赢的问题。中美两国的读者将会从马凯硕的智慧中获益匪浅。

——杨荣文

新加坡前外交部长

马凯硕的《中国的选择：中美博弈与战略抉择》做出了重大的贡献：回顾了从乔治·凯南到约翰·肯尼迪的战略智慧，提出了有关中国崛起的挑衅性甚至"异端"问题，并倡导为世界多样性提供保障。

——格雷厄姆·艾利森

哈佛大学肯尼迪政府学院道格拉斯·狄龙政治学教授

著有《注定一战：中美能避免修昔底德陷阱吗？》

长期以来，马凯硕一直称赞西方教给世界其他地区知识，包括中国和印度在内的许多亚洲国家也都从西方传授的知识中获益。然而，没有国家比美国更惊讶于中国从美国学到的东西，现在美国把中国纯粹视作威胁其全球主导地位的竞争对手。马凯硕尖锐地问道：中国做了什么，要被如此对待？他比以往更进一步地挑战读者，让他们思考如果任由竞争无节制地发展下去会造成何种后果。

——王赓武

新加坡国立大学教授

马凯硕有一种非凡的能力，能够看穿让大国误入歧途的、自满的"正统观念"。《中国的选择：中美博弈与战略抉择》揭示出正在破坏中美两国以及它们与世界关系的流言和错误，并为两国提供了坦率又清晰的建议，指导它们在未来做得更好。中美两国的领导人虽然有可能不喜欢他的某些观点，但无论如何都应该予以密切关注。你也应该密切关注。

——斯蒂芬·沃尔特

哈佛大学贝尔弗科学与国际事务中心教授

美国人应该听取马凯硕的逆耳忠言——哪怕这可能不受欢迎：抛弃对美国永远是世界第一、拥有牢靠的非凡美德的幻想。反之，美国应该采取一项以平衡与合作为基础的长期国际战略，重新建立健全国内领导与治理机制，在国外赢得朋友而非赶走盟友，避免做出过度承诺，并表现出道德上的谦逊。在民主的武器库中，军事力量并非最重要的武器。

——戴维·兰普顿

约翰斯·霍普金斯大学高级国际研究学院荣誉教授

中美两国正为争夺国际主导权而陷入争斗，这场竞争的结果将塑造影响未来几代人的世界秩序。马凯硕用他细微的观察和清晰的洞察力捕捉到了这场竞争的复杂性。这本书不容错过。

——伊恩·布雷默

美国欧亚集团主席

马凯硕的新作精彩纷呈，意义重大，聚焦国际事务中的重要问题：中美关系未来将如何演变？人类亟须超级大国合作，而它们之间更可能摩擦不断。作者认为，若是后者，美国最终很可能陷入严重劣势，这并非缘于中国的固有优势，而是因为美国的种种失误，尤其是未能认清中国的现实。

——马丁·沃尔夫

英国《金融时报》首席经济评论员

推荐序

　　中美关系将成为 21 世纪最重要的双边关系，因为中美不仅是世界上最大的两个经济体，还是世界上最大的两个贸易国与碳排放国，同时也是发展中国家与发达国家的代表，分别代表着亚洲与西方的主要声音。

　　鉴于这些利害因素，中美以清醒和理性的态度相互了解有着前所未有的重要性。但令人遗憾的是，当前国际上关于中美关系的争论多呈两极分化趋势，意识形态、成见与偏见色彩浓重，特定利益集团为了自己的目的而故意扭曲这方面的争论。中美双方远隔重洋相互审视，对彼此的理解皆有偏差。有时，中美之间似乎天然缺乏共鸣，导致双方各执一词。

　　也许无人能比马凯硕更适合弥合这一鸿沟，丰富的经验与杰出的职业生涯帮助他形成了独特的视角来看待全球事务。正在演进的中美关系是一个复杂且争议不断升级的话题，见识广博的马凯硕是一位中立的第三方观察者。他与华盛顿及北京的资深内部人士保持着长期联系，对两国的政治现实有着深刻把握，但同时又保留了局外人的清晰视角，能够客观理性地分析与重构热门话题。正因如此，他对于驱散笼罩在中美关系上的迷雾可以发挥独特的作用，这也正是这本书的写作初衷之一。

马凯硕担任新加坡外交官超过三十年。新加坡与中美两国都有着深厚的联系，也是发展最成功的国家之一，这部分归功于新加坡的国际视野及与世界的深度融合。

马凯硕成长并工作于新加坡这个文化大熔炉中，深受亚洲传统与文化的熏陶，与亚洲的多元化社会建立了密切的联系。同时，作为新加坡驻联合国大使，马凯硕先后在华盛顿与纽约任职十余年，深谙西方——尤其是美国——的文化与政治。

正如书中所述，马凯硕对中美两国的政治、历史与社会都有着深刻的见解。加之他所接受的战略训练，以及他拥有的洞悉对正统观念的误导性叙述和把握大局的天赋，使他能够对地缘政治提出独到而精妙的见解。在外交生涯结束后，他投身学术界并开创了卓越的事业，成为亚洲著名的公共知识分子，也是对当今时代的重大问题发出最富见地、最雄辩声音的人物之一。

我认识马凯硕已十年有余。这些年来，我有幸与他在许多私下和公开的场合进行讨论，并分享意见和看法。其中最令人难忘的是 2019 年 5 月，我们在多伦多举行的"芒克辩论会"中并肩作战。那天，我们的辩论立场是中国非但没有对自由国际秩序构成威胁，反倒是战后秩序的最大受益者，而且维护和加强当前的国际秩序而非破坏它更符合中国的利益。当晚在辩论厅里，我们的看法与主流观点相左，马凯硕再次展现出了他洞悉误导性叙述的天赋，他的发言雄辩且有说服力，帮助我方险胜了强大的对手。

他的这种批判性思维与敏锐的洞察力贯穿了《中国的选择：中美博弈与战略抉择》一书。这本书写于新冠肺炎疫情将世界搞得天翻地覆之前，书中对不断演变的地缘政治平衡进行了分析，并及时提出了强有力的、富有远见的论点：中美应将两国间的竞争限制在良性的范围内，为应对疫情与气候变化等全球挑战开拓合作空间。

因此，这本书得到了世界顶尖专家和政界人士的一致好评。它已经产生了真正的全球性影响，伴随着阿拉伯语、荷兰语、法语，以及德语、葡萄牙语和越南语等多种语言版本即将面世，这本书的影响力将不断扩大。我很高兴这本书的中文版能够在此关键时刻面世，从而让更多读者从中有所得，并对当代最重要的问题获得新的解读视角。

这本书最大的优点之一是，将中美两国制度的主要特点及对比贯穿全书。这些清晰的对比有助于读者全面理解中美关系及其所处的国际和历史背景。一些内容可能会引发读者不快，因为马凯硕的分析鞭辟入里，他不仅分析了两国的优势，也分析了两国的弱势与战略失误。有些事实两国都难以接受。但正如马凯硕所指出的，只有清醒地看待自己和对方，中美才能学会合作。

《中国的选择：中美博弈与战略抉择》是一本视野广阔又雄心勃勃的书，这本书借鉴了许多学科及思想流派的智慧，其中包括马凯硕在大学期间所学的哲学。他强调，这段学习经历使他懂得了最重要的不是找到正确的答案，而是要找对问题。正如他在书中所写，制定任何长期战略的第一步都是找对问题——这是从杰出的新加坡地缘政治思想家李光耀等人身上学到的。因为如果把问题都搞错了，那么无疑，答案也将是错的。

尽管此书的原版书名 ① 带有挑衅意味，但书中最终得出了一个乐观却或多或少令人惊讶的结论。

我们生活在一个联系日益紧密的世界，任何国家都无法仅凭一己之力战胜我们所面临的严峻挑战。最后，马凯硕表示，我们应该问的问题不是中国或美国是否赢了，而是人类是否赢了。新冠肺炎疫情肆虐后，全球正在挣扎着复苏，同时面临着迫在眉睫的气候变化威胁。"人类是否赢了"这个问题切中了要害。我希望，也相信，这本书能够深刻地阐明国家间的分歧和共同利益，唤起我们对共同命运的觉悟。

王辉耀

全球化智库（CCG）主任

2021 年 4 月于北京

---

① 英文版书名是 *Has China Won?*，意为"中国赢了吗？"。

中文版序言

有一件事确凿无疑。

美国与中国之间爆发的地缘政治竞争将持续一二十年。早在 2018 年，美国总统唐纳德·特朗普就发起了第一轮进攻，但竞争将会比他的执政时间延续更久。

这是本书的开篇语，我在 2019 年写下这些字句，次年初该书在纽约首次出版。遗憾的是，我竟一语成谶。2020 年，唐纳德·特朗普在大选中落败，乔·拜登当选总统。然而，尽管选出了一位新总统，但中美之间的地缘政治竞争仍在继续。

中国既不想威胁美国，也无意损伤美国的利益，为何美国非要坚持与中国开展地缘政治竞争呢？对此，许多中国读者肯定一头雾水。本书旨在回答中国读者脑海中关于这一重大地缘政治竞争的所有大问题。事实上，本书的一个关键目标是，阐释驱使美国发起这场竞争的深层结构性力量。

其中一种结构性力量很容易理解，美国已经习惯了做世界头号强国。实际上，自 1894 年经济总量首次超越英国以来，美国一直是世界第一大经济强国。美国人认为他们应该永保第一大经济强国的地位。乔·拜登在 2021 年 3 月 25 日举行上任后首场新闻发布会时表示"在我的任期内，这（中国超越美国）不会发生"，传达出美国人的这种观念。在此背景下，我们就能够理解美国为何会将中国崛起视作一种威胁，因为中国经济持续发展，终将使美国成为世界第二大经济体。

中国并非有意使美国成为世界第二。相反，中国的目标是改善人民福祉，尤其是改革开放以来，中国取得了惊人的成功。改善人民福祉的一项成果是，中国的人均收入增加了。随着人均收入的增加，中国国民生产总值的规模也扩大了。事实上，按购买力平价计算，1980 年时美国的经济规模是中国的 10 倍，到了 2014 年，这一差距大大缩小了。2019 年，美国名义国内生产总值为 21 万亿美元，但大多数经济学家认为，按照这个口径衡量，中国的经济规模将在 10 年内超越美国。

当美国成为世界第二时会给美国人造成巨大的心理冲击。为何会如此令人震惊？答案也着实令人错愕：美国人相信美国社会是自由开放的，人们能够对所有事情畅所欲言；然而，如果哪位美国政治家胆敢表示美国应准备好做世界第二，他将会被钉死在十字架上——从政治上讲，绝对禁止谈论美国成为世界第二。

显然，不愿成为"第二"是美国对中国发起地缘政治竞争的主要原因。然而，美国在与中国展开这场较量时出现了一个很大的失误，它并未事先制定出一个经过深思熟虑且全面的对华长期战略。得知这一点，许多中国人可能会备感震惊，因为在未制定战略的情况下就发起竞争可谓疯狂之举。若有中国读者对此表示怀疑，那他们应该知晓，向我证实这一点的正是美国仍健在的最伟大的战略思想家之一——亨利·基辛格。基辛格在中国很有名，他于 1971 年 7 月秘密访问中国，成为改善中美关系的先行者。在本书中，我描述了 2018 年 3 月在纽约与基辛格共进午餐的情形，当时他向我证实美国是缺乏对华长期战略的。

特朗普政府所采取的捉摸不定的对华行动也证实了这种战略缺失。例如，当挑起对中国的贸易摩擦时，美国的主要目标是什么？特朗普政府声称，目标是减少美国与中国的贸易逆差。然而，正如本书中深入解说的，中美之间的贸易逆差并不是由中国的不公平贸易行为所导致的，而是中国储蓄和投资之间失衡的结果，详见本书第三章"美国最大的战略失误"。如果特朗普政府的真正目的是削弱中国的实力，那么这已经失败了。2009 年，中国的零售商品市场规模为 1.8 万亿美元，美国为 4 万亿美元，是中国的两倍多；到了 2019 年（特朗普挑起贸易摩擦 3 年之后），中国的零售商品市场规模为 6 万亿美元，增长了两倍多，美国的仅增至 5.5 万亿美元，不到 2009 年的 1.5 倍。

特朗普政府挑起的贸易摩擦显然已告失败。拜登本人也证实了这场贸易摩擦的失败。2019 年 7 月，在竞选美国总统期间，有人问拜登是否会保留特朗普的关税政策，他回答"不会"，事实上，他对特朗普的贸易政策进行了全面批评。

既然拜登亲自证实了特朗普挑起的贸易摩擦已经失败，那么他在 2021 年 1 月就任后，应该取消特朗普的对华关税政策，这才合乎逻辑。然而，他没有这样做。他没有这么做的主要原因是，不想在美国同胞面前显得软弱。

此处需要强调一点：就个人观察，我认为拜登在 2009—2016 年担任美国副总统期间，实际上对中国非常友好。当习近平主席于 2012 年 2 月访美时，拜登负责接待他并在职权范围内给予了最高规格的礼遇；2011 年 8 月，拜登以副总统身份访华并受到了习近平主席的接待。与特朗普政府的副总统迈克·彭斯、国务卿迈克·蓬佩奥等官员相比，拜登对中国的评论会礼貌得多，对此我毫不怀疑。然而，即便拜登再客气，基于本书阐述的许多结构性原因，中美之间的地缘政治竞争仍将继续。

但本书的结论还是乐观的。书中最后一章汲取了中国阴阳观念所蕴含的智慧，阐释了中国和美国如何找到相互合作的途径。

"对立势力"也有可能和平共处。基于此，本书以中美之间的五个"不矛盾"来收尾。这里举两个具体的例子。首先，如果美国政府的首要目标是改善美国人民的福祉（本应如此），中国政府的首要目标是改善中国人民的福祉（正是如此），那么中美两国政府就可以通过相互合作来实现这些目标。

实际上，本书的一个关键看法是，美国政府必须尽快做出一个重大选择：是以维护美国在世界上的"主导地位"为重，还是以改善美国人民的福祉为重？这一选择将产生的重要结果是，如果将人民放在首位，美国就应该减少军事开支。许多富有见解的美国人实际上已经表达过对美国军事开支过多的看法。法里德·扎卡利亚是美国有线电视新闻网和《华盛顿邮报》的记者，他谈道："劳埃德·奥斯汀近期表示，在过去 20 年里，美国一直将重点放在中东，而中国则一直在推动军事现代化。'我们将保持优势，'奥斯汀说，'我们将继续加强优势。'奥斯汀所谓'美国对中国的优势'简直构成了一道天堑。美国拥有的核弹头数量大约是中国的 20 倍。美国拥有的海上军舰吨位是中国的两倍，其中包括 11 艘核动力航空母舰，而中国只有两艘航空母舰（还远不如美国的先进）。美国国家安全分析师塞巴斯蒂安·罗布林说，美国拥有 2 000 多架现代化战斗机，中国却只有大约 600 架。美国有大约 800 个海外基地组成的庞大军事网络，中国却只有 3 个海外基地。中国的国防预算尚不及美国的 1/3。"法里德·扎卡利亚说的绝对正确。这些巨额的军事开支毫无意义，它伤害了美国人民而非使其获益。本书既分析了美国军事开支如此庞大的结构性原因，也阐释了为何这并非明智之举。

同样，在全球面临共同挑战的领域，比如新冠肺炎疫情和全球气候变暖，中美之间也存在着"不矛盾"。本书写于 2020 年初新冠肺炎疫情暴发前，所以未对此做出讨论。但病毒来袭强化了本书的一个重要观点：中美共同面临的全球性挑战使两国间的合作变得越发重要。一个简单的人与船的类比可以解释清楚合作的重要性。在全球化之前的时代，78 亿人生活在 200 多个不同的国家和地区，就好似生活在不同的船上，如果一艘船上出现了新冠肺炎患者，疫情并不会扩散到其他船上。然而，在全球化浪潮之后，世界缩小了，78 亿人不再住在 200 多艘分开的船上，而是住在同一艘船上的 200 多个单独的船舱里。新冠肺炎疫情告诉人类，世界上 78 亿人生活在同一艘船上，疫情在数月内就会肆虐地球的各个角落。

事实上，当 78 亿人生活在同一艘船上时，我们就不能只关注自己的船舱了。我们必须一起来照看这艘船。确实，在我们共同的船上，如果一个船舱发生了火灾，急于争论火灾是谁引发的再愚蠢不过了。相反，我们应抛开争论集中精力先灭火。这一类比清楚地表明，特朗普政府不将重点放在抗击新冠肺炎疫情这一共同挑战上是极不明智的。特朗普政府专注于地缘政治较量，从而一味地指责中国，而非与中国合作抗击疫情，这些做法导致的可悲结果是，超过 55 万美国人死于新冠肺炎，相形之下，中国的新冠肺炎死亡人数是 4 600 多人（数据截至 2021 年 4 月）。如果美国选择与中国合作，本可以挽救许多人的生命。

全球气候变暖是另一个共同面临的挑战。如果全球气候变暖速度加快，全人类都将遭殃，而且没有哪一个国家能够阻止它，全世界所有国家都必须合作，尤其是中国和美国这两个最大的经济体。令人欣慰的是，拜登签署行政令重新加入《巴黎协定》，2021 年 4 月下旬还会召开气候峰会。拜登决定集中精力应对气候变化，世界上许多国家都为之欢呼。如果他能在与中国的地缘政治竞争中按下"暂停"按钮，选择与中国合作以应对气候变化，那么世界上许多国家会更加为他欢呼。鉴于此，本书试图厘清这一重大竞争的缘起，探索中美两国如何找到出路。我期待中国读者能对书中提出的建议予以支持。

马凯硕

2021 年 4 月 5 日

目　录

第一章

十个值得关注的问题

有一件事确凿无疑。

美国与中国之间爆发的地缘政治竞争将持续一二十年。早在2018年，美国总统唐纳德·特朗普就发起了第一轮进攻，但竞争将会比他的执政时间延续更久。特朗普实施的几乎所有政策在美国都引发了分歧，除了一项：向中国发起的贸易摩擦和技术竞争。事实上，美国两党对此鼎力支持。在美国政体中正弥散着一种强烈的共识：中国对美国构成了威胁。美国参谋长联席会议主席约瑟夫·邓福德将军曾表示："到2025年，中国有可能对我们国家构成最大的威胁。"① 美国在2018年版《国防战略报告》的概要中声称，中国和俄罗斯是"修正主义大国"，正寻求"塑造一个符合其模式的世界，从而可以对其他国家的经济、外交和安全决策指手画脚"。② 美国联邦调查局局长克里斯托弗·雷则说过：

---

① Ryan Browne, "Top US General: China Will Be 'Greatest Threat' to US by 2025," CNN, September 27, 2017, https://edition.cnn.com/2017/09/26/politics/dunford-us-china-greatest-threat/index.html.

② Summary of the 2018 National Defense Strategy of the United States of America: Sharpening the American Military's Competitive Edge, https://dod.defense.gov/Portals/1/Documents/pubs/2018-National-Defense-Strategy-Summary.pdf.

"我们正试图把中国的威胁不仅视作对整个政府的威胁，还视作对整个社会的威胁……我认为美国社会需要对此做出反应。"[1] 就连乔治·索罗斯——一位曾花费数百万美元试图阻止特朗普当选的华尔街大佬，也赞扬了特朗普对待中国的立场。他曾表示："特朗普政府最大的，也许是唯一的外交成就，是对中国制定出连贯的、真正的两党合作政策。"[2] 他还补充说，特朗普政府宣布中国为其"战略对手"是正确的。

尽管美国的建制派在对待中国的立场上大都热情地支持特朗普，但奇怪的是，居然没有人指出，美国在尚未制定出一个全面的全球战略来应对中国的情况下，便与中国展开了这场较量，这可谓一个重大的战略失误。

美国最伟大的战略思想家之一亨利·基辛格博士让我意识到这一点。我仍然清楚地记得，2018 年 3 月中旬，我同基辛格博士在其位于曼哈顿中城的俱乐部的私人包间里共进午餐。那天据气象预报说会有暴风雪，这令我担心午餐是否会被取消。然而，即便有暴风雪预警，他还是现身了。我们愉快地交流了两个多小时。坦白说，他并没有明确地指出美国缺乏应对中国的长期战略，但他在午餐会谈中传达了这个信息。这也是他在自己的著作

---

① Michael Kranz, "The Director of the FBI Says the Whole of Chinese Society Is a Threat to the US—and That Americans Must Step Up to Defend Themselves," Business Insider, February 13, 2018, https://www.businessinsider.sg/china-threat-to-america-fbi-director-warns-2018-2.

② George Soros, "Will Trump Sell Out the U.S. on Huawei?," *Wall Street Journal*, September 9, 2019, https://www.wsj.com/articles/will-trump-sell-out-the-u-s-on-huawei-11568068495.

《论中国》中传达的重要信息。

相形之下，当年美国是在深思熟虑后才卷入针对苏联的冷战的。乔治·凯南是制定美国对苏联遏制战略的主要战略家。他以笔名"X先生"在《外交事务》上发表了一篇著名文章，在该文中他首次公开阐述了这一战略。这篇文章源自凯南于1946年2月发给美国国务院的一封"长电报"。这封电报是他担任美国国务院政策规划办公室主任这一要职时撰写的，而他的主要使命是制定长期战略规划。

2018年9月至2019年8月，卡内基梅隆大学的基伦·斯金纳教授担任美国国务院政策规划办公室主任。2019年4月29日，在一次公开小组讨论中，她透露，为了应对中国的崛起，她在率领部门努力制定一个全面的战略，以配合前主任凯南提出的战略。

在新加坡外交部工作期间，我曾受命为新加坡政府撰写长期战略报告。我从新加坡三位杰出的地缘政治大师（李光耀、吴庆瑞、信那谈比·拉惹勒南）那里学到了重要的一课：提出正确的问题是制定任何长期战略的第一步。如果一个人把问题都弄错了，那么答案也会是错误的。最重要的是，正如拉惹勒南教给我的，一个人在构思这类问题时，必须始终"思考不可想象之事"。

本着"思考不可想象之事"的精神，我想提出十个值得关注的领域及其问题，对此，政策规划部门应予以解决。20世纪90年代末，我在美国新泽西州普林斯顿高等研究院的办公室里见过乔治·凯南，我相信他也愿意直面未来最棘手的问题。

十个问题

问题 1：第二次世界大战结束时，美国虽然仅拥有世界 4% 的人口，但美国的 GDP（国内生产总值）却接近全球 GDP 总量的 50%。即便在整个冷战期间，苏联的 GDP 规模也从未追赶上美国，只达到美国 GDP 规模鼎盛时期的 40%。[①] 未来 30 年，美国的 GDP 规模会变得比中国小吗？若是如此，当美国不再是世界经济的主导力量时，它必须做出何种战略改变？

问题 2：美国的首要目标是改善 3.3 亿公民的生活水平，还是保持其在国际体系中的首要地位？如果保持美国在国际体系中的首要地位与提升美国公民福祉这两个目标之间存在矛盾，哪一个目标应该优先？

问题 3：美苏冷战期间，美国划拨巨额国防开支被证明是一种审慎的举措，因为此举迫使经济规模小于美国的苏联不得不承担与美国相当的军费。最终，这导致了苏联的破产。中国从苏联解体中吸取了教训，在控制国防开支的同时重点发展经济。美国继续扩大国防预算是明智之举吗？还是应该削减国防开支、少打昂贵的海外战争，更多地投资于改善社会服务和振兴国家基础设

[①] Robert O. Work and Greg Grant, *Beating the Americans at Their Own Game: An Offset Strategy with Chinese Characteristics*, Center for a New American Society, 2019, https://s3.amazonaws.com/files.cnas.org/documents/CNAS-Report-Work-Offset-final-B.pdf ?mtime=20190531090041.

施？中国希望美国增加还是减少国防开支？

问题 4：美国并非单凭一己之力赢得了冷战。当年美国与北大西洋公约组织中的西方伙伴建立起牢固的联盟，并发展了中国、巴基斯坦、印度尼西亚和埃及等重要的第三世界朋友和盟友。为了维持亲密的盟友关系，美国对这些国家保持经济开放，并慷慨地提供援助。最重要的是，在冷战时期，美国以慷慨精神而闻名。但特朗普政府宣布了"美国优先"政策，还威胁要对欧盟、日本等关键盟友，以及印度等第三世界盟友加征关税。如果美国连关键盟友都疏远了，它还能建立起一个稳固的全球联盟来制衡中国吗？对于中国来说，美国退出《跨太平洋伙伴关系协定》算是一个地缘政治的礼物吗？中国是否已经通过"一带一路"倡议与邻国建立起新型经济伙伴关系，从而可以在美国的遏制政策实施前先发制人？

问题 5：美元，而非美国军队，才是美国可以用来凝聚盟友和对手并使之遵从自身意愿的最强大武器。美元已成为全球贸易和金融交易中不可或缺的币种，在这方面，美元可谓一个全球性公共产品，服务于相互依存的全球经济。一直以来，外国银行和机构无法避免地要使用美元，因此，美国可以将其国内法律应用至域外，并对违犯美国国内法律，或与伊朗和其他受制裁国家进行贸易的外国银行处以巨额罚款。在严厉的金融制裁下，朝鲜和伊朗等国家被迫与美国坐到谈判桌前。美国对这些国家的制裁在得到多边机构的支持和认可时效果最佳，比如，联合国安理会的决定对联合国会员国具有约束力。在特朗普政府的领导下，美国从多边制裁转向单边制裁，并将美元作为武器对付对手国家。将一个全球性公共产品武器化以实现单边目标，这种做法是否明智？目前，尚没有哪一币种可以行之有效地替代美元。这种情况会一直持续吗？这会是美国的"阿喀琉斯之踵"[①]吗？中国能够刺破它并削弱美国经济吗？

问题6：在制定对抗苏联的战略时，凯南强调，对于美国人来说，至关重要的是"要给全世界人民营造出这样一种国家印象"，即美国国内取得了成功，而且整个国家"充满精神活力"。[②]约瑟夫·奈教授称之为美国的软实力。20世纪60年代至80年代，是美国软实力飙升的时期。"9·11"事件以后，美国违犯了国际法，并且未遵守国际人权公约（成为第一个重新引入酷刑的西方国家）。如今，美国的软实力已然大幅下降，在特朗普的领导下尤为如此。美国人民是否愿意做出必要的牺牲来增强美国的软实力？如果美国被视作一个"正常的"国家而不是一个"与众不同的"国家，它能赢得与中国的意识形态之争吗？

问题7：麦克马斯特将军在2017—2018年担任美国总统特朗普的国家安全顾问。他表示，归根结底，美国与中国的斗争代表了"自由开放的社会和封闭的威权体制"之间的斗争。[③]如果这种说法正确，那么所有自由开放的社会都应该同样感受到来自中国的威胁。在世界上较大的三个民主国家中，有两个是亚洲国家：印度和印度尼西亚。这两国的民主政体都没有感受到中国的意识形态所带

---

① "阿喀琉斯之踵"，意为致命的弱点、要害之处。——译者注
② Mr. X (George Kennan), "The Sources of Soviet Conduct," *Foreign Affairs*, July 1947, 581.
③ Munk Debates, Toronto, May 9, 2019.

来的威胁。不仅如此，欧洲大多数的民主国家也没有感受到威胁。中国与苏联不同，中国并没有去挑战或威胁美国的意识形态。美国犯下的一个典型战略失误，就是用对抗苏联的旧战略来应对来自中国的新挑战，这恰似用昨天的策略来打明天的战争。美国的战略思想家是否有能力制定新的分析框架，以抓住与中国竞争的本质？

问题 8：在所有的重大地缘政治竞争中，保持理性和冷静的一方总会比有意识或无意识地受情绪驱使的一方更具优势。凯南曾明智地观察到，"发脾气和失去自我控制"是软弱的表现。那么，美国的对华反应是受理性的驱使，还是潜意识下的情绪使然？长久以来，西方人在心理上对"黄祸"怀有一种深层的、潜意识的恐惧。基伦·斯金纳曾指出，与中国的竞争其实是一种与"非白种人"力量的竞争。鉴于此，她明确指出了究竟是何种因素引发了西方人对中国的情绪反应。在华盛顿政治正确的氛围下，有哪位战略思想家可以提出这样一个"政治不正确"却真实的观点，而不会受到政治攻击？

问题 9：中国春秋时期著名的军事家、政治家孙武曾说："知彼知己，百战不殆；不知彼而知己，一胜一负；不知彼不知己，每战必殆。"[①] 美国了解它的中国对手吗？举例来说，当美国把 CCP（Chinese Communist Party）视为中国共产党[②] 时，是否犯了一个基本的认知错误？这意味着中国共产党已经将灵魂根植

---

① Sun Tzu, *The Art of War*, trans. Lionel Giles (M.A. Pax Librorum, 2009), first published in 1910, https://www.paxlibrorum.com/books/taowde/.

② 中国官方英文媒体把中国共产党译为 CPC（Communist Party of China），而国外媒体偏向使用 CCP（Chinese Communist Party）指代中国共产党。——编者注

于共产主义。然而，在许多客观的亚洲观察人士看来，中国共产党事实上扮演着"中国文明党"（Chinese Civilization Party）的角色，其灵魂并不是根植于马克思列宁主义的外国意识形态，而是根植于中华文明。战略思想家最重要的工作是试图了解对手的思想。因此，这里有一个测试：在马克思列宁主义的意识形态之外，中国领导人对中国丰富的文明史的专注程度有多深？答案也许会让许多美国人惊讶不已。

问题 10：在《论中国》一书中，亨利·基辛格强调，中国的战略是以其本土棋类游戏围棋的思维而非西方的国际象棋思维为指导的。下国际象棋时，重点是找到最快的途径来俘获国王。而下围棋时，则要致力于慢慢地、耐心地积累资产，以打破游戏的平衡，使局势变得利于己方。围棋强调长期战略而非短期收益。那么，中国是在缓慢而又耐心地积累资产，逐步将战略游戏引向利于自身吗？有趣的是，美国做出了两项重大努力，以阻止中国为获取优势而采取的两项长期行动。但这两项努力均以失败告终。第一项努力是奥巴马政府试图阻止其盟友加入中国于2014—2015 年发起的亚洲基础设施投资银行。第二项努力是特朗普政府试图阻止其盟友参与中国提出的"一带一路"倡议。美国是否为长期竞争预备了足够的资源？美国社会是否有内在力量和耐力来应对与中国的长期博弈？

我提出这些问题，旨在激发一场战略辩论，思考不可想象之事，剖析和理解中美地缘政治竞争在未来 10 年将出现的许多复杂层面。本书的一大目的就是，促使大家对一个不可避免的复杂且变化的主题进行冷静、理性的思考。

在卷入一场重大的地缘政治竞争之前，每个美国战略思想家都应该客观面对一个基本问题：这场竞争究竟会带来多大程度的风险？简言之，美国会在这场竞争中落败吗？这种想法似乎令人难以置信。无论在物质层面还是道德层面，美国向来认为自己是最强大的。在物质层面，一个多世纪以来，美国始终拥有世界上最强大的经济和军事实力。地广人稀、资源丰富的自然优势，体制的创新性和活力（特别是美国拥有的自由市场、法治和高等教育），以及美国的人民，使美国相信没有哪个国家的创造力和生产力水平能与之媲美。

在道德层面，大多数美国人都不相信，作为世界上最强大的民主国家，像美国这样一个自由开放的社会，会在与中国的竞争中落败。美国人倾向于相信，自己是"正义"的一方，没有哪种政治制度在本质上能够媲美开国元勋为美国所做出的构想。这也许可以部分解释美国近年来越发"妖魔化"中国的现象。把中国描绘得越邪恶（尤其是违背了美国对中国的预期：逐步开放，成为一个更加民主的社会），美国人就越相信他们最终会战胜中国，无论这种可能性有多大。

美国还为自身是一个理性的社会而感到自豪。在很多方面，它的确如此。它继承了伟大的西方文明，立国之基就是理性和逻辑。科学革命推动了西方文明的发展，也使美国统治了世界。美国拥有充满活力的市场、众多世界顶级的大学和受教育程度极高的精英阶层，这些优势使之认为，在经济和军事实力、知识创新和道德优势等关键领域，没有哪个社会能与美国竞争。

美国人还认为，他们拥有地球上最开放的社会，这个开放社会的各种机制会在美国出现重大错误转向时发出警告。遗憾的是，在最近几十年里并未出现这种警告。大多数美国人并没有意识到，在过去的 30 年里，50％的美国底层人口的平均收入在下降。① 这并不是因为某次转向出现了错误。本书将会讲到，美国已经严重背离了一些在当代社会中被定义为社会正义的关键原则。约翰·罗尔斯是美国近代最伟大的政治哲学家之一。他试图在自己的著作中汲取那些伟大的欧洲先哲的智慧，美国的开国元勋都从中得到过教诲。不幸的是，许多美国人并未意识到他们已经背离了一些关键的建国原则。

同样，鲜有美国人意识到，自 20 世纪 50 年代美国进入高速发展的黄金时代以来，世界的许多关键领域已经发生了变化。1950 年，按购买力平价计算，美国 GDP 占全球 GDP 总量的 27.3％，中国 GDP 只占 4.5％。② 到 20 世纪 90 年代初冷战结束时，美国 GDP 占全球 GDP 总量的 20.6％，中国 GDP 只占 3.86％。到 2018 年，美国 GDP 占全球 GDP 总量的 15％，低于中国的 18.6％。③ 在这一至关重要的方面，美国已经位居第二。很少有

---

① Danny Quah, "The US Is, Indeed, the Exceptional Nation: Income Dynamics in the Bottom 50%," Lee Kuan Yew School of Public Policy, January 2019,http://www. dannyquah.com/Quilled/Output/2019.01-Danny.Quah-Income-Dynamics-in-the-Bottom-50.pdf.

② Angus Maddison, "Table B–20. Shares of World GDP, 20 Countries and Regional Totals, 0–1998 A.D.," in *The World Economy: Volume 1: A Millennial Perspective; Volume 2: Historical Statistics* (Paris: OECD, 2006), 263.

③ World Bank, "GDP, PPP (current international $)—United States, China, World," 1990–2018, World Bank International Comparison Program database,https://data. worldbank.org/indicator/NY.GDP.MKTP.PP.CD?locations=US-CN-1W.

美国人意识到这一点，更少有人考虑过这意味着什么。

更关键的是，中美对抗的全球背景将与冷战时期大不相同。世界已然变得更加复杂。显然，除非美国去适应已经出现的新世界，否则它继续保持世界超级大国的地位虽然并非不可能，但可能性将越来越小。

在文明发展变化的舞台上，世界正在恢复不同人类文明之间的历史平衡。两百多年来，西方文明大大超越了世界其他国家的文明，改写了历史。事实上，从公元元年到 1820 年，中国和印度一直是经济实力最强的文明国家。因此，过去的近两百年是反常的。

西方再也无法继续主宰世界的一个原因是，其他国家已经从西方学到了很多东西。它们汲取了西方在经济、政治、科学和技术方面的许多最佳实践。因此，当西方文明的许多部分（尤其是欧洲）显得疲惫、缺乏动力和能量时，其他文明已开始蓬勃兴起。在这方面，人类文明和其他生物一样，是有生命周期的。中华文明经历了多次跌宕起伏，现在它强势振兴也不足为奇。经过几千年的发展，中国已经孕育出强大的文明力量。王赓武教授观察到，虽然世界上有许多古文明，但只有中国古代文明经历了四次衰微又重新崛起。作为一个文明国家，中国具有非凡的韧性。中国人也极富才华。在中国共产党的领导下，过去的 30 年，是中华文明经历了自公元前 221 年秦始皇统一中国以来发展最好的 30 年。在过去两千多年的大部分时间里，中国人民的巨大智力资源并没有在封建帝制下得到发展。过去 30 年是中国有史以来第一次对智力资源进行大规模的开发。中国人数个世纪以来所拥有的文化自信，加上中国向西方学到的事物，使中华文明焕发出特殊的活力。斯坦福大学的美籍华裔心理学研究员范琼，在 2019 年访问中国后表示："中国正在以一种深刻而内在的方式发生着变化，而且变得很快，如果不亲眼看看，这种变化真是让人难以理解。中国的文化、自我观念和士气正在迅速地转变——大多朝着好的方向转变，这与美国的停滞不前形成了鲜明对比。"[①] 如果根据过去两千多年来的实际表现，用一个指数衡量不同人类文明的相对强弱和韧性，那么中华文明可能高居榜首。中华文明今日的非凡活力并非特例，其他亚洲文明也在蓬勃发展，因为西方国家向世界很好地传授了经验并广泛分享了自身范例。[②]

我可以自信地说，亚洲许多不同社会的文明活力源自一种非比寻常的文化怪癖。我同亚洲多个社会都有着文化上的联系，从德黑兰到东京。亚洲生活着地球一半以上的人口。1948 年，我出生在新加坡，父母都是信德地区的印度教徒，因此，我与南亚超过 10 亿的印度教徒有了联系。东南亚国家中十个有九个具有印度文化的根基。当我在东南亚看到与《罗摩衍那》和《摩诃婆罗多》中的故事相关的演出——我小时候经常观看——时，我能感受到自己与它们的联系。有超过 5.5 亿人生活在受印度文化影响的东南亚地区。1947 年，信仰印度教的印度与信仰伊斯兰教的巴基斯坦之间发生了痛苦的事件——印巴分治，之后我的父母

---

① Jean Fan, "The American Dream Is Alive in China," *Palladium Magazine*, October 11, 2019, https://palladiummag.com/2019/10/11/the-american-dream-is-alive-in-china/.

② Kishore Mahbubani, *Has the West Lost It?: A Provocation* (London: Penguin, 2018), 36–46.

便离开了巴基斯坦。我儿时就学会了用阿拉伯文字来读写"信德语"。我的名字 Mahbubani，也源于波斯语和阿拉伯语 *mahboob*，意为"宠儿"。因此，当我访问具有阿拉伯或伊朗文化的地域时，我也能感受到自己与它们的文化联系。当我参观中国、韩国、日本的佛教寺庙时，我也能感觉到这种文化的亲和力。佛教首先在印度出现。年少时，母亲会带着我去佛教寺庙和印度教寺庙里祈祷。

与亚洲社会的如此广泛的个人联系，加上我担任驻联合国大使的 10 年经验，使我相信在国际事务领域，世界的结构和化学成分已经以某种方式发生了变化，而大多数美国人并没有意识到。联合国有 193 个会员国，我们应该问一个简单的问题：哪个国家——中国还是美国——正在与其他 192 个会员国中的大多数朝着同一个方向"游泳"？

大多数美国人认为，美国的海外政策和愿景自然地契合世界其他国家的诉求，因为过去几十年来，美国一直扮演着领导世界的角色。第二次世界大战结束以后，美国确实为自由主义的国际秩序（更确切地说是"基于规则的国际秩序"）设定了大方向。主要的全球多边机构，包括联合国、世界贸易组织、国际货币基金组织和世界银行等，均是在美国国家实力鼎盛时期创立的。它们反映了美国的价值观。在文化认同方面，这些机构以西方文化而非亚洲或中华文化为导向。尽管它们巩固了西方的价值观和优先权，但近年来，美国一直与这些机构渐行渐远，世界其他国家，尤其是中国，却一直在向它们靠拢。

一言以蔽之，断言美国能赢得这场竞赛还为时尚早。中国同美国一样有机会成为世界的主导力量。事实上，在一些具备战略敏感性的国家中，深思熟虑的领导者和观察人士已经开始为一个中国可能成为全球第一大国的世界做准备。

然而，就像断定本国会赢的美国思想家的战略失误一样，中国如果认定自己会赢，也将出现同样重大的战略失误。尽管中国在规模和文明韧性方面具备许多优势，但中国领导人如果低估了美国经济和社会的潜在优势，也将是不明智的。在2008—2009年全球金融危机（更准确地说是西方金融危机）冲击了西方经济体之后的几年间，中国已经为自己不太明智的做法付出了代价。在雷曼兄弟发生危机时，曾被大肆吹嘘的美国金融体系似乎濒临崩溃。10年后，美国已经从这一危机中复苏。

因此，如果我能够建言献策，我会强烈建议中国要高估而非低估美国的实力。如果要我起草一份给习近平主席的简报，谈谈美国的强大实力，我会这样写：

给习近平主席的简报：为与美国开展一场伟大斗争而做准备

2020年1月1日

20年后，我们将迎来鸦片战争200周年纪念。那是中国历史上最耻辱的一段时期，英国人拿走了我们珍贵的茶叶，却强迫中国人民接受鸦片作为报酬。正如习近平主席所说："鸦片战争后，中国陷入内忧外患的黑暗境地，中国人民经历了战乱频仍、山河破碎、民不聊生的深重苦难。"[1] 国家积贫积弱，蒙受了百年耻辱，直到毛泽东主席在开国大典上宣布中华人民共和国成立。[2]

今天，中国国力强盛。没有哪个强权可以欺侮中国。我们正走在中华民族伟大复兴的道路上。在中国共产党第十九次全国代表大会开幕式上，习近平主席提醒我们，"大会的主题是：不忘初心，牢记使命，高举中国特色社会主义伟大旗帜，决胜全面建成小康社会，夺取新时代中国特色社会主义伟大胜利，为实现中华民族伟大复兴的中国梦不懈奋斗"。[3]

然而，中国的民族复兴目前也面临着最严峻的挑战。我们曾希望"美利坚"（美国）在中国崛起时继续沉睡。遗憾的是，美国已经觉醒了。在实现中华民族伟大复兴的目标之前，我们必须做好未来几十年进行艰苦奋斗的准备。

如果我们低估了美国的强大实力，那将是一个巨大的战略失误。中国人害怕混乱。过去的岁月里，混乱让中

[1] Xi Jinping, "Secure a Decisive Victory in Building a Moderately Prosperous Society in All Respects and Strive for the Great Success of Socialism with Chinese Characteristics for a New Era," delivered at the 19th National Congress of the Communist Party of China, October 18, 2017.

[2] Xinhua, "From 'Standing Up' to Rejuvenation: New China after 65 Years," People's Daily Online, English version, October 2, 2014, http://en.people.cn/n/2014/1002/c90882-8790595.html.

[3] Xinhua, "Full Text of Xi Jinping's Report at 19th CPC National Congress," *China Daily*, updated November 4, 2017, http://www.chinadaily.com.cn/china/19thcpcnational congress/2017-11/04/content_34115212.htm.

国屈从，给中国人民带来了深重的苦难。显然，美国当前正经历着混乱。特朗普向来是一个极端化和造成分裂的人物。自 1861—1865 年南北战争以来，美国社会从未像今天如此分裂。

混乱理应是衰落的信号，但对美国来说，却是实力的象征。这种混乱是人们对美国应该选择的发展方向进行大声争论造成的。人们大声地争论，是因为他们相信，他们才是这个国家的主人，而不是政府。这种对国家的主人翁意识在美国人民中创造出一种巨大的个体赋权感。

这种个体赋权意识使美国社会培养出一些极具权势的人物，这也是美国的一大战略优势。在许多社会中，突出的高钉子会被敲下去。中国的成语"树大招风"意指身居高位的人容易招来攻击。在美国，人们却崇尚高大的树木。因此，微软的比尔·盖茨、苹果的史蒂夫·乔布斯、亚马逊的杰夫·贝佐斯等成功人士，成了备受钦佩和尊敬的美国人。即便是马克·扎克伯格和埃隆·马斯克也同样受人钦佩，哪怕脸书和特斯拉正饱受批评。在培养强大的个体方面，没有哪个社会拥有像美国那般强大的生态系统。中国社会无法复制美国的这种强大优势。

美国的第二大战略优势是拥有大量优秀而聪明的人才。中国拥有 14 亿人口，是美国人口的 4 倍多。从理论上讲，庞大的人口数量让中国可以从更广阔的人才库中探寻人才。然而，就像李光耀一针见血指出的，美国有能力从世界各地吸引优秀的人才。美国与大多数国家不同，它愿意接纳那些出生于外国却在美国取得了成功的人成为本国公民。因此，近年来，许多大公司的首席执行官都是在外国出生的美国公民，包括谷歌的桑达尔·皮查伊、微软的萨提亚·纳德拉等，在外国出生并非劣势。相形之下，没有哪家大型中国公司或机构是由在外国出生的人负责经营的。

美国的第三大战略优势是拥有强大的制度。美国社会信奉并鼓励个体赋权，然而，它并不依赖强大的个体领导者。相反，它依靠强大的制度来保护社会。美利坚合众国的缔造者发挥了卓越的聪明才智，起草出一部规定权力制衡的宪法。由民主选举产生的总统和国会拥有很大的权力，但这份权力也受到其他机构的制约，比如自由的媒体和美国联邦最高法院。当最高法院宣布特朗普推出的"穆斯林禁令"违宪时，特朗普不能利用军队推翻最高法院。在美国，法治高于政府。

美国强大的体系和法治解释了为什么整个世界都对美元抱有信心。这种对美元的信心，奠定了美元作为全球主要储备货币的地位，赋予了美国通过印钞以维持财政赤字和经常账户赤字的"嚣张特权"。近年来，美国还将美元作为制裁别国或向其施压的强大武器，而中国没有这种武器。

中国的经济规模曾经是美国的 1/10，现在已超过美国的 60%。[①]中国同世界其他国家的贸易也比美国多。中国进口额占全球进口总额的 10.22%，出口额占全球出口总

① International Monetary Fund, *World Economic Outlook 2018* (Washington, DC: IMF, 2018).

额的 12.77％；[1] 相比之下，美国进口额占全球进口总额的 13.37％，出口额占全球出口总额的 8.72％。[2] 然而，在全球贸易中，使用美元的交易量占交易总量的 41.27％，而使用人民币的交易量仅占 0.98％。[3]

为什么会这样？这是因为很多国家和富豪对美元有信心。在全球金融交易中，人民币尚无法取代美元，因为要实现这一点，我们必须使人民币成为完全可兑换的货币。中国经济在短期内不可能做到这一点。因此，未来几十年，美元仍将占据主导地位。

美国的第四大战略优势是拥有许多世界顶级大学。纵观漫长的人类历史，最成功的社会往往是那些孕育了各种思想流派的社会。在中国极具创造力的时期，儒家、道家、法家等思想流派不约而同地出现。今天，美国在培育不同观点方面引领世界。美国大学创造出世界上最强大的智力生态系统之一。这种挑战和批判传统智慧的文化反过来又激发了创造力和创新能力。因此，美国在一个又一个领域产生了许多诺贝尔奖得主。20 世纪 80 年代，日本仿佛一度可以成为比美国更成功的经济体。但是，即便是在最繁荣的时期，日本的诺贝尔奖得主也比美国少。美国大

---

[1] "China," World Trade Organization, 2017, http://stat.wto.org/CountryProfile/WSDBCountryPFView.aspx?Country=CN.

[2] "United States of America," World Trade Organization, 2017, http://stat.wto.org/CountryProfile/WSDBCountryPFView.aspx?Country=US.

[3] SWIFT, *RMB Internationalisation: Where We Are and What We Can Expect in 2018*, https://www.swift.com/resource/rmb-tracker-january-2018-special-report.

学里有着数以百计的诺贝尔奖得主。

这些优秀的大学具有另一个重要作用。它们为吸引世界上最优秀的人才来美国生活和工作提供了渠道。这些优秀的大学，包括哈佛大学、耶鲁大学、斯坦福大学、哥伦比亚大学等，在聘用教职员工时不会考虑一个人的国籍或种族。它们会挑选优秀的人，无论他来自哪里。在吸引和留住全球人才方面，世界上极少有大学能与美国的一流大学相媲美。未来某一天，人口数量有望超过中国的只有印度。目前中国可能无法从印度吸引最优秀的人才，但美国已经这么做了，并将继续吸引印度的人才。有朝一日，印度与美国之间可能会形成一种共生关系。中国未来可能要面对的两个强大的竞争对手——美国和印度，也许会走到一起展开合作。我们现在就必须努力防止这种情况发生。

美国的第五大战略优势是，它也属于一个伟大的文明——西方文明，这也解释了为什么美国的大学能够取得如此非凡的成功。自人类文明伊始，中华文明就与许多欧洲文明并驾齐驱。的确，我们比欧洲文明拥有更多的发明创造，比如火药、指南针、造纸术和印刷术。[①] 然而，在西方经历了文艺复兴、启蒙运动和工业革命之后，中华文明衰落了。这使中国在 1840 年后经历了百年屈辱。因此，低估西方文明的力量和活力将是一个战略失误。

---

① "Four Great Inventions of China," Embassy of the People's Republic of China in Antigua and Barbuda, November 12, 2013, http://ag.china-embassy.org/eng/zggk/t1098061.htm.

美国作为伟大的西方文明的一员，让美国人民受益匪浅。这使美国人民拥有极强的文化自信，就像中国人民作为中华文明的一员所获得的文化自信一样。然而，美国并非西方文明的唯一成员，欧洲的一些国家，以及澳大利亚、加拿大和新西兰，都是西方文明的一员。因此，在任何地缘政治竞争中，美国都不会孤立无援。西方文明的所有成员之间有着极大的信任，尤其是"五眼联盟"（由澳大利亚、加拿大、新西兰、英国和美国组成的情报组织）。伴随着中美之间地缘政治竞争的升温，其他西方国家将直接或间接地助力美国。

总而言之，当我们开始与美国进行伟大的斗争时，我们可能出现的最大的战略失误就是低估美国的实力和力量。250年前，这个国家横空诞生，它比中国年轻得多。或许正因为如此，它是人类历史上最具活力的社会之一。让我们为有史以来最大的地缘政治竞争做好准备。如果我们想在2049年实现中华民族全面复兴的历史目标，就必须赢得这场竞争。①

虽然这份简报是虚构的，但我认为其中的内容可以准确地体现中国精英对美国的真实看法。他们真诚地尊重美国拥有的强大力量。就连华为的创始人任正非也公开表达了他对美国的尊

---

① Song Wei, "Xi Thought Leads to Chinese Dream," *China Daily*, updated January 2, 2018, http://www.chinadaily.com.cn/a/201801/02/WS5a4ac774a31008cf16da487a. html.

重，哪怕他的女儿已经被捕，他的公司也受到了美国的打击。鉴于此，中国领导人应尽极大的努力，尽可能避免与美国发生全面的地缘政治竞争。在未来几十年，中美之间将上演一场宏大的地缘政治较量是一个悖论，因为这既是不可避免的，又是可以避免的。之所以说它不可避免，是因为许多决策者都有一种心理，认为大国之间的所有竞争都是零和博弈，也正是他们将做出推动这场竞争的战略决策。因此，如果中国加强在南海的海军部署，那么美国海军将会视之为自己的一种损失，并加强自身在该地区的存在感。但是，我想表达的是，在维护国际航道安全以保障航行自由方面，美国与中国之间并不存在根本的利益冲突。实际上，中国比美国更关心航行自由。

本书的一个关键目标是，驱散笼罩在中美关系上的重重误解迷雾，使双方更好地了解——哪怕并不认同——对方的核心利益。

更好的理解不一定会带来和平与和谐。仅从意识形态上讲，美国政府或许可以向那些在中国香港呼吁获得更多权利的抗议者表示同情，美国的公众舆论也可以要求美国政府支持这些示威活动。然而，任何精明的美国政府都应该充分理解中国政府的核心利益，从而做好对公众舆论的平衡。对于香港这块曾经在19世纪被掠夺的领土，没有哪位中国领导人会表现出软弱。

因此，我希望读完本书后，读者能更好地理解驱动中美双边关系发展的更深层的动力。本书也为可能出现的一个乐观的结论留出空间。如果我们相信自己生活在一个理性的时代，公共政策是由冷静和理性的推演以及对彼此核心利益的地缘政治理解所驱动的，那么双方就有可能制定出防止两国无可挽回地走向一种痛苦和不必要冲突的长期政策。

中美两国领导人都应该始终清楚两个重要的数据：中国有 14 亿人口，美国有 3.3 亿人口。这是两个很大的数字，但中美两国人口加起来（约 17 亿）尚不到世界人口总数的 25%。剩下 75% 的人口中，许多人现在已经认识到并接受了这样一个现实，即我们都生活在一个小的、相互联系的、充满危险的星球上。因此，世界上其他国家不会容忍美国或中国采取极端或非理性的措施。

在《独立宣言》中，美国的开国元勋要求美国人民"尊重人类的舆论"。如果说何时应该听取这一建议，那么就是现在。世界已经变得颇为复杂。本书在揭示这种复杂性的同时，会就如何管理这个复杂的世界给予建议。

为了抵达得出这一乐观结论的快乐目的地，我们首先要穿过不那么令人愉快的领域。因此，本书首先将分析中美两国的重大战略失误。书中许多令人痛苦的评论，可能会使中美两国的读者都感到不适。然而，对中国和美国来说，学习合作的唯一途径就是去了解双方在哪里出了错。这就是我们旅程的起点。

第二章

中国最大的战略失误

中国最大的战略失误是，未曾对潜在的后果深思熟虑，便疏远了在美国的几大支持者群体。美国最著名的汉学家之一谢淑丽教授观察到，当美国和中国出现贸易摩擦后，没有人公开为中国辩护。她提出："当美国和中国走到实质敌对关系的边缘时，没有哪个群体真正挺身而出维护中美关系，更少有人捍卫中国。没有企业界人士，没有学者，更不会有美国国会中的任何人。"[①] 相形之下，在 20 世纪 90 年代，当美国试图取消给中国的"最惠国待遇"时，却有一些商界群体对此提出了抗议。

中国对美国商界的疏远程度令人惊讶。从理论上讲，既然美国商界人士能够并且已经从中国市场赚取巨额利润，那么他们更应该强烈地拥护良好的中美关系。就美国商界人士而言，无论男性还是女性，都不甚重视意识形态。他们只对公司经营的盈亏感兴趣。他们的全部诉求是，能够便捷地进入庞大的中

---

① Susan Shirk, "Ep. 9: Overreach and Overreaction: The Crisis in US-China Relations," videotape, 2019 Annual Public Lecture, Center for the Study of Contemporary China, Penn Arts & Sciences, February 7, 2019, https://cscc.sas.upenn.edu/podcasts/2019/02/07/ep-9-overreach-and-overreaction-crisis-us-china-relations-susan-shirk.

国市场，以增加销量并提升利润。的确，许多美国公司已经从中国市场获利。然而，即便如此，在特朗普挑起中美贸易摩擦时，没有哪家美国公司在实际上为中国辩护。到底是哪里出了问题呢？故事有些复杂。要理解美国商界对中国的这种疏离感，可以从一些美国公司在中国的成功故事讲起，比如波音、通用汽车和福特。

波音从中国市场中获益巨大。它向中国销售了 2 000 多架飞机，[①]其来自中国的收入"成倍增长，从 1993 年的 12 亿美元飙升到 2017 年的 119 亿美元，占波音商用飞机业务总收入的比例也从 5.7% 攀升到 21%"。[②]2018 年 11 月，波音宣布："预计在未来 20 年，中国的商用飞机机队规模将增加一倍以上。"波音预测，到 2038 年，中国将需要 7 690 架新飞机，价值高达 1.2 万亿美元。[③]显然，波音不仅从中国赚了个盆满钵满，也为美国工人创造了许多就业机会。同样重要的是，来自中国的需求帮助波音度过了市场不景气的艰难时期，如报告所述："20 世纪 90 年代初，全球经济衰退迫使波音大幅削减产量并裁员，在战略上，中国市场变得越发重要。在经济不景气时期，波音在中国的业务却风生水起，1990 年接到了一笔价值 90 亿美元的飞机订单，1992 年向

---

① Boeing, "Boeing Delivers Its 2,000th Airplane to China," Boeing press release, November 30, 2018,http://investors.boeing.com/investors/investor-news/press-release-details/2018/Boeing-Delivers-Its-2000th-Airplane-to-China/default.aspx.

② Neil Thomas, "For Company and for Country: Boeing and US-China Relations," US-China Case Studies, MacroPolo, February 26, 2019, https://macropolo.org/boeing-us-china-relations-history/.

③ Boeing, "Boeing Delivers Its 2,000th Airplane to China."

中国交付了第 100 架飞机，仅仅两年后又交付了第 200 架飞机。到 1993 年，中国购买的波音飞机占该公司总销售量的 1/6。"[1]

波音在全球范围内只有一个真正的大型竞争对手，即空中客车，因此，波音能在中国市场取得成功是不足为奇的。相形之下，美国的汽车公司能在中国市场取得成功就显得不同了。众所周知，美国的汽车公司并非全球最具竞争力的。20 世纪 80 年代，在美国本土市场上，美国的汽车公司惨败于它们的日本竞争对手，这让罗纳德·里根总统——一位痛恨政府干预的自由市场主义者，也不得不迫使日本"自愿"限制出口。既然里根忠于他的自由市场意识形态，他就应该允许日本汽车制造商不受限制地把汽车卖给美国的消费者，但如果里根这么做了，美国的汽车公司很可能会因此完全崩溃。

那么，为什么相对缺乏竞争力的美国的汽车公司会在中国大获成功呢？它们的成功比波音更引人注目，也更出人意料。通用汽车就是一个特别成功的例子。2017 年，中国市场销售额占到通用汽车总销售额的 42%。2018 年，该公司在中国出售了 364 万辆汽车。[2]《福布斯》杂志 2013 年的一份报告和塔夫茨大学的乔纳森·布鲁克菲尔德，都指出了通用汽车能够在中国取得成功的一个原因：它与当地生产商建立了合资企业。《福布斯》杂志指出，"对于每一家拓展海外业务的公司来说，本地合作伙伴都非常重

---

①　Thomas, "For Company and for Country."

②　GM, "GM Set for a Record of over 20 Launches in China in 2019," Corporate Newsroom, General Motors, January 7, 2019, https://media.gm.com/media/cn/cn/gm/news .detail.html/content/Pages/news/cn/en/2019/Jan/0107_sales.html.

要。在中国尤为如此"。[1]布鲁克菲尔德还指出，通用汽车和上海汽车工业（集团）总公司的合作关系是其"在中国取得长期成功"的关键，"这笔交易十分重要，以至于1997年时任美国副总统阿尔·戈尔和中国国务院总理李鹏主持了成立各占50%股份的合资企业的签字仪式。到了1999年，上海通用汽车销售别克汽车的速度和其生产速度一样快"。[2]

美国的这些汽车公司在进入其他具有全球竞争力的汽车市场时失败了，但它们为何能在中国取得成功呢？最可信的原因是中国政府出台了相关政策：不能仅仅依赖欧洲和日本的汽车制造商为中国人民提供汽车。中日关系复杂且经常令人担忧，因此依赖日本汽车在政治上是站不住脚的。在这种情况下，中国政府权衡汽车市场的竞争环境，为美国的汽车公司提供特定优势，也就不足为奇了。

中国政府的决定为美国的汽车公司提供了生存空间，这让通用汽车和福特赚到了巨额利润：它们在中国市场赚得的销售利润比在美国本土市场的还高。2017年2月7日，美国有线电视新闻网报道称："中国现在是通用汽车的最大市场。作为世界上最大的汽车制造商之一，通用汽车在中国的销售增长使其销量达

---

[1] Pano Mourdoukoutas, "How General Motors Wins the Minds and Wallets of Chinese Consumers," *Forbes*, October 1, 2018, https://www.forbes.com/sites/panosmourdoukoutas/2013/10/11/how-general-motors-wins-the-minds-and-wallets-of-chinese-consumers/#59706f51386f.

[2] Jonathan Brookfield, "How Western Companies Can Succeed in China," The Conversation, October 19, 2016, https://theconversation.com/how-western-companies-can-succeed-in-china-65291.

到前所未有的水平。尽管它在美国的销量略有下滑——这是自2009 年以来在本土市场上首次出现下滑，但通用汽车仍然连续第四年创下销售纪录。在经历了连续七年创纪录的增长后，美国汽车市场到 2016 年可能达到最高峰……去年创纪录的销售额使通用汽车的营业利润达到前所未有的 125 亿美元，增长了 16%。就在七年前，通用汽车还遭遇了破产危机并接受了联邦政府的救助。"[1] 简言之，中国帮助美国最具代表性的公司之一——通用汽车实现了蓬勃发展。

在美国商业界，波音和通用汽车都属于超大型的制造公司。既然它们已从中国市场上赚取了巨额利润，就应该发出最强有力的声音，呼吁美国和中国建立积极的双赢关系。事实上，在中美两国交往的早些年间，美国商界对中国持有乐观态度。1993 年，当比尔·克林顿总统试图将是否延长给中国的最惠国待遇与人权问题联系起来时，《纽约时报》报道称："许多美国公司……极力游说白宫和国会延长给中国的贸易特权，声称数十亿美元的出口额以及数以千计的就业机会正危在旦夕。"此外，他们认为，"利用是否给予贸易特权来解决人权问题和武器扩散问题，对说服中国做出改变将收效甚微。一些高管认为，向中国销售产品有助于美国实现政策目标"。[2]

---

① Chris Isidore, "GM Sells 10 Million Cars for First Time Thanks to China," CNN Business, February 7, 2017, https://money.cnn.com/2017/02/07/news/companies/gm-record-sales-profits/index.html.

② Calvin Sims, "China Steps Up Spending to Keep U.S. Trade Status," *New York Times,* May 7, 1993, https://www.nytimes.com/1993/05/07/business/china-steps-up-spending-to-keep-us-trade-status.html

另一份报告记录了波音如何在捍卫中国的最惠国待遇方面发挥了关键作用："（20 世纪 90 年代）随着反接触势力的巩固，波音和许多其他美国公司在说服国会支持（给中国的）最惠国待遇方面发挥了关键作用。波音是出了名的'企业外交政策'先锋，被一些美国人认为是'最懂中国'的公司，也是做出这类努力的'（指挥进攻的）四分卫'。一位参议院工作人员评论说，波音在延长中国最惠国待遇问题上对国会'施加巨大压力'。"[1]

与美国公司在维护中美关系上发挥关键力量的历史背景相反，2018 年 1 月，当特朗普突然挑起对中国的贸易摩擦时，没有哪家大型美国公司公开发声去阻止他，这真是令人震惊。事实上，几乎没有美国人试图阻止特朗普。相反，特朗普发现（也许这令他吃惊），他得到了两党广泛且深度的支持。就连民主党领袖也支持他。参议员查克·舒默表示："在对中国的贸易行径采取强硬措施方面，我更赞同特朗普，而不是奥巴马或小布什。"[2]国会议员南希·佩洛西说："美国必须采取强有力的、明智的和战略性的行动，反对中国不公平的贸易政策……面对中国的不良行为，我们还需要做更多的事情。"[3]即便是托马斯·弗里德曼——一个温和地走中间路线的富有影响力的评论员，也加入

---

[1] Thomas, "For Company and for Country."

[2] Chuck Schumer, "Schumer Response to President Trump Tweet on China Trade," Newsroom, Senate Democrats, May 21, 2018, https://www.democrats.senate.gov/newsroom/press-releases/schumer-response-to-president-trump-tweet-on-china-trade.

[3] Nancy Pelosi, "Pelosi Statement on Trump Administration's New Tariffs on China," News, Congresswoman Nancy Pelosi, California's 12th District, May 22, 2018, https://pelosi.house.gov/news/press-releases/pelosi-statement-on-trump-administration-s-new-tariffs-on-china.

了支持特朗普的行列。弗里德曼赞同特朗普的观点，认为中国没有遵守规则，他写道："这是一场值得的战斗。不要让'特朗普带头主导'这一事实，转移了对美国、欧洲和中国都同意在2025 年执行同样的规则这一重要事实的注意力，否则就真的太晚了。"①

更引人注意的是，2018 年，位于上海和北京的美国商会在其发布的报告中详细地表达了不满。上海美国商会发布的《2018年中国商业报告》写道："受访者认为中国政府的政策倾向本土企业（54.5%）；60%的受访者认为中国的监管环境缺乏透明度，与去年相比没有改善；知识产权保护和执法不力（61.6%）、未获得必要的许可证（59.5%）、数据安全和商业秘密保护（52%）仍然是监管方面的最大障碍。"

该报告还称："我们的会员虽然相对乐观，但他们对未来表示谨慎。（中国）政府采购仍然向本土企业倾斜，而且随着《中国制造 2025》和其他政策将优先购买国货变得制度化，这种做法可能会愈加根深蒂固。在具有重要战略意义的商业领域，美国公司则面临着技术转让的压力。（中国的）这些政策和做法，反过来又刺激了（美国）在中美贸易关系中强烈要求互惠，哪怕我们的会员普遍反对（对中国）征收报复性贸易关税。"②

---

① Thomas L. Friedman, "The U.S. and China Are Finally Having It Out," *New York Times*, May 1, 2018, https://www.nytimes.com/2018/05/01/opinion/america-china-trump-trade.html

② Doug Strub et al., *2018 China Business Report: The American Chamber of Commerce in Shanghai*, AmCham Shanghai and PwC, 2018, https://www.amcham-shanghai.org/sites/default/files/2018-07/2018%20China%20Business%20Report_0.pdf.

最严重的是，这份报告指出了有多少外国公司——包括美国公司——在中国做生意时感觉受到了不公平待遇。它声称：

> 近期，中美贸易摩擦暴露出贸易关系中的许多不平衡，包括但不限于跨境投资缺乏互惠性、中国采取国家资助的产业政策、以强制技术转让来换取进入中国市场，以及其他方面。虽然很少有公司会公开表示遭遇到这种压力，但在我们的调查样本中，有21%的公司表示正承受着这种压力，尤其是被中国视为具有重要战略意义的行业，如航空航天工业（44%）和化学工业（41%），面临着显著的压力，这也证实了当前美国政府对科技含量高的产业（在中国）需要"付费参与"的担忧。①

美国舆论支持特朗普对中国的指责，这种强烈的共鸣有力地证实了中国出现了严重的战略失误。那么，问题出在哪里呢？这是中国政府在做总决策时忽略了美国商界所导致的后果吗？抑或是无数的地方决策所带来的结果？至少有三个主要因素引发了这种疏离感：一是省级和市级领导的相对政治自主权，二是2008—2009年全球金融危机后中国的自大傲慢，三是21世纪前十年中央领导相对放权的领导风格。21世纪前十年是中

---

① Doug Strub et al., *2018 China Business Report: The American Chamber of Commerce in Shanghai*, AmCham Shanghai and PwC, 2018, https://www.amcham-shanghai. org/sites/default/files/2018-07/2018%20China%20Business%20Report_0.pdf.

国经济的飞速增长期，GDP 年均增速为 10.29%，[①]这让许多外国企业赚了很多钱。因此，虽然这些企业对所遭遇的不公平待遇感到愤怒，但为了换取异常丰厚的利润，它们仍选择忍受这种痛苦。

21 世纪初，中国的一个重大失误是，没有认真核查各省市对待外国投资者的方式。不过，即便中央政府有意进行核查，中央领导人可以进行的日常管控也有限。中国有句谚语说："山高皇帝远。"几千年来，中国的地方行政管理一直拥有较大的地方自主权。通常，省级层面遇到的问题，即使被报到了中央，中央领导层通常也无法直接解决。一家欧洲大公司的首席执行官告诉我，他的公司与一家中国公司签署了一份约束性协议，约定在五年后以固定价格收购这家中国公司。然而，当约定日期来临，欧洲公司想按照协议进行收购时，中国公司却拒绝出售。这家欧洲公司向（中国的）地方法院和省级法院提出上诉，均败诉。有人建议这位首席执行官出更高的价格，与那家中国公司"和解"，哪怕原先签署的协议具有约束力。

在华欧洲商会附和了在华美国人的抱怨。牛津大学中国中心的研究员乔治·马格努斯在其 2018 年出版的著作《红旗》中，描述了中国如何出现了一个巨大的政治失误，忽略了美国重要人物所坚信的中国在许多经济政策上存在着根本性的不公平：要求技术转让，设置非关税壁垒。马格努斯指出，在这个领域，"美

---

① 根据国际货币基金组织发布的《世界经济展望》计算的 2000—2009 年实际 GDP 平均增长率（2019 年 4 月），https://www.imf.org/external/datamapper/NGDP_RPCH @WEO/CHN。

国有充分理由"反对中国。^①他描述了中国在 2006 年制定的技术蓝图，以及中国在 2016 年提出的战略目标，即通过提倡"自主创新"，"到 2020 年进入创新型国家行列，到 2050 年建成世界科技创新强国"，"然而，随着时间的推移，尤其是对于外国公司来说，（中国的）自主创新是与各种形式的保护主义和对本土公司的偏袒、不公平的贸易和商业行为，以及依托进口技术来实现技术进步联系在一起的，这些技术要么通过海外收购获得，要么从在华外资企业那里获得。美国商会的一份报告声称，许多国际科技公司把自主创新视作'一幅全世界规模空前的技术竞争蓝图'"。^②美国对外关系委员会的易明也观察到，"许多美国和欧洲公司抱怨中国公司在知识产权上的不正当竞争；在外国商会发布的年度报告上，这一情况几乎每年都高居在华经商面临的挑战排行榜的榜首"。^③

另一个可能引起美国商界疏远的因素，是中国官员在 2008—2009 年全球金融危机后表现出来的傲慢。几位外国观察家进行了生动的描述。理查德·麦格雷戈在其著作《党》中描述了发生在 2008 年博鳌亚洲论坛上的事情。博鳌亚洲论坛每年定期举办，具有一定的影响力。过去，在这些会议上，中国人会礼貌地说：

① George Magnus, *Red Flags: Why Xi's China Is in Jeopardy* (New Haven, CT: Yale University Press, 2018), 166.

② "China's Drive for 'Indigenous Innovation'—A Web of Industrial Policies," US Chamber of Commerce, July 27, 2010, https://www.uschamber.com/report/china%E2%80%99s-drive-indigenous-innovation-web-industrial-policies.

③ Elizabeth C. Economy, *The Third Revolution: Xi Jinping and the New Chinese State* (New York: Oxford University Press, 2018), 142–143.

"这是你们做的，这是我们做的。"他写道，在 2008 年博鳌亚洲论坛上，这一基调发生了变化。这一次，中国官员传递出的信息是："你们有你们的道路，我们有我们的道路。我们的道路是正确的！"麦格雷戈描述了会议的情况：

> 中国官员一个接一个地抛开以往会议传达的令人欣慰的信息，而彻底表现出态度的逆转。首先发言的是一名金融监管者，他斥责近期的一次全球领导人会议是"空谈"。另一位则批评了国际评级机构在金融危机中扮演的角色。[①]

英国《金融时报》的吉迪恩·拉赫曼在他的《东方化》一书中，生动地描述了全球金融危机后中国方面的情绪：

> 在金融危机后的数年里，西方外交官，尤其是欧洲的外交官，开始注意到在与中国人打交道时，他们听到了一种新的语气。2011 年，一位刚从中国出差回国的英国外交官大笑着告诉我，在中国，他被告知"你得记住，你来自一个弱小的、正在衰落的国家"，还没有哪个国家的人这样跟他说过。另一位非常资深的英国外交官倾诉道："与中国人打交道正变得越来越不愉快和困难。"当我回应说，他在美国的一些同行仍高度评价所打交道的中国高官时，这位英国官员回答说："有一种特殊的腔调，中国人

---

① Richard McGregor, *The Party: The Secret World of China's Communist Rulers* (New York: Harper Perennial, 2012), 18.

现在只会对美国人说。"尽管中国向来坚称自己仍是一个发展中国家，但中国政府的表现却越来越像一个诞生中的超级大国，似乎只有美国，仍能被中国当作真正的对手。

全球金融危机后，中国带有的傲慢情绪或许也可以解释其随后几年在南海采取的行动。中国说的没错，它并没有开始在南海岛礁周围填海造岛。是其他四个"声索国"[①]不依不饶。长期以来，中国一直保持高度克制。不过，在全球金融危机之后，它突然决定大幅扩充填海面积。结果，美国的反华人士发现，可以利用南海问题进行宣传，以对抗中国。

如果在 21 世纪前十年，中国采取更强有力的领导，那么情况会有哪些不同呢？既然中国在 2001 年以发展中国家的身份加入世界贸易组织时获得了许多优惠，那么它应该单方面地宣布将缓慢且稳步地放弃这些优惠，虽然从理论上讲，它可以作为世界贸易组织的发展中成员享受这些特权，但实际上它不会去享受。

在 2001 年加入世界贸易组织之后，中国经济进入了爆炸性增长的时期。中国的 GDP 从 2000 年的 1.2 万亿美元激增到 2015 年的 11.1 万亿美元。[②]2000 年，当中国的人均收入按购买力平价计算为 2 900 美元时[③]（与巴基斯坦、不丹、也门、佛得角、马绍

① "声索国"是指声明索取某地区领土主权的国家，文中的四个"声索国"指越南、菲律宾、文莱和马来西亚。——译者注

② World Bank, "China," The World Bank data, https://data.worldbank.org/country/china.

③ World Bank, "GNI per Capita, PPP (current interntional $)—China," 1990–2018, The World Bank data, https://data.worldbank.org/indicator/NY.GNP.PCAP.PP.CD?locations=CN.

尔群岛和阿塞拜疆等国的人均收入相近），它精明地（且合情合理地）以发展中国家的身份进行了谈判，加入了世界贸易组织。到 2015 年，中国的人均收入达到了 1.44 万美元。[①] 同期，中国的经济总量也从全球第六位跃升至全球第二位。

作为全球第二大经济体（拥有全球最多的外汇储备），中国声称自己像乍得或孟加拉国一样脆弱，从而要求世界贸易组织制定特别条款来保护自己，这显然是不公平的。此处的矛盾在于，尽管中国争取到了"发展中国家成员"的称谓，但实际上，它并没有对这一称谓善加利用。两位研究中国加入世界贸易组织的条款和条件的经济学家评论道："不同于普遍看法，中国在加入世界贸易组织时，除了使用'发展中国家'的称谓，几乎没有得到发展中国家可享有的任何好处。"[②] 即便如此，许多外国观察家仍然认为，中国是在利用自己的发展中国家地位。美国前财政部长亨利·保尔森是中国最好的朋友之一。他个人坚定地致力于与中国保持良好的关系。他还成立了保尔森基金会，这个智库"致力于促进中美关系，从而在快速发展的世界中良好地维持全球秩序"。[③]

2018 年 11 月，保尔森在新加坡召开的一次会议上发表了激愤的演讲，清楚地解释了国际社会对中国躲在世界贸易组织规则

---

① World Bank, "GNI per Capita, PPP (current interntional $)—China," 1990–2018, The World Bank data, https://data.worldbank.org/indicator/NY.GNP.PCAP.PP.CD? locations=CN.

② Henry Gao and Weihuan Zhou, "China's Developing Country Status Brings It Few Benefits in the WTO," East Asia Forum, October 15, 2019,https://www.eastasiaforum .org/2019/10/15/chinas-developing-country-status-brings-it-few-benefits-in-the-wto/.

③ Paulson Institute, Overview, http://www.paulsoninstitute.org/about/about-overview/.

背后的失望，那些规则本是为贫穷的发展中国家制定的。他说："中国加入世界贸易组织已有 17 年了，但在许多领域，中国仍未向外国竞争者开放经济。中国对合资企业的要求和股权比例的限制依然存在。此外，中国在贸易和外商领域，还存在技术标准、政府补贴、办理许可证和监管等非关税壁垒。中国加入世界贸易组织都快 20 年了，这是完全不可接受的。这也是为什么特朗普政府主张世界贸易组织体系需要与时俱进。我同意这个观点。"

他接着解释了为什么美国商界转而开始反对中国。

> 为什么那些最了解中国，在那里工作、经商、赚钱，过去支持两国建立富有成效的关系的群体，现在反而呼吁更多的对抗？答案就是在过去近 20 年里，中国在公平竞争和对外开放方面进展缓慢。这让美国商界备感挫败，并产生了对华态度的分裂。这种变化进一步增强了美国政界和专家对华看法的负面化。简言之，尽管许多美国企业继续在中国蓬勃发展，但越来越多的企业认为外企永远不可能在中国获得公平的竞争环境。一些公司已经接受了交易条件，以牺牲未来的竞争力为代价，在限制条件下经营以期使今天的每股收益最大化。但这并不意味着这些公司乐于如此。

更糟糕的是，保尔森说，中国企业在海外享有的竞争环境比中国为在华外资企业提供的竞争环境更好。

与此同时，外国公司在中国本土无法使用中国公司在其他国家可以使用的经营方式。这加剧了潜在的紧张关系。因此，我确实认为，中国的做法和对外资开放的不足助长了美国的对抗态度……这不仅仅因为外国的技术正在被转让和吸收，还因为它们正在被改造——通过本土化过程，外国的技术就变成了中国的技术。我跟许多跨国公司的首席执行官交谈过，他们认为这种行径对其公司的核心研发和创新人员是非常不公平的。

中国在处理与美国关系上的战略失误是不必要和不明智地疏远了美国商界（在某种意义上也是全球商界），不过这也有乐观的一面，这是一个可以纠正的战略失误。中国应该有能力重新获得全球商界的善意和信任。

然而，在中国采取新举措以重新赢得全球商界的信任之前，它应该先分析一下自身为何出现这个根本性的失误，以及这个失误是如何出现的。中国政府在对战略失误进行内部分析时，必须极其坦诚，不可回避处理敏感问题。

这里有一个例子：许多中国官员都非常熟悉马克思主义文学及其派生物。这类文学作品中充斥着对商人的嘲讽。列宁就说过一句名言：为了利益，资本家可以出售绞死自己的绳子。顺便提一下，我在现实生活中见到过这种情况。1973—1974 年，我在金边服役时，当时的（柬埔寨）政府实质上是由美国军方扶持的亲美政府。因此，美国军队会不惜代价，发射炮弹保卫金边。亲美政府中腐败的将军拿到炮弹后立即卖给中间商，中间商再将这些炮弹卖给红色高棉，随后这些炮弹又会被发射到城市中，危及这些亲美将军家人的生命。简言之，确实有许多商人可能会投机取巧、腐败堕落。[①]

如果中国政府一直从单一维度看待商界，那将是一个重大的失误。即便有利可图，但如果商人是被迫签署协议的，那么他们心里也会对迫使其签署此类协议的中国官员深感怨恨。哪怕所有程序都合法合规，这种怨恨也是真实存在的。黄育川——一位曾在中国工作多年的世界银行前经济学家认为，根据世界贸易组织的规则，像中国这样的发展中国家把技术转让作为对华投资的条件，是完全合法的。他说："根据世界贸易组织的知识产权协议，发达国家有'义务'鼓励本国公司将技术转让给欠发达国家。"[②]

然而，即使中国的要求是合法合规的，外国商业界仍然会感到不公平。如果拒绝签署提供技术转让的协议，他们将无法进入更大的中国市场。为了保有进入中国市场的机会，商人感到别无选择，只能同意技术转让。听说西方商界并不高兴这么做时，一些中国官员可能会很惊讶。每次中国组织高层论坛并邀请西方主要集团的首席执行官参加时，他们也都会出席。我就参加过一些这类会议。2019 年 3 月，一群西方首席执行官、西方经济学家和记者齐聚北京，参加中国发展高层论坛。美国最大的对冲基金之一的负责人瑞·达利欧、黑石集团首席执行官兼董事长苏世

[①] 1973—1974 年，我住在柬埔寨金边，那里几乎每天都受到炮击。当我问红色高棉的人他们是如何获得炮弹的，几位有见识的官员告诉了我这个故事。

[②] Yukon Huang, "Did China Break the World Economic Order?," *New York Times*, May 17, 2019, https://www.nytimes.com/2019/05/17/opinion/trade-war-tech-china-united-states.html.

民、诺贝尔奖得主约瑟夫·斯蒂格利茨和英国《金融时报》首席经济评论员马丁·沃尔夫等知名人士参加了此次会议。

幸运的是，美国两位著名的前财政部长罗伯特·鲁宾和劳伦斯·萨默斯也受邀出席。两人都坦率地谈论了美国商人在与中国打交道时面临的种种挑战。

萨默斯说："美国与中国之间存在着实质性的误解，这种误解可能是由政策制定所导致的，确实造成了极大的风险。"他补充说："美国对中国在多个领域的贸易行为有着合理的担忧，从知识产权到合资规则，以及该贸易行为对信息技术共享带来的影响等。"不过，他承认，"事实上，并没有可信的计算结果表明，只要中国同意了美国的所有经济诉求，美国的 GDP 就会提升 1%以上"。

萨默斯强调，即便全球商业人士愿意继续参加在中国举行的高层论坛，也不意味着中国与西方商界之间仍然保持着良好的关系。他在北京发表的一些言论可能会让东道主感到不适，但这向中国发出了一个强有力的信号。不要混淆了形式与实质。在中国参加高层论坛的首席执行官回到公司，也许会发现自己的同事对与中国的业务往来仍然感到不满且不快乐。因此，中国要做出高层决策，采取重大行动，去赢回包括美国商界在内的西方商界的信任和信心，这么做是明智的。

中国是一个庞大的国家。中国共产党的治理强大而有效，但要其立即改变参与在华外企管理的习惯和做法并非易事。数十年来，在庞大的中国政府体系中，许多制度、流程、习惯和文化已经根深蒂固。期望一夜之间改变所有既定的流程和习惯，是完全不现实的。

要在庞大的中国体系中实现 180 度大转弯，中国人首先需要做出一个重大的哲学决定，然后采取一些创新的实际步骤。中国需要问自己一些尖锐的问题：是什么导致中国这种大国遭受了来自西方小国的百年屈辱？中国经济从公元元年到 1820 年都与世界其他国家并驾齐驱，但之后为什么会落后？中国清朝的聪明官员为什么意识不到世界已经发生了巨大的变化？导致 19 世纪中国官员盲目的原因是一个有力的中国哲学假设，即中国是一个伟大的自给自足的"中央王国"，根本不需要与世界接触。乾隆皇帝对马戛尔尼勋爵说过，中国拥有一切所需的东西。他认为中国根本不需要世界其他地方。

痛苦的百年屈辱最终引导了中国的开放。邓小平在实事求是的基础上做出了这个决定。对外开放确实发挥了作用，中国的经济腾飞了。然而，中国人是否将这种开放视为再次强大之前的临时措施？他们是否希望最终回归自己的"中央王国"心态，与世界进行贸易的同时，在文化上保持分离？

当中国筑起高墙，切断与世界的交流时，它就落后了。当中国向世界开放时，它又繁荣兴盛了。为了实现持续的长期成功，中国应该彻底放弃有着长久历史的"中央王国"心态，并决定成为在与世界其他地区经济往来中最开放的国家。只有做出这个重大的心态转变，中国官员才会铺上红毯，欢迎包括美国企业在内的外国企业到来。

几位美国政界领袖，包括前总统候选人马尔科·鲁比奥在内，已经着手立法，以限制中国对美国的投资以及美国对中国的技术转让。鲁比奥还发表了许多针对中国的煽动性言论：

> 过去的 20 年里，中国愚弄了世界，让世界相信它会拥抱基于规则的国际秩序，并且将成为一个负责任的利益相关者……现在，中国正试图再次愚弄世界，向外国政府做出将投资其基础设施建设的承诺，以吸引对方加入"一带一路"倡议。[①]

面对这样的挑衅性言论，中国的决策者做出同样情绪化的反应是自然而然的。但这是不明智的，也违背了中国的许多战略准则，即对挑衅冷静回应。例如，《孙子兵法》就给出了这样的忠告："以治待乱，以静待哗，此治心者也。"中国也可以借鉴《伊索寓言》中的忠告：

> 风和太阳为谁更强大而争论不休。突然，它们看到一个行人在路上走着，太阳说："我有办法解决我们的争端。咱俩谁能使那个行人脱下他的斗篷，谁就是强者。你先开始。"于是，太阳隐没在云层后面，风开始拼命地吹向行人。但是风吹得越用力，行人就把他的斗篷裹得越紧，最后风绝望地放弃了。接着，太阳出来了，它把所有的光都照耀在行人身上，行人很快就觉得太热了，不能再穿着斗篷走路了。

---

① Marco Rubio, "At Their Own Peril, Countries Embrace China," Breitbart, April 25, 2019, https://www.breitbart.com/national-security/2019/04/25/exclusive-sen-marco-rubio-at-their-own-peril-countries-embrace-china/.

"宽厚仁慈比严厉暴虐更管用。"[1]

中国企业在国外市场，尤其是在美国市场遭遇更大困难的情况下，为什么还要进一步向包括美国企业在内的外国企业开放？显然，中国政府必须向中国人民充分地解释这一点。中国人民需要认清的关键点是，在特朗普政府一直给外国企业投资或出口到美国制造更多困难的情况下，中国继续开放经济将是符合其长期战略利益的。随着时间的推移，这将使更多国家与中国进行更多的贸易和投资，而不是跟美国。这种情况确实已经在很多领域发生了。目前，已有100多个国家与中国的贸易比与美国的贸易要多。这种趋势还将继续。虽然中国经济与世界经济的接触在减少，但麦肯锡在2019年7月的一份报告中强调，世界对中国的接触正在显著增加，这"反映出中国作为一个市场、供应商和资本提供者的重要性在日益增加"。[2]

随着越来越多的国家与中国进行更多的贸易，这一过程最终将给中国带来一个巨大的战略优势。特朗普政府的许多官员公开或秘密地认为，逐步让中美经济"脱钩"是减缓中国经济增长的最佳方式。然而，美国做出的与中国"脱钩"的任何努力，都可

---

① Aesop, "The Wind and the Sun," Aesop Fables, sixth century BCE, Bartleby. com,https://www.bartleby.com/17/1/60.html.

② Jonathan Woetzel et al., *China and the World: Inside the Dynamics of a Changing Relationship*, McKinsey Global Institute, July 2019, https://www.mckinsey.com/~/media/mckinsey/featured%20insights/china/china%20and%20the%20world%20inside%20the%20dynamics%20of%20a%20changing%20relationship/mgi-china-a-nd-the-world-full-report-june-2019-vf.ashx.

能导致美国与世界"脱钩"。麻省理工学院的校长拉斐尔·莱夫曾表示："如果我们对付中国野心的办法只是给所有门都装上两道锁，我相信这会把我们自己禁锢在平庸之中。"[①] 中国应该能够深刻地理解他的观点。当中国与世界隔绝时，它也把自己禁锢在了一个平庸的世界里。因此，中国应该彻底放弃"中央王国"的哲学思维，转而更多地接触世界。

哲学思维的转变必须伴有切实行动，以便为在华外企营造一个更有利的环境。中国政府可以发布指令来实现这一目标。然而，只依赖高层指令恐怕还是不够的。真正重要的是在实际执行时会怎么做，这里引用一句知名的美国俚语："在橡胶遇到路面的地方。"[②] 关键在于实施。

在有效实施指令方面，中国可以借鉴其他国家在促进投资方面的经验。比如，中国可以向新加坡学习，新加坡拥有世界上成功的商业促进机构——新加坡经济发展局。该机构在吸引美国投资方面取得了惊人的成功。实际上，新加坡是东南亚最小的国家之一，尽管只拥有东南亚 6.5 亿人口中的 500 多万，但它吸引的美国投资却超过了东南亚其他国家的总和。截至 2017 年，美国对新加坡的直接投资是 2 743 亿美元。[③] 新加坡外交部长维文说："美国对东盟外商直接投资总额约为 3 280 亿美元，新加坡占了

---

① L. Rafael Reif, "China's Challenge Is America's Opportunity," *New York Times*, August 8, 2018, https://www.nytimes.com/2018/08/08/opinion/china-technology-trade-united-states.html.

② "在橡胶遇到路面的地方"，意为在关键时刻履行职责。——译者注

③ USTR, "Singapore," Office of the US Trade Representative, https://ustr.gov/countries-regions/southeast-asia-pacific/singapore.

其中的80%。"①美国公司在新加坡的投资甚至超过了其在澳大利亚（1 690亿美元②）、日本（1 290亿美元③）、印度（450亿美元④）和韩国（410亿美元⑤）等更大经济体的投资。

　　新加坡吸引美国投资是出于经济需要，但中国并没有这样的经济需要。即便没有美国的投资，中国的经济也能很好地增长。因此，中国应该出于战略需要去吸引美国和西方的投资。这么做的战略考量是，为中国和美国以及西方世界的关系建立一个重要的稳定器。中国应该像新加坡一样，设立一个一站式的投资管理机构，类似新加坡经济发展局，以吸引和促进对华投资。中国幅员辽阔，管理外商投资的任务被分派给了各个省市，这就在如何管理外来投资方面造成了地区差异。如果将美国对华投资视为一种战略需要，那么中国在国家层面创建一个超级机构，以确保所有的外商都享有一个公平的竞争环境，才合乎逻辑。因此，中国应该为建立这种超级机构设定具体目标。

　　对于这个超级机构来说，吸引美国尽可能多的州的投资是明

---

① Vivian Balakrishnan, "Seeking Opportunities Amidst Disruption: A View from Singapore," edited transcript, Center for Strategic and International Studies, May 15, 2019,https://www.mfa.gov.sg/Newsroom/Press-Statements-Transcripts-and-Photos/2019/05/20190516_FMV-Washington—CSIS-Speech.

② USTR, "Australia," Office of the US Trade Representative, https://ustr.gov/countries-regions/southeast-asia-pacific/australia.

③ USTR, "Japan," Office of the US Trade Representative, https://ustr.gov/countries-regions/japan-korea-apec/japan.

④ USTR, "India," Office of the US Trade Representative, https://ustr.gov/countries-regions/south-central-asia/india.

⑤ USTR, "Korea," Office of the US Trade Representative, https://ustr.gov/countries-regions/japan-korea-apec/korea.

智之举，这将有助于扩大亲中的选民群体。幸运的是，即使华盛顿特区已被反华情绪所淹没，许多州的州长和立法机构仍在继续寻找并吸引中国对其投资，并希望加强与中国的联系。例如，肯塔基州州长马特·贝文在 2017 年 5 月说："中国有大量资本正在寻找一个安全、可靠的环境去部署企业。而美国恰好可以提供这种机会，因为这个国家对基础设施有巨大的需求。世界上最大和最强大的两个经济体就是美国和中国。这两国不合作的想法简直令人匪夷所思。"①

同样，波音总部的所在地华盛顿州，也深知与中国保持紧密联系的重要性。《外交学者》杂志的一份报告指出："中国是华盛顿州最大的出口市场，所以该州深知与中国保持健康的贸易关系对本州下辖各市县的经济发展具有长期的战略影响。2015 年，华盛顿州对中国的出口为该州提供了 83 800 个就业岗位，而且自 2000 年以来，该州从中国获得了 6.11 亿美元的投资。"②

与美国人相比，中国人拥有的一个优势是，在做出政策决定时可以综观战略全局。如果美国企业能重燃与中国进行贸易和投资的热情，这将会重新建起一个宝贵的政治缓冲区，从而遏制中美关系严重下滑的趋势。西方商界的重新参与，将不仅符合中国的短期国家利益，也有利于中国的长期国家利益。显然，在过去

---

① Evelyn Cheng, "Forget the Tough Talk: Some US Leaders Are Courting Chinese Investment," CNBC, May 5, 2017, https://www.cnbc.com/2017/05/05/tough-talk-is-in-the-air-but-some-in-us-are-courting-chinese-money.html.

② Mercy A. Kuo, "After US-China Economic Dialogue Underwhelms, Washington State Steps Up," *The Diplomat*, July 25, 2017, https://thediplomat.com/2017/07/after-us-china-economic-dialogue-underwhelms-washington-state-steps-up/.

几十年，推动中国经济快速增长的力量是全球化。而大部分时间，美国都是全球化的领头羊。这是由美国的时代精神所支撑的，它认为世界越开放，美国就越好。

但现在，美国的氛围已经变糟糕了。没有哪个美国政客能够站出来捍卫全球化。这无异于政治自杀。当前，世界需要一个新的全球化倡导者，中国可以介入并填补这一空白，而且中国在很多方面已经开始这么做了。2017 年 1 月，习近平主席在世界经济论坛的演讲就是对全球化优点的全面理性的辩护。语言很重要，行动更具说服力。中国如果成为一个对商业最友好的经济大国，将极大地推动全球化。这样做，中国也会强化那股推动其经济惊人崛起的力量。

中国如果成为全球化新的倡导者，会使美国进一步疏远全球化，还是会给美国敲响警钟，促使其再次拥护全球化呢？目前无人敢下定论。但是，我们可以预测参与全球化的国家和疏远全球化的国家将面临什么结果。现在，中国领导人深刻地理解昔日筑墙对抗世界的思维模式最终导致了中国的崩溃。因此，中国不会重蹈覆辙。相反，现在是特朗普想给美国筑起一道名副其实的"围墙"。如果他成功了，那么美国终将落后，中国则将稳步前进。

第三章

美国最大的战略失误

美国或许能在与中国的地缘政治竞争中获胜，但毫无疑问，中国已赢得了第一轮。特朗普政府在没有事先制定全面的长期战略的情况下，就陷入了一场重大的地缘政治竞争，这很可能是人类历史上规模最大的政治竞争。这只会削弱美国世界霸主的地位，同时为中国在国际上提升影响力创造空间。

毋庸置疑，美国缺乏全面的对华战略。美国两位主要的战略思想家证实了这一点。亨利·基辛格——一位在德国出生的共和党前国家安全顾问，在20世纪70年代推动了中美的外交行动；法里德·扎卡利亚——一位印度裔美国有线电视新闻网主播兼评论员。尽管这两人并不总是政见相同，但他们一致认为，美国没有制定出可行的对华战略。法里德·扎卡利亚说道：

从1972年对中国开放直到近期，美国都对中国采取了全面的两党战略，使中国在政治、经济和文化上融入世界。但近年来，这一战略出现了副作用，并产生了复杂的问题——帮助中国成为一个新的、更强大的国家，这不符合西方的预期。当意识到这种转变时，美国简直惊呆了，它未能构想出一个针对"中央王国"的新的全面战略。

这与美国为何发动反苏斗争形成了再鲜明不过的对比。当时，美国的主要战略思想家乔治·凯南以"X 先生"为笔名在《外交事务》上发表了一篇著名文章，在该文中凯南就美国该如何应对严重的地缘政治竞争问题，向美国同胞提供了合理的建议。然而，特朗普政府在与中国对抗时，却忽略了这一建议中的许多要点。

未来的美国历史学家无疑会感到困惑：当特朗普发动针对中国的贸易摩擦和技术竞争时，很多美国人，包括民主党的领袖，都在为特朗普欢呼。民主党主要的参议员查克·舒默哀叹，"中国的不公平行径，使美国损失了数万亿美元和数百万个就业机会"，他鼓励特朗普"对中国强硬"。[①] 众议院议长南希·佩洛西也发表过类似言论，她在 2018 年 3 月坚称："美国必须采取强有力的、明智的和战略性的行动，反对中国不公平的贸易政策。"[②]

民主党的支持令人费解，因为特朗普的许多行为违反了凯南在战略建议中提出的许多关键准则，实际上却符合了中国的利益。毫无疑问，特朗普挑起的贸易摩擦和对华为的制裁激怒了中国领导人。但是，中国领导人也需要清楚，特朗普为中国提供了

---

① Bob Fredericks, "Schumer: We Have to Be Tough on China," *New York Post*, August 1, 2019,https://nypost.com/2019/08/01/chuck-schumer-backs-trump-on-new-china-tariffs/.

② Nancy Pelosi, "Pelosi Statement on Trump Administration's New Tariffs on China," News, Congresswoman Nancy Pelosi, California's 12th District, May 22, 2018, https://pelosi.house.gov/news/press-releases/pelosi-statement-on-trump-administration.

许多长期红利。这些送给中国的红利，就是特朗普和他的顾问没能像凯南那般做出长远考虑的结果。

如果美国是一个团结、强大和充满自信的国度，那么它将对中国构成巨大的挑战。凯南在以"X 先生"为笔名发表的文章中强调了这一点，他认为，美国是否强大取决于其是否有能力"给世界人民营造一个整体印象：这是一个知道自身诉求的国家，它正成功地处理内部问题并承担起作为世界强国的责任，它具备能够在时代的主要思想潮流中稳住自身的精神活力"。

特朗普恰好背道而驰。他使美国分裂和分化。不过，仅仅将责任归咎于他也不公平。本书会谈到，美国正面临着政治、经济和文化领域的严峻的结构性挑战。在旁观者看来，今天的美国仿佛缺少了凯南所说的"精神活力"。这是由特朗普上任前根深蒂固的经济和社会问题所导致的（在本书第七章我将详细讲述）。

但是，特朗普政府必须为采取单边而非多边的方式处理对华问题承担所有的指责。特朗普决定退出《跨太平洋伙伴关系协定》，就是送给中国的一份地缘政治大礼。该协定是奥巴马政府推动的一项明智举措，本可以巩固美国在东亚和东南亚的影响力，以及给美国经济带来丰厚、长期的红利。此外，特朗普还因在推特上发布不假思索的随意攻击，疏远了一些重要的朋友和盟友，包括加拿大、墨西哥、欧盟、日本、印度和越南。

在冷战初期，美国率先建立了世界多边体系，包括布雷顿森林体系、马歇尔计划和北大西洋公约组织。今天，是中国，而非美国，在带头建设一个新的多边体系，包括亚洲基础设施投资银行和"一带一路"倡议。尽管美国反对这两项举措，但这并不能有效地阻止它的许多重要朋友和盟友加入其中。英国、德国、印度和越南以创始成员国身份加入了亚洲基础设施投资银行。而亚洲基础设施投资银行也在证明自己是一个比国际货币基金组织和世界银行管理得更好的机构。它奉行更高、更透明的组织管理标准。

当中国在全球多边秩序中展现出一个稳定、可预测的形象时，在特朗普领导下的美国则日益被视为一个混乱且不可预测的角色。特朗普说过一句名言："贸易对抗是好事，很容易赢。"[①]然而，他在这一领域的过往记录表明，贸易对抗实际上很难赢。在《外交事务》（2019 年 11—12 月刊）上，单伟建指出："数据表明，美国并没有赢得这场贸易对抗。中国经济增长虽然放缓，但（加征）关税给美国消费者造成的伤害比给中国的更大。为了避免造成迫在眉睫的衰退，特朗普必须正视这样一个事实：他目前的做法正在危及美国经济，威胁着国际贸易体系，并且无益于减少他所厌恶的贸易逆差。"[②]

当然，自 2018 年以来，特朗普针对中国所采取的一系列混乱不堪且不协调的举措，让事情变得更糟糕了。2018 年 7 月 6 日，特朗普政府采取了第一项反华措施——对中国征收 25% 的关税，"价值 500 亿美元新清单的（征税）目标更多是中间产品——95% 的受打击产品主要是美国公司使用的依赖于从中国进口的中间产品或资

---

① Thomas Franck, "Trump Doubles Down: 'Trade Wars Are Good, and Easy to Win'," CNBC, March 2,2018, https://www.cnbc.com/2018/03/02/trump-trade-wars-are-good-and-easy-to-win.html.

② Weijian Shan, "The Unwinnable Trade War," *Foreign Affairs*, November/December 2019.

本设备"。[①] 显然，对中间产品征税只会削弱美国公司的竞争力。这不是明智之举，但在 2018 年 7 月 6 日，美国决然开始行动。

在特朗普政府中，是否有人在启动第一轮关税制裁前（后来又进行了多轮关税制裁）制定出一个深思熟虑的战略？坦诚地说，没有。一位颇具影响力的美国朋友私下告诉我，当特朗普政府决定对几个国家加征关税时，时任美国国家经济委员会主席加里·科恩曾耐心地向特朗普解释经济理论的基本知识，以说清为什么加征关税不是一个好的政策工具。但科恩劝说特朗普的所有努力最终都失败了。最后，科恩问他为什么坚持加征关税。特朗普回答说："我只是喜欢关税。"无论是朋友还是敌人，包括欧盟、日本、加拿大、墨西哥和中国，特朗普通过向它们加征关税或威胁要加征关税，践行了他的观点。

此处需要强调一点。是美国人，尤其是杰出的美国经济学家，让世界认识到自由贸易所带来的好处，关税——尤其是任意征收关税——是有害的。美国经济学家解释说，特朗普抱怨的贸易逆差并不是由不公平的贸易活动带来的，而是由美国国内宏观经济决策造成的。罗纳德·里根不是左翼分子，而是一个传统的美国保守派。他的首席经济顾问是已故的哈佛大学教授马丁·费尔德斯坦，后者曾清楚地解释了美国的贸易逆差究竟是怎么形成的。费尔德斯坦说："外国的进口壁垒和出口补贴并非造成美国贸易逆差的原因……真正的原因是美国人的消费大于生产……指

---

① Chad P. Bown and Melissa Kolb, "Trump's Trade War Timeline: An Up-to-Date Guide," PIIE, September 20, 2019, https://www.piie.com/system/files/documents/trump-trade-war-timeline.pdf.

责他方并不能改变这一事实。"[1]特朗普的多项做法震惊了世界。即便如此，让这个世界真正深感震惊的，是美国竟然选出了一位连国际贸易专业本科的经济学基础知识考试都无法通过的总统。

与此同时，特朗普可能期待中国会在美国加征关税后立马缴械投降。然而，任何对中国及其近代史有基本了解的人都知道，这种情况永远不会发生。不过，中国的谈判代表仍然准备在一项互惠互利的交易中做出更慷慨的让步，的确，在贸易谈判期间，中国方面同意购买更多的价值数十亿美元的美国产品。因此，如果特朗普政府的目标是减少与中国的贸易逆差，那么中国会予以配合。然而，正如美国前贸易代表、小布什总统任内的副国务卿罗伯特·佐利克指出的，特朗普政府的目标从来都不明确。

美国政府的现状反映出其内部分歧。一派希望让美国经济与中国"脱钩"，他们支持（加征）关税、（设置）跨境投资壁垒以及迫使企业打破供应链的不确定性。另一派希望改变中国的做法，以促进美国的出口，保护知识产权和技术，并反对歧视海外投资者，这些行动将加强美国与中国的经济联系。为了调和这些相互冲突的目标，妥协的方式是提出令人瞠目的条件——并依赖特朗普先生的直觉来决定要不要达成协议……现在，谈判的

---

[1] Martin Feldstein, "Inconvenient Truths about the US Trade Deficit," Project Syndicate, April 25, 2017,https://www.project-syndicate.org/commentary/america-trade-deficit-inconvenient-truth-by-martin-feldstein-2017-04.

主要问题是，如果中国采取措施开放市场、购买商品并确保美国的利益，美国将采取什么行动作为回报？目前，美国坚持在中国兑现承诺之前，继续加征关税。美国的谈判代表还希望美国有权在任何时间重新加征关税——并且禁止中国报复。[①]

澳大利亚前总理陆克文表示，作为总理，他绝不会接受像美国试图与中国达成的那种不平等协议，哪怕澳大利亚是美国最坚定的盟友之一。[②]佐利克则说："当中国的高层审查有望达成的协议时，因为双边义务不对等而陷入僵局。双方未能就中国采购美国商品的清单达成一致。对中国来说，这些条款并不平等，这让他们想起了19世纪的外交，当时他们没有尊严，也不被外国人尊重。"[③]

2019年8月23日，当中国宣布将采取反制措施时，特朗普勃然大怒，并在推特上发布了针对中国的激烈言辞。特朗普未考虑后果就宣布："我命令伟大的美国公司立即开始寻找在华经营的替代方案，包括从中国迁回美国并在美生产。"美国商会执行副会长迈伦·布里连特在回应中提出一个鲜明的观点："特朗普

---

① Robert Zoellick, "Donald Trump's Impulsive Approach to China Makes US Vulnerable," *Financial Times* (London), June 26, 2019, https://www.ft.com/content/e88078e8-966d-11e9-98b9-e38c177b152f.

② CGTN, "Kevin Rudd: If the U.S. Offered Australia What It Offered China, I Would Not Accept It Either," China Global Television Network, May 21, 2019, https://news.cgtn.com/news/3d3d774e3349444f34457a6333566d54/index.html.

③ Zoellick, "Donald Trump's Impulsive Approach to China Makes US Vulnerable."

面对中国可能有挫败感，但答案不能是让美国公司忽略一个有着14亿消费者的市场。"①

特朗普和他的推特言论所引发的混乱在意料之中。然而，意料之外的是，美国自我夸耀的制衡机制却未能将它从一个出尔反尔、制造混乱的统治者手中拯救出来。美国国会、第四权力（新闻媒体）、最高法院和行政部门都无法约束特朗普。结果就是，在全球范围内，人们对美国治理制度的信任开始弱化。

在这方面，即便中国领导人对特朗普的行为感到恼火，他们仍然能拿出对待历史的长远眼光，将特朗普视作一项长期资产，因为特朗普单枪匹马做下的降低美国在国际上的威望和影响力的事，比以往任何美国领导人都要多。美国最亲密的盟友曾普遍将其视作一个可靠的伙伴，但现在这种信任感已大幅减弱。对中国来说，最糟糕的情况无非是美国再次实施曾经成功对抗苏联的遏制政策，然而在特朗普的领导下，这种情况发生的概率几乎为零。即便在特朗普卸任后，下一任总统也难以恢复被特朗普破坏的全球对美国的信任。

对任何美国人来说，低估全球对美国信任的弱化，都将是非常不明智的。许多亲近美国的朋友都告诫它，要认真对待此事。英国《金融时报》著名评论员马丁·沃尔夫曾撰文称自己继承了

---

① Washington Post, "President Trump Calls on American Companies to Cut Ties with China, Intensifying Trade War," PennLive Patriot News, August 23, 2019, https://www.pennlive.com/business/2019/08/president-trump-calls-on-american-companies-to-cut-ties-with-china-intensifying-trade-war.html.

父亲"强烈亲美"的态度，[①] 但他宣布"在特朗普的领导下，美国已变成一个流氓超级大国"。[②]2019 年 8 月，在比亚里茨召开七国集团峰会之前，另一位有影响力的《金融时报》专栏作家爱德华·卢斯也调侃道："如果（特朗普）能够在法国度过一个周末，而不加速西方的灭亡——例如提出购买欧洲的一大块土地，那将是某种程度上的胜利。"[③]

没有哪个社会是坚不可摧的。每个社会都有其自身的弱点。这就是为什么全球弱化对美国的信任会如此危险。这反过来有可能暴露出美国最脆弱的领域，事实上也是它的"阿喀琉斯之踵"——美元。现在，美元虽然被一个复杂的全球金融体系很好地保护着，这强化了它的不可撼动性，但是它依然存在核心弱点。与大多数国家相比，美国可以承受入不敷出（金融全球化使一些国内机构强大、宏观经济基础良好的国家，比如澳大利亚和加拿大，也能维持长期的经常账户赤字和财政赤字）。在国内层面，美国政府的支出大于收入，造成了财政赤字；在国际层面，美国的进口商品多于出口商品，造成了贸易逆差。美国如何为这两项赤字买单？借钱。这并不反常。就像许多家庭一样，许多国

① Martin Wolf, "How We Lost America to Greed and Envy," *Financial Times* (London),July 17,2018, https://www.ft.com/content/3aea8668-88e2-11e8-bf9e-8771d5404543.

② Martin Wolf, "The US-China Conflict Challenges the World," *Financial Times* (London), May 21, 2019, https://www.ft.com/content/870c895c-7b11-11e9-81d2-f785092ab560.

③ Edward Luce, "The Next Stop on Donald Trump's End-of-Diplomacy Tour," *Financial Times* (London), August 2, 2019, https://www.ft.com/content/66cc66b6-c45f-11e9-a8e9-296ca66511c9.

家也在借钱。到了一定程度，当无法再借钱时，它们就会面临危机。希腊就是这样，它不得不大幅削减支出，以便能够继续从海外获得资金。在过去几十年里，当许多国家的国际借款变得太多时，它们就不得不忍受极端的痛苦：1982 年的墨西哥，1997 年的泰国，1998 年的俄罗斯，2001 年的阿根廷，2008 年的冰岛，2010 年的希腊。结果就是，这些国家的国民生活水平急剧下降。

然而，与其他国家不同，美国可以通过印刷国库券来弥补双重赤字，并为它的超额开支买单。美国财政部只需要支付纸张成本。美国分发的是一张张纸，而世界其他国家可是用实实在在的钱（辛苦赚到的钱）来购买美国国债的。例如，中国必须努力生产低成本的产品，然后出口到世界各地。出口产品换回来之不易的美元，中国政府再将这些美元兑换成人民币支付给工人。中国政府如何使用这些来之不易的美元呢？它拿出其中许多来购买美国国债。然后，美国财政部使用这些来自中国的美元支付政府的超额开支。有史以来，美国国债的大买家分别是中国（1.113 万亿美元）、日本（1.064 万亿美元）、巴西（3 067 亿美元）、英国（3 008 亿美元）和爱尔兰（2 697 亿美元）。[①] 结果就是，当美国政府无法弥补这两项赤字时，它就可以简单地通过印钞（也就是"纸"）来支付这些超额支出。为什么世界其他国家会买这些"纸"（美元）？一个关键原因是，世界贸易的大部分交易都是以美元结算的。因此，当中国购买阿根廷的牛肉时，用美元支付；当阿根廷购买中国的手机时，也用美元支付。这意

---

① US Department of Treasury, "Major Foreign Holders of Treasury Securities" (chart), October 16, 2019, https://ticdata.treasury.gov/Publish/mfh.txt.

味着美元在全球经济中不可或缺。因此，美元发挥着全球储备货币的作用。

许多美国经济学家都清楚，美元作为全球储备货币，为美国人民带来了巨大的好处。2019 年 6 月，鲁奇尔·夏尔马写道："长期以来，储备货币的地位一直是一种强大的特权，以及经济上的灵丹妙药。通过培育想持有该货币——通常是政府债券——的稳定的客户流，这个享有特权的国家可以用低廉的成本从国外借款，并有能力负担远远超过其收入的生活水平。"夏尔马又说："近一个世纪以来，这种特权一直使美国保持低利率，使美国人能够买汽车、买房子，而且在最近几十年，使美国可以弥补若没有这一特权便无法负担的巨额财政赤字。"上述引用中有两个关键信息，即美国可以"负担远远超过其收入的生活水平"和"弥补若没有这一特权便无法负担的巨额财政赤字"。

夏尔马写这篇文章是为了回应特朗普和伊丽莎白·沃伦的建议，即美国应该考虑让美元贬值以增强竞争力。夏尔马警告说，此举是非常危险的，因为"美国不是一个新兴国家。它是一个无可匹敌的金融超级大国，这种地位很大程度上建立在全球对美元的信任上，这种信任来之不易，也是美国强大和繁荣的持久源泉"。

夏尔马使用的关键词是"信任"。世界各国之所以一直乐于使用美元作为全球储备货币，是因为人们相信美国政府就美元问题会做出正确的决定，不仅仅考虑 3.3 亿美国人民的经济利益，还会考虑美国以外依靠美元支付国际贸易的 72 亿人的经济利益。这种信任是维系美元作为全球储备货币的关键支柱。

最近几十年来，这种信任已经开始弱化，因为美国时不时地将拥有全球储备货币的特权作为它对付其他国家的武器。以下是两个将美元武器化的案例，均涉及美国孤立伊朗的行为。2012年，英国渣打银行被罚款 3.4 亿美元，因为它曾使用美元为伊朗的一项贸易提供交易资金。这项罚款显然代表了美国国内法律的域外适用。渣打银行是一家英国银行，它既没有违犯英国法律，也没有违反联合国安全理事会的任何规定。然而，美元在国际金融交易中的主导地位使其可以惩罚一家英国公司，因为它违犯了美国法律——这显然是对美元的武器化。①

近年来，美国政府针对与伊朗、古巴和苏丹等国家合作的非美国银行处以了高额罚款。例如，2015 年，法国巴黎银行被罚款 89 亿美元。结果就是，许多信任美元的国家发现美元是一把双刃剑，谁拿着它谁就会被割破手指。这显然会使大家减少对美元的依赖，并最终可能导致全球对美元的需求下降，从而削弱美国为其双重赤字融资的能力。近年来，特朗普通过呼吁美元贬值，为大家放弃美元创造了额外的动力。法国前总统吉斯卡尔·德斯坦曾说，美国人享有一种"超级特权"，他们应该感激世界其他国家在为这项超级特权提供资金。然而，特朗普却不领情，他正在惩罚那些赋予美国这项超级特权的国家。世界其他国家对此困惑不解，搞不懂美国为什么会采取一些从长远看会损害这项特权的措施。

---

① 作者就此话题撰写了相关文章。"What Happens When China Becomes No. 1?," *Straits Times* (Singapore), April 24, 2015, https://www.straitstimes.com/opinion/what-happens-when-china-becomes-no-1.

特朗普所做的最危险的事是，强烈刺激其他国家停止将美元作为主要的全球储备货币。尤其是，特朗普选择退出伊朗与中国、美国、英国、法国、德国、俄罗斯这六个国家达成的《联合全面行动计划》，迫使其他参与国不得不寻找替代方案与伊朗进行贸易。此处涉及国际法的一个关键点。许多美国人之所以支持特朗普对抗伊朗，是因为这被视为正义（美国）与邪恶（伊朗）之间的斗争。然而，退出《联合全面行动计划》却是美国在违犯国际法。

2015 年 7 月 14 日，伊朗与联合国安全理事会的五个常任理事国以及德国达成了《联合全面行动计划》，并于 2015 年 7 月 20 日通过联合国安全理事会第 2231 号决议的支持。[①] 当联合国安全理事会批准某项协议时，它就成为所有国家必须遵守的具有约束力的协议。事实上，作为联合国安全理事会的常任理事国，美国有更大的义务去遵守安全理事会的规则，就与它向来所坚持的所有国家都必须遵守安全理事会通过的约束性的决定一样。

然而，特朗普政府不仅退出了《联合全面行动计划》，它还宣布，将对基于这项协议继续与伊朗进行贸易的所有国家实施制裁。特朗普政府惩罚与伊朗进行贸易的国家的"合法"途径是，对它们在跨境支付中使用美元的行为进行制裁。

这就让其他五个参与《联合全面行动计划》的国家陷入了法律困境。根据国际法，这些国家的公司被允许与伊朗进行贸易。

---

① ACA, "The Joint Comprehensive Plan of Action（JCPOA）at a Glance," Fact Sheets & Briefs, May 2018, Arms Control Association, https://www.armscontrol. org/factsheets/JCPOA-at-a-glance.

但是，如果在贸易中使用美元交易，那么这些公司将不得不在美国法庭上被处以巨额罚款。为了摆脱这一法律困境，法国、德国和英国决定设立"贸易互换支持工具"（INSTEX 机制），"这是避开美国制裁，与伊朗从事非美元贸易的新渠道"。[①] 实际上，INSTEX 机制并不会对与伊朗的贸易产生任何实质性的改变：全球大多数主要企业与美国的贸易规模远远大于与伊朗的贸易规模，它们不敢与特朗普政府作对，因为后者可以对任何与伊朗进行贸易的公司采取严厉的惩罚性措施。

然而，INSTEX 机制具备象征意义，它代表着国际体系的一个巨大转变。有史以来，美国的三大主要盟友（法国、德国和英国）第一次抛开以美元为基础的支付系统，创造了一种替代性支付工具。有朝一日，它可能为美国未来的两个潜在对手（中国和俄罗斯）建立一个绕开美元并削弱其全球地位的替代性全球支付渠道而充当榜样。同样重要的是，法国、德国和英国已经宣布，它们"也在努力向第三方国家的经济运营商开放 INSTEX 机制"。中国和俄罗斯的代表也出席了这次会议。[②] 简言之，美元的全球储备货币地位是美国的全球战略资产之一。

对美国来说，更不妙的是，现在一些有影响力的声音表示，

① John Irish and Riham Alkousaa, "Skirting U.S. Sanctions, Europeans Open New Trade Channel to Iran," Reuters, January 31, 2019, https://www.reuters.com/article/us-iran-usa-sanctions-eu/european-powers-launch-mechanism-for-trade-with-iran-idUSKCN1PP0K3.

② Helga Maria Schmid, chair, "Statement Following the Meeting of the Joint Commission of the Joint Comprehensive Plan of Action," Vienna, Austria, June 28, 2019,https://eeas.europa.eu/headquarters/headquarters-homepage/64796/chairs-statement-following-28-june-2019-meeting-joint-commission-joint-comprehensive-plan_en.

世界应该停止将美元作为全球储备货币。2019 年 8 月，英格兰银行行长马克·卡尼在美国杰克逊霍尔小镇举行的全球央行年会上发表演讲时，对美元在国际货币体系中的主导地位予以批评。他指出，"美元是至少一半（大约是美国全球商品进口额的 5 倍，是其全球商品出口额的 3 倍）的国际贸易发票选用的币种；在全球证券发行和官方外汇储备中，美元也占了 2/3 的份额"。此外，卡尼还断言，世界对美元的依赖"靠不住"，[①] 当务之急是建立一个"配得上正在兴起的多元化、多极化的全球经济"的国际货币体系。[②]

国际货币基金组织前首席经济学家莫里斯·奥布斯特费尔德也指出，其他国家过去"不太关心"美国对全球货币体系的控制，"那时美国被视作一个对世界经济负责任的领导者"。然而，现状正在改变，因为美国领导人的行为变得越发难以预测。[③]

卡尼和奥布斯特费尔德都在表达一个在全球越来越流行的观点。这种观点是完全合理的。全世界的国家都不明白，它们与（美国以外）其他国家的贸易以及它们的经济增长，为什么会

---

① 卡尼认为，美元的普遍性意味着，即使是那些与美国没有什么直接贸易联系的国家，也会受到美元汇率变动的牵连。因此，它们别无选择，只能通过囤积美元来防止资本外逃，从而实现自我保护，这也导致了美元储蓄过剩和全球增长放缓。

② Mark Carney, governor of the Bank of England, "The Growing Challenges for Monetary Policy in the Current International Monetary and Financial System," speech given at the Jackson Hole Economic Symposium, Wyoming, August 23, 2019,https://www.kansascityfed.org/~/media/files/publicat/sympos/2019/governor%20carney%20speech%20jackson%20hole.pdf?la=en.

③ Brendan Greeley, "Central Bankers Rethink Everything at Jackson Hole," *Financial Times* (London), August 25, 2019, https://www.ft.com/content/360028ba-c702-11e9-af46-b09e8bfe60c0.

被美国以美元作为武器的单边政策搞得危在旦夕？而且，美国将美元武器化也必然会损害其自身的长期利益。近期，经济历史学家巴里·埃森格林透露出类似的观点，他警告道："特朗普政府越是把美元作为武器，就越会刺激他国政府寄希望于可替代的货币且更快地采取行动。"[1] 也许，INSTEX 机制创造的这个小楔子发挥不了什么作用。在未来几十年，美元可能依然占据主导地位。可是，哪怕不是战略天才也能看明白：利用美元从伊朗这个小小的国家身上攫取少量的利益，却危及了美国最大的一项全球战略资产（美元），这并不符合美国的长期利益。而与中国的战略竞争则是一场长期而非短期的博弈。在与中国的竞争即将变得更加激烈的时刻，美国挫伤全球对美元的信任，这无疑相当于往自己的跑鞋里放入石子。这也是美国制定不出一个全面的全球战略来应对中国的崛起时出现的情况。法里德·扎卡利亚评论道："INSTEX 机制是一个警告信号，是危险的预兆，是美国最亲密的盟友正努力削弱美国全球实力的一个关键基础。"[2]

如果世界其他国家接受美元作为全球储备货币可以让美国人民拥有超出收入的生活水平，那么明智的美国决策者就应该考虑这种依赖美元的长期影响。因此，一位英明的决策者必须平衡两个同等重要但又相互矛盾的事实。一方面，在短期内，美元作为

---

① Barry Eichengreen, "How Europe Can Trade with Iran and Avoid US Sanctions," Project Syndicate, March 12, 2019, https://www.project-syndicate.org/commentary/europe-instex-trade-with-iran-avoid-trump-sanctions-by-barry-eichengreen-2019-03?barrier=accesspaylog.

② Fareed Zakaria, "America Squanders Its Power," *Washington Post*, June 13, 2019, https://fareedzakaria.com/columns/tag/dollar.

全球储备货币的地位不会受到威胁。另一方面，从中长期来看，美元将不可避免地丧失其作为全球储备货币的地位。鉴于这两个相互矛盾的事实同样奏效，一位英明的美国决策者该怎么办？是刺激各国放弃美元，加速它作为全球储备货币的终结？还是鼓励各国尽可能长期地使用美元，因为这样能使美国人过上超出收入的生活？

答案显然是后者。但令人惊讶的是，最近几届美国政府一直在刺激其他国家放弃美元，只有这样它们才不会受到美国单方面制裁的威胁。不过，人民币也尚未构成取代美元的威胁。艾斯瓦·普拉萨德指出：

虽然中国经济的快速增长及其活力会形成巨大的优势，推动人民币的国际化，但中国的金融市场发展水平较低，这会成为人民币获得储备货币地位的主要制约。此外，在缺乏开放的资本账户和可兑换性的情况下，人民币不太可能成为重要的储备货币，更不用说挑战美元的主导地位了。在提供政府债券等安全及流动资产方面，中国与美国之间仍然存在着巨大的鸿沟。美国金融市场的深度、广度和流动性将对威胁美元主导地位的货币形成有力缓冲。我预计，在未来10年内，人民币将成为一种有竞争力的储备货币，削弱而非取代美元的主导地位。[①]

[①] Eswar S. Prasad, *The Dollar Trap: How the U.S. Dollar Tightened Its Grip on Global Finance* (Princeton, NJ: Princeton University Press, 2014), 261.

在短期内，人民币虽然无法取代美元成为具有主导性的全球储备货币，但这并不意味着中国无法探索其他途径以降低全球对美元的依赖。如果全球大多数国家开始丧失对美元的信任，那么它们就会去找其他替代品。

运用现代技术，人们有可能创造出昔日无法想象的新的替代品。可以举个推测性的例子来说明这一点。例如，在中国与阿根廷的贸易中，美元的主要作用是提供一个衡量标准——衡量阿根廷牛肉与中国手机之间的相对价值。如果美元的主要作用是衡量这两种商品的相对价值，那么没有理由创造不出一种衡量相对价值的替代单位。

这就是技术可以发挥作用的地方，尤其是区块链技术。区块链技术已被用于创建替代性的加密货币，如比特币、莱特币、以太币和门罗币。2019 年 6 月，脸书也宣布推出自己的加密货币 Libra。我虽然不是区块链专家，但加密货币普及率的急剧攀升，以及脸书等大公司在开发基于区块链技术的货币方面的投资力度均表明，加密货币最终可能会提供一种可靠、实用且坚不可摧的衡量相对价值的方法。但截至目前，尚未有国家使用具有替代性的区块链技术货币进行交易，归根结底，是它们不信任这些货币。

这是中国可以涉足的领域。它可以依托区块链技术，创建一种衡量相对价值的替代性单位，即某种替代性货币。当许多国家相信中国能够成为国际问题的一个公正的仲裁者时，它们就会信任这一替代工具。尽管许多美国人会怀疑这一看法，但这是有经验证据支持的。当中国发起"一带一路"倡议时，美国表示反对。从理论上讲，大多数国家会拒绝加入"一带一路"倡议。但实际上，大多数国家都加入了。截至 2019 年 4 月，已有 125 个国家和地区签署了"一带一路"合作文件。[1]这清楚地表明，当中国最终为一种新的区块链技术货币背书时，大多数国家也将信任它。

2019 年 7 月，当我着手撰写有关加密货币的段落时，我并不知晓中国将在这一敏感领域采取何种行动。如果我直觉上认为中国可以更多地运用区块链技术，那么中国官员得出同样的结论就不足为奇了。事实上，2019 年 8 月 11 日，在中国金融四十人论坛——专门进行经济和金融政策研究的独立智库——在黑龙江省伊春市举办的活动上，时任中国人民银行支付结算司副司长穆长春表示，中国人民银行"即将"发布自己的加密货币。[2]穆长春传达了中国人民银行的意愿，即这种加密货币与其他数字货币一样，将取代流通中的现金；但是，它与基于区块链技术的去中心化的货币不同，将使中国政府对金融系统拥有更大的控制权。鉴于此，中国人民银行将保留对分类账户的专有控制权。[3]更重要的是，2019 年 10 月 24 日，习近平主席宣布，发展区块链技术将成为中国政府的优先事项，他在主持中央政治局第十八次集体学习时指出："区块链技术的应用已经延伸到数字金融、物联网、智能制造、供应链管理、数字资产交易等多个领域。目前，

---

[1] "China Signs 197 B&R Cooperation Documents with 137 Countries, 30 Int'l Organizations," November 15, 2019, *Xinhua*, www.xinhuanet.com/english/2019-11/15/c_138558369.htm.

[2] "China Says Its Own Cryptocurrency Is 'Close' to Release," *Straits Times* (Singapore), August 13, 2019, https://www.straitstimes.com/business/banking/china-says-its-own-cryptocurrency-is-close-to-release-0.

[3] Bloomberg News, "China Preparing to Launch Its Own 'Cryptocurrency'," Al Jazeera, August 12, 2019, https://www.aljazeera.com/ajimpact/china-preparing-launch-cryptocurrency-190812093909567.html.

全球主要国家都在加快布局区块链技术发展。"[1] 同月，中国通过了一部密码法，[2] 旨在"促进密码事业发展，保障网络与信息安全"。路透社报道称，这部法律是在中国"准备推出自己的数字货币"之际通过的，"该法规定，国家鼓励和支持加密科技的研究与应用，并确保保密性"。[3] 尽管各国不一定将这种由中国背书的新型数字货币作为长期储蓄和外汇储备，但是会将其应用到商品和服务贸易中。如果中国成功地创造出一种具有替代性的区块链技术货币，那么印度这类美国的朋友，若想从伊朗进口石油，就可以使用这种区块链技术货币，而不必担心美国的制裁。简言之，美元的武器化催生了一种强大的全球动力，去创造一种替代性货币，为全球贸易服务。

这种发展并不会令许多美国政策制定者感到惊慌，因为使用美元结算的全球贸易总规模远远比不上以美元为基础的全球金融交易总规模。然而，如果中国试图创造一种新的区块链货币，美国人还是应该警惕的。大多数美国人都熟悉一种名为"叠叠乐"的积木游戏。有时候，要搞垮一栋复杂的建筑，只需移除一块积木就够了。

---

[1] Xinhua, "Xi Stresses Development, Application of Blockchain Technology," October 25, 2019, Xinhuanet, http://www.xinhuanet.com/english/2019-10/25/c_138503254. htm.

[2] 这部密码法指《中华人民共和国密码法》，由中华人民共和国第十三届全国人民代表大会常务委员会第十四次会议于 2019 年 10 月 26 日通过，自 2020 年 1 月 1 日起施行。——译者注

[3] Ben Blanchard, "China Passes Cryptography Law as Gears Up for Digital Currency," Reuters, October 26, 2019, https://www.reuters.com/article/us-china-lawmaking/china-passes-cryptography-law-as-gears-up-for-digital-currency-idUSKBN1X600Z.

美元在全球贸易融资中所扮演的角色就像一块关键的积木，它支撑起全球对美元的依赖。当这块积木被移除后，基于美元的复杂的国际体系就会急骤地或缓慢地崩塌。值得一提的是，我在2019年年中写下这些文字后，过了三个月，撰写《基辛格：理想主义者》的作家尼尔·弗格森在报纸上发表了一篇专栏文章。他指出："阿里巴巴（支付宝）和腾讯（微信支付）建立的数字支付系统已经呈现爆炸式增长。通过进入一个又一个的新兴市场，中国正在建设一项全球支付基础设施。现在，各国使用的不同支付系统显然是中国原版本的本地化。在技术层面，没有什么困难能阻碍这些系统实现国际联通。事实上，支付宝已经被用于进行跨境汇款。如果美国很愚蠢，它就会让这一进程持续下去，直到有一天，中国人把他们的数字平台连接成一个全球系统。这会是诺曼底登陆日[1]：这一天，美元将失去世界第一货币的地位；这一天，美国将丧失实施金融制裁这一超级强权。"[2]弗格森的这番话也清楚地表明，全球接受美元作为储备货币实际上是美国的"阿喀琉斯之踵"。

当美元不再是主导性的全球储备货币时，最大的牺牲者将是美国的金融机构，因为它们的许多收入和利润源自全球对美元的使用。坦率地说，世人无法预测当大家都不再用美元进行全球贸易结算时，它会给全球金融体系造成何种影响。这个体系过于复杂且紧密交织。

---

[1] 此处的诺曼底登陆日意指转折点。——译者注

[2] Niall Ferguson, "America's Power Is on a Financial Knife Edge," September 15, 2019, Niall Ferguson, http://www.niallferguson.com/journalism/finance-economics/americas-power-is-on-a-financial-knife-edge.

我在本章中解释过，美元作为全球储备货币，使美国人民获得了巨大的经济利益，包括享有维持长期财政赤字和经常账户赤字的"超级特权"。特朗普在 2019 年 7 月 2 日所说的，多年来中国在贸易方面比美国占有"巨大优势"，真是错得离谱。①特朗普暗示，中国人民一直在从美国人民身上赚取巨额的贸易顺差。实际上却是美国人民一直在欺骗中国人民，因为他们一直在用纸印出的钱购买中国的产品。说实在的，如果美国人无法再通过印钞票购买中国产品，那么他们的生活水平预计会有所下降。此外，超过 90％的全球金融交易是以美元结算的。每天有数万亿美元的交易规模。而交易费大多流向了美国的银行，这也解释了为什么虽然美国的商品贸易是逆差，但服务贸易却是顺差。

明智的战略家不会为了惩罚一个相对较小的国家——比如伊朗——而拿巨大的利益冒险。但这却是美国一直在做的。有一点一目了然，美国随意地将美元作为武器，恰恰说明了美国缺乏全面的长期战略来应对中国的崛起。美国正不知不觉地牺牲美元作为全球储备货币所带来的巨大全球利益，以换取惩罚他国——比如伊朗——所获得的微薄收益。自然而然地，这为中国提供了一个明显的长期竞争优势，因为中国领导人非常自律且专注地坚持长期战略。因此，我们有理由去问一个问题：中国赢了吗？

本章仍需回答的一个根本问题是：美国缺乏应对中国问题的全面长期战略，那么谁应该对此负责？许多美国人，尤其是民主党人、无党派人士和自由派人士，都想把这一战略失误归咎于特

---

① "Any Deal with China Must Favour US: Trump," *Straits Times* (Singapore), July 3, 2019, A10.

朗普。当然，特朗普在与世界打交道时确实表现得狂野而鲁莽。然而，未能制定出这项战略的根本原因在于美国人看待世界的更深层次的结构性缺陷，这影响了美国的左翼和右翼。

在主导世界一百多年后，尤其是在冷战结束后的四十多年里，没有哪位美国领导人向美国人民提出过一个简单的问题：美国是否需要对国内和国际政策做出战略性的结构调整，以应对一个不同的世界。作为美国政治的密切观察者，我震惊于几乎没有领导人建议美国从根本上重新启动战略思维，并思考是否需要根本性地改变方向。

在美国的话语中缺乏这样一个问题尤其引人注目，很显然，美国需要从根本上改变路线。当历史走到一个转折点时，所有国家都必须做出适应和调整。事实上，大多数国家已经开始这样做了。美国却是个例外。

历史是如何走到转折点的？回答这个问题的最佳之道是用更长远的眼光看待历史。请看图3.1。

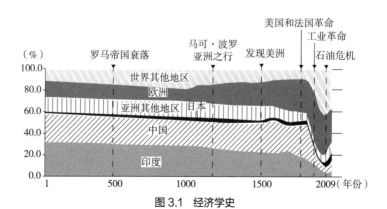

图3.1 经济学史

图片来源：由帕蒂·伊萨克斯绘制。

从公元元年到 1820 年，世界上最大的两个经济体一直是中国和印度。仅仅是在过去的两百年中，欧洲和美国才超越了它们。以两千年的世界历史（即"全局"）为背景，过去两百年间，西方（包括美国）的主导是一个极反常的现象。因此，如果看到中国和印度崛起以结束这种反常现象，也是非常自然的。中国、印度和亚洲其他国家的复苏速度之快令人惊讶，甚至是震惊。请看图 3.2。

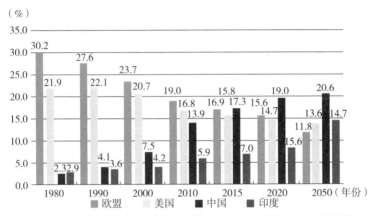

图 3.2　欧盟、美国、中国、印度占世界 GDP 比重（按购买力平价计算）

数据来源：1980—2020 年国际货币基金组织数据库（2016 年《世界经济展望》），其中 2020 年和 2050 年为预测值。2017 年 3 月 3 日访问，普华永道预测。

图片来源：由帕蒂·伊萨克斯绘制。

如果把 1980 年的相对经济份额表与 2020 年的相比较，我们可以看到，近几十年来历史发生了多么巨大的转折。在这几十年里，美国拒绝对这一重大历史转折做出任何战略性或结构性调整。坦率地说就是，当世界其他国家在改变航向时，美国依然一直利用自动驾驶仪在直线前进。

未来的历史学家可能会将这种失败与另一相似的历史失败进

行比较，即 19 世纪时中国清朝的官员没能意识到西方的崛起迫使中国必须改变路线。他们没有做出任何改变。结果，中国遭遇了一百多年的苦难。王赓武教授——亚洲在世的伟大的历史学家之一——提醒了我这一点。他告诉我，看到我对西方国家——包括美国——在战略上未能适应新世界的描述，他想起了"中国晚清的自满官员，他们无视新世界的出现将可能挑战大清的优越体系"。

今天美国所处的地位比当时中国的清朝强势得多。没有哪个大国敢像 19 世纪西方列强侵略中国一样去践踏美国的土地。美国也不会被炮舰外交所挟持。然而，这会产生其他类型的冲击，带来更长远的痛苦。纵观历史，大国犯下的最大错误之一就是自认为无懈可击，尤其是当它们处于权力巅峰时。毋庸置疑，许多美国战略思想家都持此种假设，这导致极少有人（除了斯蒂芬·沃尔特和约翰·米尔斯海默等少数学者）建议要做出任何重大的战略调整。

这种战略调整的失败也可以解释美国社会面临的结构性挑战。在过去 30 年里，美国的不平等现象急剧增加，如图 3.3 所示。虽然底层 50% 的人的平均收入停滞不前，但顶层 1% 的人的平均收入却出现了飙升。

经济学家仍在争论不平等现象急剧增加的根本原因。但原因极为复杂。即便如此，底层 50% 的美国人的收入停滞不前，也可以部分可归结为数百万低收入的中国工人进入了全球经济体系。西方著名政治经济学家约瑟夫·熊彼特解释过，所有这一切导致了"创造性破坏"，包括美国丧失竞争力和就业岗位。显然，

图 3.3　1913—2004 年美国平均收入增长情况[①]

图片来源：由帕蒂·伊萨克斯绘制。

在 2001 年鼓励中国加入世界贸易组织以后，美国领导人应该为随之将对美国经济和社会产生的结构性影响做好充分准备。遗憾的是，没有领导人建议这么做。美国工人独自应对这场结构性冲击。许多欧洲国家花费其 GDP 的 1%～3% 对工人进行再培训，美国的这项花费仅为 0.24%。[②]美国工人未被照顾好，这必然会引起民粹主义反弹，最终选出了特朗普这位总统。当世界发生重大变化时，如果不及时做出战略调整，那么不良后果往往会被引发。[③]

①　World Inequality Database, "Income Inequality, USA, 1913–2014" (chart), https://wid.world/country/usa/.

②　OECD, "Public Spending on Labour Markets," Organisation for Economic Development and Co-operation, 2000–2017, https://data.oecd.org/socialexp/public-spending-on-labour-markets.htm.

③　Kishore Mahbubani, "How the West Can Adapt to a Rising Asia," TED Talk, April 2019, https://www.youtube.com/watch?v=dsJWs6Z6eNs.

美国能否实现大转变，现在就做出战略调整以应对历史新阶段？从理论上讲，民主选举产生的政府应该更具灵活性和适应性。然而，有时候实践与理论恰好相反。美国社会的某些方面已经变得像中国清朝一样僵化。

为了有效应对来自中国的长期挑战，美国人首先需要问自己一些简单的问题：美国人对世界持有何种想当然的、根深蒂固的假设？哪些假设在新世界中仍然有效，哪些需要被质疑？挑战根深蒂固的假设向来都不简单，也不令人舒服。但是，当即将到来的新世界不可避免地迟早都会迫使美国人走出舒适区时，他们选择视而不见并赖在舒适区里是不明智的。以下是一些美国人深信不疑却值得质疑的假设。

第一个假设是，美国永远都会是世界第一大经济体。的确，如果中国社会衰退不前，或者中国经济陷入中等收入陷阱，那么这种情况很可能发生。但是，中国人民和亚洲邻国民众一样聪明能干，中国经济没有理由不取得新加坡、日本或韩国曾取得的成就。2010年瑞士瑞信银行发布的报告称，中国的人均收入约为1.8万美元。如果中国最终实现新加坡（75%的人口是华裔）的人均收入水平，按购买力平价换算，其GDP将骤增至141万亿美元。相形之下，美国当前的GDP是20万亿美元。[1] 显然，展望中国经济规模超过美国是有现实依据的。

鉴于此，质疑美国永远都会是世界第一大经济体的普遍假设是合乎逻辑的。对美国社会来说，开始讨论它在世界上的地位以及国

---

[1] World Bank, "World Bank Open Data," The World Bank data, https://data.worldbank.org.

内政策该如何调整以适应这个新世界是明智的。美国领导人应该在媒体上公开讨论这些问题。从理论上讲，美国是世界上最开放的社会之一，提出这个公认的难题进行辩论应该不是一件难事。

但实际上，任何美国政治家如果这么做都是在自寻死路。比尔·克林顿——美国近年来最深谋远虑的总统之一——卸任后在2003年于耶鲁大学发表演讲时说，美国应该为一个自身不再是唯一超级大国的世界做好准备。克林顿的密友——曾在1994—2001年担任他的副国务卿的斯特罗布·塔尔博特问他，为什么要发表这个演讲。克林顿回答说："（我）希望为我们的子孙建立一个世界，在这个世界中美国不再是唯一的超级大国，那时我们必须学会'分享舞台'。"① 然而，塔尔博特在书中解释道，即便克林顿知道终有一天美国会成为第二，但他的"政治直觉告诉他，如果暗示美国的卓越地位有一天会消失，那将是自找麻烦"②。因此，克林顿直到卸任后才发表这番演讲。

我也从个人经验中得知，美国政治家绝对不会公开地讲美国有一天也许会成为世界第二。2012年1月，我主持了一个高级别小组讨论会，研讨美国未来的实力。四位杰出的美国人参加了此次会议，包括（佐治亚州）共和党参议员萨克斯比·钱布利斯、（田纳西州）鲍勃·考克，以及民主党人迈克尔·弗洛曼（总统副助理和负责国际经济事务的副国家安全顾问）和（纽约州）民主党众议员尼塔·洛伊。当我在会议上提出有一天美国会成为

---

① Strobe Talbott, *The Great Experiment: The Story of Ancient Empires, Modern States, and the Quest for a Global Nation* (New York: Simon and Schuster, 2009), 329.

② Ibid., 330.

世界第二大经济体时，这四位杰出的小组成员没有一个人公开表示同意我的观点。

这段个人经历让我意识到，尽管美国很开放，但它也有自己不容置疑的信条。其中一个就是美国是世界第一，而且永远会是世界第一。这就给美国领导人或候任领导人带来一个非常棘手的问题。如果美国要制定一个周到而全面的战略来适应新世界，那么该战略必须基于对未来的现实假设。其中一个现实假设便是：美国有一天将变为世界第二。然而，说出这一无法避免的事实的从政者将在美国社会受到毁灭性的惩罚。美国的政客如果无法公开地说出这些事实，便无法进一步为美国提出新的适应策略。

永远保持第一的假设并非美国话语中唯一神圣不可侵犯的东西。另一个同样强大的假设是，美国社会天生是善良的，这表现在其国内和国际的行动中。哈佛大学教授斯蒂芬·沃尔特评价道，可悲的是，这种假设并不正确。全球 75 亿人口中有 3.3 亿美国人视自己为天生善良的人（因此，他们自视在某些方面优于其他人，的确，美国是一个卓越的国家），哪怕地球上剩下的 72 亿人（他们生活在对美国友好或不友好的国家中）并不认同美国所持的这种假设，显然，这就会在美国和世界其他国家之间造成危险的认知鸿沟。如果美国的思想领袖依据全世界认为美国社会天生善良的假设来为美国制定一个全面的全球战略，那么这个战略不是从一开始就存在缺陷吗？

也许，说到底，这可能是对美国缺乏一个新的、全面的长期战略来应对 21 世纪新世界的根本解释。任何现实可信的战略都必须对美国人心中根深蒂固的假设进行质疑。鉴于从心理上和政治上都难以质疑这些假设，因此，对于政客来说，更安全之道是继续建议美国只需按照昔日行之有效的老办法去做就行了，从而让美国保持世界第一。这也是特朗普"让美国再次伟大"的目标背后的假设：既不准备重塑美国，也不直面危险的美国幻想，而是在一条单边主义的道路上越走越远。简言之，美国将继续"自动驾驶"。如果美国继续这样做，它将给中国送去一份地缘政治礼物，并允许中国最终赢得这场美国未事先制定深思熟虑的、全面的长期战略就贸然加入的地缘政治竞赛。

第四章

中国在扩张吗

当中国人声称中国将会和平崛起时，他们其实是在背信弃义和骗人。这是真的吗？

国际社会鲜有像芮效俭大使那般的"中国通"。芮大使出生在中国，能讲一口流利的普通话，在1991—1995年担任美国驻华大使，所以他对中美关系了如指掌。他分析道，2015年9月25日，在与奥巴马总统一起召开的联合记者招待会上，中国领导人其实就南海问题提出了一个更加合理的方案，表示会支持全面、有效地落实中国在2002年同东盟国家签署的《南海各方行为宣言》，并呼吁尽早完成关于"南海行为准则"的磋商，还表示，尽管中国在南沙群岛的部分礁石和浅滩上进行了大规模的填海作业，但并不打算在有争议的南沙群岛"搞军事化"。芮大使说，奥巴马错失了利用这个合理提议的机会。相反，美国海军加强了巡逻力度。

简言之，中国领导人没有食言。实际上中方的提议是被美国海军拒绝了。一个重要的问题是，一种不真实的情况是如何被消息灵通、深思熟虑的西方精英接受为事实的？这并不容易回答。有关"中国的谎言"是如何产生并被广泛接受的，在经过数十年的仔细观察后，我得出结论，这是由一个独特的生态系统制造出来的，世界上顶级的情报机构和主要媒体都在这个系统中。

这是一个盎格鲁－撒克逊生态系统，涉及"五眼联盟"，该联盟汇集了美国、澳大利亚、加拿大、新西兰和英国的情报机构。这五个盎格鲁－撒克逊国家彼此之间不仅有着高度的信任，也高度地共享情报，还时不时地与西方主要媒体分享信息。

西方主要媒体都很大胆，而且基本上独立。政府无权干预它们的报道。事实上，这些媒体经常揭露不愉快的事实并与政府对抗。因此，它们的新闻报道的可信度（无可非议地）就会很高。它们都大胆地宣称自己致力于报道真相，而不是充当宣传工具。这些独立报道的说法是绝对正确和完全正当的。

然而，这些媒体的一些报道必须依赖政府的消息源，包括"五眼联盟"这类情报网络，此为事实。报道中的许多内容都是可信的。例如，中国领导人的确承诺不会把中国南海的南沙群岛军事化。中国军队随后加强了在南沙群岛的防御性活动，这也是一个事实。未被报道的一个"事实"是，美国海军挑起了中国的这种反应。"五眼联盟"情报机构并没有同大众分享这个事实，原因显而易见。

2018年4月，我应邀加入了一个非比寻常的代表团访问中国。代表团成员包括《华盛顿邮报》记者卡尔·伯恩斯坦、历史学家尼尔·弗格森、《纽约时报》记者托马斯·弗里德曼、英国《金融时报》评论员马丁·沃尔夫和我本人。我们在北京获得了访问高层领导人的机会，其中包括中国国务院副总理刘鹤、中国前财政部长楼继伟和中国人民银行前行长周小川等人。离开北京后，我们所有人都撰写了关于这次访问的报道。一些人对中国的政策持批判态度，另一些人则不然。但无论怎样，所有人都试图去解读中国的观点。

回顾历史，一直以来中国都不善于解释或捍卫自己的观点。中国很难找到一个好的发言人，能够以幽默的方式和敏锐的洞察力去有效地解释中国人的观点。而华为创始人任正非却是个令人惊讶的例外。他曾与许多主要的西方媒体直接对话，包括美国有线电视新闻网、微软全国广播公司、彭博电视台、《时代周刊》、哥伦比亚广播公司和英国广播公司等。他说话权威而清晰，语言直接且引人注目。

然而，如果中国想说清自己本质上并非一个军国主义大国，是有许多强有力的理由作为支撑的。比如，可以谈谈历史事实。如果中华文明天生就是黩武的，那么这种军国主义倾向，尤其是想征服他国领土的倾向，早就暴露了。自秦朝统一以来的两千多年，中国大部分时期是亚欧大陆上最强大的文明。如果这个国家天生黩武，它就会像西方列强那样去征服海外的领土。举例来说，未来的历史学家可能会惊讶于一个事实：澳大利亚在地理上离中国较近，实际上却被遥远得多的英国军队所占领和征服。的确，1768 年 8 月，詹姆斯·库克从普利茅斯的船坞出发，航行直达澳大利亚的植物学湾至少需要 90 天；相反，如果他从中国出发，不到 30 天就能抵达。①

---

① 当然，库克并没有直接航行到澳大利亚，他绘制了南太平洋的大部分海图。这些数字是通过将库克 18 世纪的航船"奋进号"的估计航速（6 节，1 节的速度为每小时 1.852 公里）输入标普全球普氏航路计算器后得出的。

中国人不愿征服澳大利亚及其他海外领土，并非因为中国缺乏海军。早在葡萄牙和西班牙于 16 世纪开启欧洲的残酷殖民统治之前，中国人就拥有了世界上最强大的海军。15 世纪初，比克里斯托弗·哥伦布寻找通往所谓"香料群岛"的航线还要早近 100 年，中国就派出传奇人物郑和七次远下西洋。郑和当时乘坐的船只远比葡萄牙和西班牙的大得多，最远抵达非洲。"中国的明星船队是'宝船'，这种船是中国式帆船，有几层楼高，长达 122 米，宽达 50 米。事实上，它比哥伦布代表西班牙皇室航行至美洲乘坐的'圣玛利亚号'大 4 倍。"①

一路上，郑和也的确参与了军事战斗。例如，在 1409—1411 年的航行中，他"俘获了锡兰国王亚烈苦奈儿，拥立耶巴乃那为新国王"；在 1413—1415 年的航行中，他"俘获了苏门答剌国的国王苏干剌，随后任命了新国王"。②

然而，值得注意的是，中国并没有征服或占领任何海外或遥远的领土。新加坡前外交部长杨荣文评论说："纵观中国历史，中国人一直不愿意把军队派往远方……公元 8 世纪时，在中国唐朝发展的巅峰时期，朝廷在中亚的费尔干纳山谷附近部署了一支军队，当时阿拔斯王朝正在东进侵略。双方发生了冲突。在著名的怛罗斯之战中，阿拔斯王朝的军队击败了唐朝军队，此后，中

① Andreas Lorenz, "Hero of the High Seas," *Der Spiegel*, August 29, 2005, https://www.spiegel.de/international/spiegel/china-s-christopher-columbus-hero-of-the-high-seas-a-372474-2.html.
② Hsu Yun-Ts'iao, "Notes Relating to Admiral Cheng Ho's Expeditions," in ed. Leo Suryadinata, *Admiral Zheng He and Southeast Asia* (Singapore: ISEAS, 2005), 124–135.

国人在历史上再未越过天山一步。"[1]

新加坡国立大学的王赓武教授认为，汉族本质上是农耕民族。汉族人遍布中华大地上能找到优良农耕土壤的所有地区，一旦遇到贫瘠的草原或山区，他们就会折返。同样，他们也不主张去海外。一个重要的事实是：自秦朝统一以来的两千多年，中国人并非军国主义者或扩张主义者，哪怕他们打过许多仗——其中大多数发生在本土。

当把中国人的行为与他们的一些邻居进行对比时，他们相对平和的性格就显现出来了。在人类历史上，一次强大而可怕的扩张是由北方的蒙古人进行的。在野心勃勃的成吉思汗的领导下，这些规模相对较小的蒙古部落，吞下了几乎整个亚洲，成为东亚地区唯一一支威胁、入侵欧洲的力量。然而，更强大的汉族政权却从未效仿它去征服他国。

让·约翰逊为亚洲协会撰文写道："1211 年，成吉思汗率军进入金朝统治下的华北地区，1215 年摧毁了其首都。他的儿子窝阔台于 1234 年征服了整个华北，1229—1241 年统治了该地区。成吉思汗的孙子忽必烈在 1279 年打败了南宋统治者。1271 年，忽必烈将他的王朝命名为元，意即'宇宙的起源'[2]。中国的元朝从 1279 年持续到 1368 年。"[3] 结果就是，蒙古文化和中原文化之

---

[1]　George Yeo, "A Continuing Rise of China," *Business Times* (Singapore), October 30, 2019, https://www.businesstimes.com.sg/opinion/thinkchina/a-continuing-rise-of-china.

[2]　"元"取自《易经》中的"大哉乾元"，是蓬勃盛大之意，并非"宇宙的起源"。——编者注

[3]　Jean Johnson, "The Mongol Dynasty," Asia Society, https://asiasociety.org/education/mongol-dynasty.

间发生了巨大的交融。中华文明究竟有何种强大的反军事基因能够影响统治者呢？这或许要追溯到孔子时代。中国人很早就有句俗语："好男不当兵，好铁不打钉。"在《论语》中，孔子多次告诫那些只崇尚军事力量的人。比如，在一次对话中：

> 子路曰："君子尚勇乎？"子曰："君子义以为上。君子有勇而无义为乱，小人有勇而无义为盗。"[①]

再比如，在另一次对话中：

> 子路曰："子行三军，则谁与？"
> 子曰："暴虎冯河，死而无悔者，吾不与也。必也临事而惧，好谋而成者也。"[②]

在中国传统文化中，人们更尊敬学者而不是士兵，哪怕在民间传说和文学作品中也会赞扬一些军人的爱国主义和忠诚。总体上，中国人对同时具备这两种技能的人——文武双全的人——更加尊敬，他们既是优秀的学者，也是优秀的军人。相形之下，在美国文化中，人们对穿军服的人怀着根深蒂固的尊敬。这里需要说清楚一个严酷的事实：近几十年来，美国在面临战略挑战时，第一选择总是使用军事手段。亨利·基辛格阐述道，中国人总是

[①] Confucius, "The Analects of Confucius," trans. Robert Eno, 2015, https://chinatxt. sitehost.iu.edu/Resources.html.

[②] Ibid.

避免采用军事手段：

> 中国在动荡时期奠定了（独特的军事理论的）基础，当时，与敌国间的残酷战争使中国人口大量减少。面对这种屠杀（并想从中获胜），中国的思想家发展出一种战略思想，即宣扬避免与敌军直接发生冲突，而是通过心理优势来取胜。[①]

中国春秋时期著名的军事家、政治家孙武说过："兵者，诡道也……卑而骄之……"，"百战百胜，非善之善者也；不战而屈人之兵，善之善者也"。基辛格准确地提炼出孙武观点中的精髓。这并非说中国人没有能力打仗。在过去两千多年里，中国人与许多邻国进行了多次战争，他们逐渐扩大了领土，占领了广阔的空间。人们可以争论美国占领得克萨斯州和加利福尼亚州的合法性，然而，任何一位美国总统建议将得克萨斯州和加利福尼亚州归还墨西哥都无异于是"政治自杀"，同样，中国领导人对中国的主权领土也都是寸步不让的。这些都是无法改变的严峻政治现实。

历史上，中国的领土版图不断变化，在此期间，中国也学会了与许多曾经多次交战的邻国和平相处，包括缅甸、日本、朝鲜以及越南。

随着中国变得越发强大，它将像所有大国一样去展示自己的

[①] Henry Kissinger, *On China* (New York: Penguin, 2011), 25.

实力和影响力。就如同拉丁美洲的邻国必须调整和适应美国在19世纪晚期的爆发式发展一样，中国的邻国也得调整和适应中国的发展。但是，中国不会将诉诸武力作为实力的第一展现。因此，格雷厄姆·艾利森明智地提醒美国同胞，要当心，别认为中国人会变得更像他们：

> 美国人喜欢宣讲中国人将"更像我们"。也许，他们应该对这一想法更加谨慎。在历史上，新兴霸权国家的表现如何？更具体地说，在一个多世纪以前，当西奥多·罗斯福领导美国进入他超级自信的"美国世纪"时，美国表现得如何呢？……在罗斯福抵达华盛顿后的十年里，美国向西班牙宣战，将其驱逐出西半球，并夺取了波多黎各、关岛及菲律宾群岛；以战争威胁德国和英国——除非它们同意按照美国提出的条件解决争端问题；支持哥伦比亚的反对军发动一场起义，建立了一个新的国家巴拿马，以修建一条运河；宣称自己是西半球的警察，主张在自己认为有必要的任何时候、任何地方都有权进行干预，仅在西奥多·罗斯福总统任内的七年时间里，这一权力就被行使了九次。[①]

中国自秦朝统一以来长达两千多年的历史清楚地表明，中国与美国从根本上就是不同的，中国不愿意第一时间诉诸武力。还

---

① Graham Allison, *Destined for War: Can America and China Escape Thucydides's Trap?* (Boston: Houghton Mifflin Harcourt, 2017), 89–90.

有一点中国与美国有着根本的不同，那就是中国不认为自己肩负着弘扬中华文明并推动全人类效仿的普世使命。美国却从根本上认为自己代表一种普世价值，并真诚地相信，如果其他人都吸收并践行美国的价值观，那么这个世界将变得更加美好。2016 年，希拉里·克林顿在一次演讲中说道：

> 当我们说美国杰出时……意味着我们认识到美国拥有独一无二且无与伦比的能力去引领和平与发展，去捍卫自由与机会。我们的力量伴随着一份领导责任——需要拿出谦逊和深思熟虑的态度，以及对自身价值观的坚定承诺。因为，当美国不能领导这个世界时，我们留下的权力真空要么会引发混乱，要么会被其他国家或网络趁机介入并填补。[1]

中国人的想法则恰恰相反。他们认为只有中国人才能理解自身的文化、价值观和审美观。我长期生活在华人占多数的新加坡社会中，但我的中国朋友没有一个想让我变得同他们一样，哪怕我会说流利的中文，也习惯了中国的习俗。

美国文化的这种"普世化"特征也许可以解释为何它会卷入如此多的军事冲突之中。利比亚的卡扎菲和叙利亚的阿萨德都是有严重错误的统治者。美国与这两国相隔万里，不与其中任何一

---

[1] Daniel White, "Read Hillary Clinton's Speech Touting 'American Exceptionalism'," *Time*, August 31, 2016, updated September 1, 2016, https://time.com/4474619/read-hillary-clinton-american-legion-speech/.

国存在重大的国家利益纠纷。但是，由于"普世化"的愿景，美国认为自己在道义上有义务采取军事行动。中国人对此备感困惑：如果不涉及本国利益，为何要卷入外国的军事冲突呢？

更让中国人感到困惑的是，美国放任自己卷入不必要的中东冲突，结果损害了其根本的国家利益。卷入冲突耗尽了资源，也剥夺了用同等资源来改善相对贫困的美国人生活水平的机会。美国每一次卷入不必要的中东冲突，都会削弱其部署反华资源的能力。看到美国这些徒劳无益之举，中国得出了一个明智的教训：切勿卷入不必要的斗争。因此，中国40年来没参与过一场大战争，30年来没有发射过一颗越境子弹，这并非偶然。不诉诸武力既折射出一种强大的文明推动力，又反映出一种高度务实的权力观。

40多年来，中国小心翼翼地避免诉诸武力，却被美国人描绘成一个天生具备侵略性且奉行军国主义和扩张主义的国家，这让中国人备感困惑。美国人坚信中国正变得具有军事侵略性，因此，包括美国国防部、美国国家安全委员会和联邦调查局在内的美国安全机构得出结论：中国现在已对美国构成了直接威胁。2019年9月，美国国防部公开了负责政策事务的副部长约翰·鲁德的讲话内容，他说："毫不夸张地说，中国不仅对美国的生活方式构成了极大的长期威胁，也对美国国防部构成了极大的挑战。"① 一个月后，美国副总统彭斯提出了几项引人注目的指控，

---

① Terri Moon Cronk, "China Poses Largest Long-Term Threat to U.S., DOD Policy Chief Says," US Department of Defense, September 23, 2019, https://www.defense.gov/explore/story/Article/1968704/china-poses-largest-long-term-threat-to-us-dod-policy-chief-says/.

声称中国的军事行动在过去一年里变得"越来越挑衅",认为中国在南海"经常威胁"东盟邻国,同时在东海挑衅日本,并利用"一带一路"倡议"在世界各港口建立据点,表面上是出于商业目的,但最终可能服务于军事目的"。[①]乔治·华盛顿大学著名的中国问题学者罗伯特·萨特说过:"现在政府整体上持有一种明显的反华立场,这是过去50年来我在华盛顿从未见过的。"[②]

这种在军事领域对中国的警告越来越尖锐。2019年1月1日,帕特里克·沙纳汉就任代理国防部长时,一篇新闻报道援引一位匿名国防部官员的话说:"虽然我们专注于正在进行的行动,但代理国防部长沙纳汉告诉我们,要时刻牢记中国、中国、中国。"[③]

2019年初,在华盛顿两极分化严重的政治氛围中,人们几乎不可能就任何议题达成广泛的政治共识。然而,在这种两极分化严重的背景下,美国的政治、安全和学术机构——包括民主党和共和党——却达成了一个强烈的共识,即中国已经成为美国的一个激进的军事竞争对手。

---

① "Remarks by Vice President Pence at the Frederic V. Malek Memorial Lecture," Conrad Hotel, Washington, DC, October 24, 2019, https://www.whitehouse.gov/briefings-statements/remarks-vice-president-pence-frederic-v-malek-memorial-lecture/.

② Daljit Singh, *How Will Shifts in American Foreign Policy Affect Southeast Asia?* (Singapore: ISEAS, 2019), 4.

③ Zhenhua Lu, "'China, China, China': Trump's New Pentagon Chief Patrick Shanahan Sets US Defence Priorities," *South China Morning Post*, January 3, 2019, https://www.scmp.com/news/world/united-states-canada/article/2180451/china-china-china-new-pentagon-chief-patrick.

首先，人们认为美国是一个理性社会，经常对一些观点进行争论。但在今天的华盛顿，要想证明中国没有对美国构成军事威胁几乎是不可能的。任何一位客观的历史学家都将更清楚地看到这一现实。显而易见，当代中国军事政策的重点是防御——旨在保护中国领土和主权。中国在 2019 年 7 月发布的国防白皮书[①]中强调，"维护国家主权和领土完整"是"防御性"国防政策中重要的一部分，这明显地透露出这种防御性思维。[②]

陆克文对中国历史有着深刻的了解，他很好地阐述了中国在战略思想中强调的防御态势。他写道：

> 在中国的战略记忆中，邻国有着特殊的地位。在历史上，它们一直是中国国家安全受到威胁的通道，引发了接连不断的外国侵略——英国、法国以及包括美国在内的西方帝国主义列强，然后是来自东方的日本的残暴占领。在中国传统的战略思想中，人们对如何维护国家安全牢固地树立起一种高度防御性的观点。然而，中国史学也告诉我们，单纯采取防御性措施并不总是奏效。例如，中国的长城就是一个极为典型的例子，它未能提供抵抗外敌入侵的安全保障。基于这些原因，现代中国战略思想也探索出了不同的方法。首先，通过政治和经济外交，中国希

---

① 即《新时代的中国国防》。——译者注

② "China's National Defense in the New Era," State Council Information Office of the People's Republic of China, Beijing, July 24, 2019, http://english.www.gov.cn/archive/whitepaper/201907/24/content_WS5d3941ddc6d08408f502283d.html.

望与所有邻国建立起一种积极、包容以及尽可能友善的关系。

陆克文以中国的"一带一路"倡议和上海合作组织等为例，总结道："中国战略上的当务之急是巩固与周边国家的关系。"总体上，这意味着加强中国在欧亚大陆的战略地位，从而巩固其在周边大陆的地位。[1]

美国思想家的所谓"中国扩张主义"，更准确的表述是中国对通过"巩固与邻国的关系"来保护边界的痴迷。这种痴迷，是由其漫长而痛苦的遭受侵略的历史导致的。

此外，历史上，中国虽然与日本、朝鲜、缅甸和越南有过多次战争，但在未来几十年里，爆发此类战争的可能性几近于零。为什么呢？因为几千年来，这些国家一直与中国为邻，对于如何与一个崛起的中国打交道，它们早已培养出精细又微妙的直觉。中国的精英阶层（不同于美国的精英）也深刻理解与邻国的悠久历史。因此，伴随着各种复杂微妙的变化，中国与周边国家之间将会有很多往来反复，但不会爆发战争。

台湾是使中国卷入战争的一个特殊导火索。虽然多数时候，中国领导人对很多事情会给出很大的政策灵活性，但他们无法屈服和妥协的一个问题就是台湾问题。任何中国领导人，都不会在

---

[1] Kevin Rudd, *The Avoidable War: Reflections on U.S.-China Relations and the End of Strategic Engagement* (New York: Asia Society Policy Institute, January 2019), https:// asiasociety.org/sites/default/files/2019-01/The%20Avoidable%20War%20-%20Full %20Report.pdf.

台湾问题上软弱。为什么台湾对中国如此重要？原因很简单。每一个中国人都知晓，从鸦片战争到 1949 年中国遭受了百年屈辱。如今，这百年屈辱的几乎所有历史痕迹都被抹去或解决了，包括香港和澳门问题。

剩下的只有一个——台湾。台湾一直是中国的领土，直至中国在 1894—1895 年中日甲午战争中惨败后，它才被迫割让给日本。中国对西方列强在台湾问题上的态度数度失望。第一次世界大战结束时，中国跟西方列强合作之初，曾从美国和英国那里得到保证：将在巴黎和平会议上把山东归还中国。拉纳·米特曾报道："根据《凡尔赛和约》，德国必须放弃它占领的中国领土和在世界其他地区的所有殖民地。中国人认为，中国曾派出近 10 万名工人去欧洲西线援助英法两国，作为奖励，山东将会被归还给中国。然而，山东却被转让给了日本。事实证明，西方盟国同时与中国和日本签订了秘密协定，以便把两者都拉到盟军这一边。"[①] 在这次会议上，中国感觉自己被西方国家深深地欺骗了。1919 年 5 月 4 日，因巴黎和会上有关归还山东问题的争议，中国引发了大规模的抗议活动。在中国人的记忆中，五四运动有着特殊的地位。

这段历史教会中国人不要轻易相信西方国家的保证。美国或其他西方国家支持将台湾从中国分裂出去的任何举动，都会直接或间接地让人联想起这段历史。它会激起一种强烈的、有力的、激烈的全国性反应。美国无法说它不了解台湾问题的重要性。显

[①] Rana Mitter, *Forgotten Ally: China's World War II, 1937–1945* (New York: Houghton Mifflin Harcourt, 2013).

然，在尼克松和基辛格开始与中国修好之际，这就是最需要解决的问题。美国和中国达成了多项明确的谅解，其中最明确的一项就是台湾和大陆属于同一个国家。1972年的《中美联合公报》公布："美国方面声明：美国认识到，在台湾海峡两边的所有中国人都认为只有一个中国，台湾是中国的一部分。美国政府对这一立场不提出异议。它重申它对由中国人自己和平解决台湾问题的关心。"[①] 既然台湾和大陆都认为它们同属一个国家，那么任何美国人声称大陆对台湾的主权主张意味着中国是一个具有扩张主义、侵略性的国家，都是错误的。大陆希望与台湾实现统一，这是在恢复原状，而不是在扩张。

美国必须问自己一个最基本的简单问题：它是否认为自己应该受到与中国就台湾问题签署的明确协议的法律约束？大多数美国人认为，美国是一个与生俱来的法治国家，尊重并遵守签署的明确条约和协议。然而在实践中，美国已经摒弃了它签署的条约和协议。只有一个原因导致如此：作为地球上最强大的国家，美国可以摒弃任何法律协议或条约且无须承担任何后果，因为没有任何力量能够约束美国遵守法律。

从过去直到2001年（"9·11"事件发生前），美国本能地选择遵守国际协议。托马斯·弗兰克在《国家间合法性的力量》一书中记录了这一点，他描述了美国海军在1988年是如何避免干预一艘船只的，哪怕它被发现载有非法核材料：

[①] "The Joint U.S.–China Communique, Shanghai," February 27, 1972, https://photos.state.gov/libraries/ait-taiwan/171414/ait-pages/shanghai_e.pdf.

1988 年初，美国国防部发现一艘前往伊朗的船只正在驶近波斯湾，这艘船上装载着中国制造的蚕式导弹。美国海军认为，这些强有力的武器交付后，将大大增加美国舰队及其护卫船只的危险性。因此，国防部言之凿凿地主张美国政府批准拦截这些武器交付。然而，美国国务院驳斥说，根据公认的战争和中立规则，在公海进行扣押将构成侵略性封锁，相当于对伊朗采取了战争行为。美国如果实施海上封锁，就将失去其作为中立国斡旋的地位。在这次事件中，运载导弹的船只被允许通过。在争取美国政策控制权的内部斗争中，对系统性规则的遵从压倒了战术优势。[①]

"9·11"事件之后，美国的自我约束大都消失了。

显然，在无视国际条约和协议的所有法律义务方面，特朗普政府做得最极端。特朗普的前国家安全顾问约翰·博尔顿明确地表示："对美国来说，承认国际法的有效性是一个很大的错误，哪怕这么做短期内似乎符合我们的利益——因为从长期看，那些信奉国际法的国家的目标就是要制约美国。"博尔顿辞职之前，曾在特朗普政府内部牵头无视或违反美国与中国就台湾问题在此前达成的协议。2017 年 1 月，博尔顿在《华尔街日报》发表的一篇专栏文章中指出："在《上海公报》发表 45 年后，是时候重

---

① Thomas M. Franck, *The Power of Legitimacy Among Nations* (Oxford, UK: Oxford University Press, 1990), 3–4.

新审视'一个中国'政策，并决定美国对它的理解了。"[1] 作为回应，2019 年 6 月，在卡托研究所从事安全研究的高级研究员特德·盖伦·卡彭特在《国家利益》杂志中写道：

> 在政府任职之前，他（博尔顿）推行了高度危险和具有挑衅性的政策。他敦促美国和台湾建立正式的外交关系，甚至主张将驻冲绳美军转移至台湾。任何一项措施都将越过中国政府关切的红线，并可能引发中国采取军事行动以阻止台湾与大陆出现永久的政治分离。让持此观点的人物担任关键的政策制定职位，并让其坐在离总统椭圆形办公室仅隔几扇门的地方，这大大增加了美国进一步支持台湾的可能性，还会提升与中国爆发战争的风险。[2]

博尔顿并非傻瓜。他知道自己关于台湾问题的许多言行激怒了中国。博尔顿或他的同僚可能发起或触发一系列的行动，迫使中国在台湾海峡采取军事行动，这会是真正的危险。我之所以故意使用"迫使中国在台湾海峡采取军事行动"这种表达，是因为在台湾问题上，中国领导人是绝不让步的。乔治·凯南在阐述遏

---

[1] John Bolton, "Revisit the 'One-China Policy': A Closer U.S. Military Relationship with Taiwan Would Help Counter Beijing's Belligerence," *Wall Street Journal*, January 17, 2017.

[2] Ted Galen Carpenter, "Forget the U.S.–China Trade War: Is a Conflict over Taiwan the Real Threat?," *The National Interest*, June 8, 2019, https://nationalinterest.org/feature/forget-us-china-trade-war-conflict-over-taiwan-real-threat-61627.

制苏联的理由时，就给予美国同胞明智的建议，要避免挑衅，"这种政策与对外装腔作势——用威胁、咆哮或者过度'强硬'的外部姿态——无关。虽然克里姆林宫（苏联政府）对政治现实的反应基本上是灵活的，但它绝不会置自身声望于不顾。它可以同任何其他政府一样，用不老练和威胁性的姿态把自己置于一种无法让步的境地，哪怕它的现实意识决定这么干"[①]。博尔顿似乎不赞同凯南的观点，认为他对中国摆出了一些不明智的、威胁性的姿态。

许多美国人自然而然地认为美国对台湾负有责任，因为它是防止台湾遭到直接军事侵略的主要担保人。不过，如果美国的行动引发了中国的军事回应，受害的将是台湾人民。维护台湾的最佳办法是美国不要干涉台湾问题。美国还应有力地表明不会支持"台湾独立"。这是美国总统小布什向当时希望"独立"的台湾地区领导人陈水扁发出的信息，强硬而又充满着爱意。这种严厉而有爱的信息奏效了。

中国大陆方面会不会在没有受到挑衅的情况下单方面对台湾采取军事行动？对中国来说，有两大制约因素。其一，美国国会于 1979 年 1 月 1 日通过的"与台湾关系法"明确指出：美国的政策是"维持美国的能力，以抵抗任何诉诸武力或使用其他方式的高压手段，和危及台湾人民安全及社会经济制度的行动"，以及"美国将使台湾能够获得数量足以使其维持自卫能力的防卫物

[①] Mr. X (George Kennan), "The Sources of Soviet Conduct," *Foreign Affairs*, July 1947.

资及技术服务"。^①其二，允许一个社会和政治实验室继续存在，以显示中国社会在不同的政治制度下如何运作，这实际上符合中国的国家利益。这也是中美利益的交汇点。

简言之，如果中美两国就台湾问题进行决策时，拿出政治智慧而非短期的博弈战术，那么双方就可能一致同意台湾保留自治权。美国强烈反对"台湾独立"将有助于缓和台湾海峡的紧张局势，一旦局势缓和了，中国领导人加快台湾与大陆统一的压力也会随之减轻。

有时，可以用简单的比喻来描绘出对比策略。首先，把台湾想象成一艘驻扎在中国攻击距离内的不沉的航空母舰；然后，把台湾想象成一种可以刺激中国社会的健康病毒。

如果台湾被看作一艘永不沉没的航空母舰，那么美国应该尽量使它与大陆分离。因此，目标将是强调两岸差异。即使美国不能明确地支持呼吁"台湾独立"的声音（这显然违反了中美就台湾问题签署的协议），也可以间接地对主张"台湾独立"的声音表示同情。它还可以更富同情心地与民进党合作。因此，当民进党主席前往拉丁美洲途中请求在美国中转时，美国会同意，哪怕这些访问激怒了中国政府。美国还可以向台湾提供更先进的军事武器，哪怕这会违反1982年8月17日《中美联合公报》的明确规定——其中说得清清楚楚：

美国政府声明，它不寻求执行一项长期向台湾出售武

① Taiwan Relations Act, Public Law 96–8 96th Congress, January 1, 1979, https://photos. state.gov/libraries/ait-taiwan/171414/ait-pages/tra_e.pdf.

器的政策，它向台湾出售的武器在性能和数量上将不超过中美建交后近几年供应的水平，它准备逐步减少对台湾的武器出售，并经过一段时间导致最后的解决。[1]

然而，如果相反，台湾被理解为一种健康病毒，那么美国应该鼓励它与中国大陆之间有更多接触。因此，台湾与中国大陆之间有更多的联系将符合美国的利益。为了促成此事，美国应该与国民党——而非民进党——进行更密切的合作，因为国民党反对"台湾独立"。

近年来，中国历届政府不遗余力地增加和推动大陆与台湾的接触，这真是引人注目。就在 2008 年，约有 18.9 万名台湾游客到大陆旅游，约有 32.9 万名大陆游客到台湾旅游。2008—2016年，在国民党主席马英九担任台湾地区领导人期间，大陆和台湾的关系得到进一步改善，2015 年大陆赴台湾的游客数量达到峰值 418 万，2016 年赴大陆的台湾游客显著增加到 360 万。[2]

2008 年发生了重大突破，当时中国大陆允许两岸旅客直接通航。[3] 从上海到台北（或相反）的飞行时间由 5 小时减至 2 小时（省去了在香港转机的时间）。如果美国人想理解中国大陆对台湾政策的开明程度，可以拿美国对古巴的政策进行比较。菲德

---

[1] "Joint Communiqué of the People's Republic of China and the United States of America," Embassy of the People's Republic of China in the United States of America, August 17, 1982, http://www.china-embassy.org/eng/zmgx/doc/ctc/t946664.htm.

[2] https://stat.taiwan.net.tw.

[3] *New York Times*, July 4, 2008, https://www.nytimes.com/2008/07/04/business/worldbusiness/04iht-04fly.14224270.html.

尔·卡斯特罗在世时，没有哪位美国总统有勇气去见他。相形之下，2015 年，习近平主席在新加坡会见了马英九。

美国盛行硬汉文化。受人尊敬的领导者是那些表现得强大且好战的人。吉米·卡特和贝拉克·奥巴马通常被视作软弱的总统。然而，有时候，更温和的做法也许会更有效地保护和促进美国的利益。在台湾问题上，一种更灵活的方式也许比约翰·博尔顿所倡导的方式对美国更有利。因此，美国国内应该就台湾问题达成更强的政治共识，以避免迫使中国大陆非常不情愿地对台湾采取军事行动。

除了台湾问题，另一个导致中美军事形势紧张的是南海问题。2018 年，亨利·保尔森随口提到"最近导致两国海军在海上险些相撞的分歧"。他的对华军事建议是："实施严格的交战规则，以防止解放军海军舰长上个月在南海近乎撞船的事件再次发生。"[1] 到目前为止，我们还不知道究竟是怎么回事。

然而，我们确实知道，美国的海军舰艇经常在距离中国海岸12 海里[2] 处巡逻。但截至目前，中国的海军舰艇尚未在距离加利福尼亚州或纽约海岸 12 海里处巡逻。根据国际法，美国海军（以及其他国家海军）在距离中国海岸以外 12 海里航行完全是正当的。尽管这些巡逻本身不一定具有挑衅性，但执行它们的方式可能存在挑衅性。

---

[1] Henry M. Paulson Jr., "Remarks on the United States and China at a Crossroads," Paulson Institute, November 6, 2018, http://www.paulsoninstitute.org/news/2018/11/06/statement-by-henry-m-paulson-jr-on-the-united-states-and-china-at-a-crossroads/.

[2] 1 海里 =1.852 公里。——编者注

美国以保护"公海航行自由"这一全球公共利益为由，为它在南海进行咄咄逼人的海军巡逻辩护。讽刺的是，美国保护的全球公共利益的最大受益者是中国。今天，中国与世界其他国家的贸易额超过了美国。销往世界各地的中国产品远比美国产品要多。因此，中美在航行自由问题上发生冲突，任何一位深思熟虑、理性且明智的观察家都会感到困惑。在全球99.99%的海域适用航行自由这一原则上，美国和中国有着完全共同的利益。

问题发生在占全球海洋面积不到0.01%的地方。即使在南海，也没有分歧，因为大多数海上通道是开放的国际水域，许多海军舰艇可以顺利无阻地通过。在南沙存在争议的岛礁中，中国只控制了少数。当马来西亚、菲律宾和越南开始在各自控制岛礁周围填海造岛时，中国决定效仿。然而，马来西亚、菲律宾和越南只能在这些岛礁周围填造几英亩[①]的土地，中国却可以凭借巨大的资源填造出多达2 000英亩的土地。

这些填海造地行动引发了一个问题，这些岛礁周边12海里是它们的领海吗？

接下来的问题是：解决中美在南海问题上的分歧，有何最佳途径？派遣美国海军舰艇进入这些中国岛礁海岸的12海里以内，证明它们是国际水域，是最佳方式吗？或者，如果国际法明显地支持美国，美国将中国告上国际法庭以证明自己是正确的，这是否更明智一些？

如果美国不派军舰挑衅，中国可能不会军事化它在南海的任

---

① 1英亩≈0.004平方千米。——编者注

何填造岛礁。中国想为双方找个台阶，以缓和南海日益紧张的局势。这是双方缓解局面的良好机会，但美国错失了这个机会。美国会继续误解中国的意图吗？在未来的一二十年里，中国很可能成为世界上最强大的国家，但它不会是一个扩张主义者。中国自秦朝统一以来两千多年的历史孕育出一种战略文化，告诫人们切忌穷兵黩武。因此，可能的情况是，当中国在世界上的战略地位和影响力显著增长时，它并不会表现得像一个咄咄逼人的、好战的军事大国。如果中美之间的真正竞争并非发生在军事领域，那么美国专注于增强其军事能力是否明智？现在美国是否应该改变它对中国的战略共识？

第五章

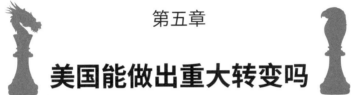

美国能做出重大转变吗

在当前的中美地缘政治竞争中，美国表现得像苏联，中国表现得则像冷战时期的美国。

冷战时期，美国经常做出灵活、随机应变且理性的决策，苏联则做出死板、僵硬且教条化的决策。美国在退出越南战争后，未直接卷入大规模的军事冲突；苏联则陷入了不必要的痛苦冲突中，在国际争端中耗尽了自身资源和精力。美国采取了多边行动，引导国际舆论向自己这边靠拢；苏联则采取单边行动，无视国际舆论。美国保持了经济的活力和强大；苏联的经济则停滞不前，军费开支也耗尽了本国资源。

如果把"美国"替换成"中国"，把"苏联"替换成"美国"，你就会看到美国当下的行为与其在冷战时期的战略是多么不同。显然，我们必须引入一些限定条件和细微变量，但令人震惊的是，这种比较是多么一目了然。

本章的主要论点是：美国僵化和死板的决策已经在结构上根深蒂固，这在美国处理军事冲突的方式上表现得尤其明显。即便美国能够在一些关键领域理性地做出重大改变，僵化、死板的决策流程仍会使其失利。

拿国防预算来说，可把削减国防预算作为一个理性的案例。如果中美之间爆发全面战争是不可想象的（两国都将被完全摧毁），甚至中美之间爆发一场小规模冲突也不可行（这会导致双方滑向全面战争），那么所有理性的战略思想家都会明白，这两个大国之间迫在眉睫的地缘政治竞争将不会通过军事手段解决。因此，美国增加军费开支是不合理的，它已经拥有足够多的可以将整个中国多次摧毁的武器。事实上，美国削减军费开支，把节省下的新资源应用到其他关键领域——比如科技研发——是理性的。

美国海军拥有 13 个航空母舰战斗群。即便美国将其中一个甚至三个战斗群封存起来，其国家安全也不会受到任何影响，而这将节省大量的资金。诚如美国海军上校亨利·J. 亨德里克斯所言："航空母舰战斗群的购买和运营成本非常高。把相关航空母舰空军联队、五支水面战舰和一艘快速攻击潜艇在总生命周期的成本算进来，再加上近 6 700 名舰组人员，每个战斗群每日的运营成本约为 650 万美元。"[1]同样，其他大量军事开支也可以削减，以节省资金用于同中国地缘政治竞争的非军事领域。2011 年，法里德·扎卡利亚就预见性地警告说，美国的军费开支已经膨胀失控：

> 五角大楼的预算连续 13 年增长，这是前所未有的。

---

[1] Henry J. Hendrix, *At What Cost a Carrier?* (Washington, DC: Center for a New American Security, March 2013), https://s3.amazonaws.com/files.cnas.org/documents/CNAS-Carrier_Hendrix_FINAL.pdf.

2001—2009 年，美国的国防总开支从 4 120 亿美元增加到 6 990 亿美元，增长了 70%，这是自朝鲜战争以来开支最大的时期。算上在伊拉克和阿富汗的追加开支，美国的国防开支比在冷战时期的平均数高出 2 500 亿美元。那时候，苏联、中国和东欧的军队都在跟美国及其盟友对抗。在过去 10 年里，美国没有强劲的对手，国防开支占全球国防总开支的比重却从 1/3 上升到了 1/2。换言之，我们的国防花销比世界上所有其他国家加起来的总和还要多。

如果美国是理性的，那么它就应该减少国防开支。但对美国来说，削减国防开支几乎是不可能的，因为购买武器的决策流程已经锁定。哪怕美国任命包括阿什顿·卡特和詹姆斯·马蒂斯在内的非常有才干的人担任国防部长，无论他们多么聪明，都无法削减国防开支，这就是令人悲哀的现实。

为什么不能削减国防开支呢？因为国防开支并不是由一个全面合理的国家战略决定的——该战略会评估美国在当前地缘政治环境下需要哪些武器系统。相反，美国的武器系统采购是国防承包商进行一系列复杂游说的结果。国防承包商聪明地将国防制造工厂部署到美国所有关键的国会选区。因此，那些希望在选区保住工作的参议员和众议员决定了为美国军方生产哪些武器系统。温斯洛·T. 惠勒曾在美国参议院和政府问责局负责国家安全事务长达 31 年，他记录下了国防开支浪费的程度：

他们（参议院国防小组委员会）在削减军队的开支和

战备账单，这样就可以增加国防部的研发和采购账单。这就是绝大多数专项拨款——确切地说，是国会的特殊利益项目——的用途。在研发方面，他们按照五角大楼的要求增加了 39 亿美元，从 910 亿美元增至 949 亿美元。在采购方面，他们在五角大楼要求的 1 306 亿美元的基础上又增加了 48 亿美元。这些账单中的一些专项拨款数额巨大。备受争议的 F-35 战斗机从几个专项拨款中获得了 20 多亿美元，臭名昭著的濒海战斗舰获得了 9.5 亿美元，非必要采购的 C-130 运输机获得了 6.4 亿美元，等等。[①]

如果这种不合理且浪费的国防开支继续下去，将符合中国的利益。美国在永远不会用来对抗中国的武器系统上花的钱越多，对中国就越有利。简言之，美国的军费开支是送给中国的地缘政治礼物。如果美国的国防支出是理性决策流程的结果，那么现在就应该出现一个 180 度的大转弯，包括明智地削减甚至简单地冻结国防支出。但这不会发生。目前，美国已同苏联一样，陷入了自身无法摆脱的非理性决策流程中。

相形之下，中国不会受到任何国防游说集团的束缚。中国会做出理性的长期防御决策来保证国家安全。如果中国僵化、机械地思考，可能就会照抄美国，也建造 13 个航空母舰战斗群。中国这么做绝对是愚蠢至极的。因此，中国把重点放在一个较弱军

---

① Winslow T. Wheeler, "Those Porky Pentagon Earmarks Never Really Went Away," *The American Conservative*, January 11, 2019, https://www.theamericanconservative.com/articles/those-porky-pentagon-earmarks-never-really-went-away/.

事力量在非对称战争中会采用的战略上。中国把预算花在先进的陆基导弹上，这可能会使美国的航空母舰战斗群完全丧失作战能力。建造一艘航空母舰可能要花费 130 亿美元。[1]中国媒体声称，中国的东风-26 弹道导弹，有能力击沉一艘航空母舰，[2]而它只需要花费几十万美元。新技术也在助力中国防御航空母舰。哈佛大学教授蒂莫西·科尔顿告诉我，当航空母舰面临高超音速导弹的威胁时，就成了"活靶子"。这种导弹具有很高的机动性，飞行速度惊人，飞行高度不一。

实际上，这种非对称战争战略是美国的一次军事行动强加给中国决策者的。陆伯彬记录了 1996 年台湾海峡危机的爆发过程："在（时任台湾地区领导人）李登辉访问康奈尔大学后的 10 个月里，美国和中国就美对台政策重新开启了艰难的谈判。1996 年 3 月，谈判达到高潮，当时，中国通过军事演习和针对台湾地区附近的导弹试验展示了惊人的军力，美国部署了两个同样惊人的航空母舰战斗群作为回应。"[3]比尔·克林顿总统派遣了两艘航空母舰抵达台湾海峡口，威胁着要穿越海峡。中国人猛然发现，他们在面对美国航空母舰战斗群时毫无抵抗力。对中国来说，只有一

[1] Zachary Cohen, "US Navy's Most Expensive Warship Just Got Even Pricier," CNN, May 15, 2018, https://edition.cnn.com/2018/05/15/politics/uss-gerald-ford-aircraft-carrier-cost-increase/index.html.

[2] David Axe, "Report: China Tests DF-26 'Carrier-Killer' Missile (Should the Navy Be Worried?)," *The National Interest*, January 30, 2019, https://nationalinterest.org/blog/buzz/report-china-tests-df-26-carrier-killer-missile-should-navy-be-worried-42827; http://www.globaltimes.cn/content/1137152.shtml.

[3] Robert S. Ross, "The 1995–96 Taiwan Strait Confrontation: Coercion, Credibility, and the Use of Force," *International Security* 25, no. 2 (Fall 2000): 87–123.

种合理的回应：发展军事能力，确保美国不可能再次制造这种威胁。今天，任何一位美国总统在决定派遣航空母舰驶入台湾海峡之前都会三思。

美国军方使用"反介入和区域封锁"一词把中国的战略描述为具有进攻性的。美军相当于承认了中国战略的有效性。

中国高度的国防理性体现在不增加核武器储备的决定上。美国有 6 450 枚核弹，而中国仅有 280 枚。然而，如果 280 枚核弹足以阻止美国（或俄罗斯）对中国发动核打击，那么为什么还要花更多的钱呢？奥巴马总统曾组织了四次核安全峰会和两次《不扩散核武器条约》审议会议[1]来讨论削减核武器的问题，这是非常明智的。然而，即便他可以讨论，他也并没有能力将美国的核武器数量减少到合理水平。中国领导人却有这种权力，并且明智地做到了。

对美国来说，尽量避免卷入代价高昂、痛苦且不必要的冲突也是明智之举。20 世纪 80 年代，苏联因参与阿富汗战争和支持越南入侵柬埔寨而被拖垮了。当时（越南战争后），美国没有直接参与任何重大的冲突，只是支持了许多针对苏联代理人的秘密行动。这是一项明智的策略。

今天，美国的做法正相反。是美国，而不是苏联，陷入了阿富汗的泥潭。美国已经花费了数万亿美元，却眼睁睁地看着自

---

[1] Alicia Sanders-Zakre, "Timeline: Arms Control Milestones During the Obama Administration," Arms Control Association, December 2016, https://www.armscontrol.org /ACT/2016_12/Features/Timeline/Arms-Control-Milestones-During-the-Obama-Administration.

己对阿富汗的干预正在彻底失败。2001年，当本·拉登以阿富汗为基地发动"9·11"恐怖袭击时，美国的干预是正当的。事实上，全世界，包括中国和俄罗斯，都支持这种干预。然而，如果当时美国足够灵活、理性，它会采取外科手术式的打击，清除阿富汗的所有基地组织成员，然后撤离。糟糕的是，美国没有寻求任何现实的外交途径来解决阿富汗冲突。

2003年，美国入侵伊拉克。从国际法角度，或者从美国国家利益的理性计算来看，这都是完全不正当的。美国又一次花掉了数万亿美元。

如果管理美国的是一群敏锐且富有洞察力的战略思考者，那么在冷战结束后，美国应该尽可能减少参与外部冲突，这才合乎逻辑。美国介入的许多冲突，是与苏联进行地缘政治对抗造成的。苏联解体时，美国体面地赢得了胜利。美国本应抓住这场非凡胜利的奖赏，从对外国冲突的干预中撤出。然而，恰恰相反的情况发生了，这真是令人震惊。

约翰·米尔斯海默在他的著作《大幻想：自由主义之梦与国际现实》中对此进行了详细描述：

> 随着冷战结束和1991年苏联解体，美国成为迄今为止世界上最强大的国家。不出所料，克林顿政府从一开始就奉行"自由主义霸权"；在小布什和奥巴马执政期间，这一政策贯穿始终。毫不奇怪，美国在此期间卷入了许多战争，而且在几乎所有这些冲突中都未取得有意义的成功。

美国在破坏中东地区更大范围的稳定方面也发挥了核心作用，给那里的人民造成了极大的伤害。在这些战争中，美国忠实的伙伴——奉行自由主义的英国，也要为美国造成的麻烦承担部分责任。美国的政策制定者在就乌克兰问题与俄罗斯发生重大危机时也发挥了关键作用。在撰写本书时，这场危机毫无缓和的迹象，也不符合美国的利益，更别提乌克兰的了。[①]

美国国会研究服务部是一个独立机构，它编撰了一份研究报告，题为《1798—2018 年美国海外武装力量使用实例》。如果这一世界上最大的战略思想机构为美国提供了良好的服务，那么研究应该显示美国在 1989 年后减少了干预。研究显示：在冷战结束前的 190 年里，美国总共部署军队 216 次，平均每年 1.1 次；在冷战结束后的 25 年里，美国却大幅增加军事干预，动用武装力量 152 次，平均每年 6.1 次。[②]

是谁做出这种决定的？这是对美国全球战略重点进行全面评估（换作中国也会进行评估）的结果吗？抑或是群体思维的结果？所有证据都表明是后者。此外，美国选民显然不赞同这种程度的海外侵略；美国的许多行动并未在法律上被定义为战争，并且美国国会对部署军队决定的监督已经减弱，总统让国会辩论只

---

① John J. Mearsheimer, *The Great Delusion: Liberal Dreams and International Realities* (New Haven, CT: Yale University Press, 2018), 153.

② Congressional Research Service, *Instances of Use of United States Armed Forces Abroad, 1798–2018*, CRS report, updated December 28, 2018, https://crsreports.congress.gov/product/pdf/R/R42738/23.

是走走形式。

没有哪个国家像美国那样拥有众多资金充足的战略智库，因此，这里的群体思维倾向实在令人震惊。事实上，没有哪个国家在智库上的花费能与美国相比。美国本应该思考更多才对，相反，它的思考却在减少。显然，这些战略智库的作用和责任应该是保持战略警惕，并在看到被美国忽略的战略挑战出现时，给予美国政府建议。智库之间竞争激烈。智库中有各种观点，从左翼到右翼的都有。在美国，从事战略思维产业的人数众多，不仅有在智库工作的人，还有许多人在庞大的国家安全机构工作，包括美国国家安全委员会、中央情报局、联邦调查局、国家安全局等。所有这些人都是一个生态系统的一部分，当华盛顿特区政府换届时，他们经常走进或离开政府。显然，美国不仅拥有世界上最大的战略思维产业，这个产业还是世界上最自由的社会的组成部分，这个社会既奖励大胆的独立观点，也奖励背离传统的观点。理论上，没有哪个社会比美国更不易受群体思维的影响了。

然而，群体思维已经掌控了美国对华态度的决策。当中国缓慢而稳定地崛起时，尤其是在冷战结束后的 30 年里，美国的战略机构仍然心不在焉，甚至陷入各种不必要的军事干预泥潭之中——这些干预分散了美国的注意力，使中国的战略目标得以达成。

哈佛大学的斯蒂芬·沃尔特教授试图探究这种群体思维的深层根源。在其著作《善意制造的地狱》中，沃尔特详细地描述了华盛顿特区的某个产业是如何发展起来的，它从美国更多的海外干预中获利，当干预减少时，它就会蒙受损失。用一句形象的中国话来说，如果美国停止干预，这个行业从业者的"饭碗"就不保了。沃尔特对战略智库和国防工业游说团体之间的共生关系描述如下：

> 像乔治·马歇尔这样的公务员，拒绝从公共服务中获利的日子早已一去不复返了。今天，只要大体上被认为是个"受人尊敬"的人，在华盛顿取得成功的职业生涯——哪怕从事一种声名狼藉的职业——就可以为进入私营部门获得丰厚的收入铺平道路。[①]

沃尔特补充道：

> 夸大威胁也盛行着，因为与驳斥他们的人相比，夸大威胁的个人和团体数量更多，资金也更充足，而且往往享有更高的政治威望。整个军工联合体有明显的动机去夸大外国危险，以说服政府给予它更多的资源。鹰派智囊团从国防承包商和个人那里得到了慷慨的支持。相形之下，提供不那么可怕的评估服务的机构通常资金较少，影响力也较小。[②]

这个庞大而多样的战略思维阶层的许多成员都痛恨这种说

---

① Stephen M. Walt, *The Hell of Good Intentions: America's Foreign Policy Elite and the Decline of U.S. Primacy* (New York: Farrar, Straus and Giroux, 2018), 109.

② Ibid., 161.

法。然而，可以提供几个彰显这种群体思维的实例。最明显的一次发生在 2003 年伊拉克战争的筹备阶段。许多对美国友好的国家——比如巴西、埃及、法国和德国——的重要人物都强烈警告说，这场战争不仅非法，而且是灾难性的。这些警告被证明是完全正确的。

美国奉行群体思维的结果是：花费了近1万亿美元[①]，得到的仅仅是损害了自己在海湾地区的盟友，增强了伊朗在该地区的影响力。最重要的是，在美国入侵伊拉克后的 10 年里，中国出现了最迅猛的经济增长。

在因为伊拉克战争和阿富汗战争而焦头烂额之后，如果美国足够灵活、理性，它合乎逻辑的反应将是避免卷入伊斯兰世界的不必要冲突。然而，美国无法彻底转变态度，这表明它像曾经的苏联一样，已经变得僵化、不灵活和教条主义了。令人惊讶的是，美国政府内外的重要战略思考者仍支持对不同的伊斯兰国家进行军事干预，包括利比亚、叙利亚、索马里等。

如果乔治·凯南今天还健在，他会清楚地看到，由于卷入伊斯兰世界不必要的冲突，美国已经在国内外饱受伤害。如果美国的战略重点是中国，就应该放弃在伊斯兰世界的大部分参与，这是理性的决定，也是合乎逻辑的。美国最大的地缘政治优势是在地理上远离伊斯兰世界。大西洋和太平洋将美国与伊斯兰世界的

---

① Neta C. Crawford, "Costs of War," Watson Institute: International & Public Affairs, Brown University, November 14, 2018, https://watson.brown.edu/costsofwar/files/cow/imce/papers/2018/Crawford_Costs%20of%20War%20Estimates%20Through%20FY2019.pdf.

两端——从摩洛哥到印度尼西亚——分隔开来。

在 21 世纪，人类历史最重要的推动因素之一，将是拥有超过 13 亿人口的广大伊斯兰世界为适应新的现代世界而进行的不朽斗争。其间会经历诸多跌宕起伏。世界上许多接壤的国家都学会了如何谨慎、敏感地与伊斯兰邻国打交道和合作。 美国尚未培养出这样的敏感性。美国是世界上唯一有能力从伊斯兰世界的生存斗争中脱离出来的大国，然而它却决定直接或间接地干预许多伊斯兰国家的冲突，这是不明智的。把手指头戳到马蜂窝里是傻瓜的行为，因为总会被蜇到的。因此，对美国而言，从伊斯兰世界完全抽身会更明智。令人惊讶的是，在美国，没有哪个主要人物倡导这种符合常识的行动，哪怕乔治·索罗斯和查尔斯·科赫在 2019 年英明地成立了昆西国家事务研究所，致力于"为以外交接触和军事克制为重点的新外交政策奠定基础"[①]。

过去，美国持续介入中东——尤其是海湾地区——的一个战略理由是，它需要从阿拉伯国家获得石油。现在，美国是全球最大的石油生产国。因此，美国每天花费数百万美元在海湾地区驻军，唯一的受益者是中国，因为此举保护了对中国的石油供应。既然美国在中东地区的深入参与持续下去只有战略损失，没有战略收益，那么我们就应该在今天看到美国出现一种强烈的共识，即从中东撤军的时候到了。

奇怪的是，尽管美国拥有如今世界上最大的战略思想产业，但相反的事情却在发生。尽管奥巴马和特朗普两位总统截然不

[①] Quincy Institute for Responsible Statecraft, https://quincyinst.org/.

同，他们几乎没有达成过任何共识，但两人都明白，美国介入叙利亚毫无意义。两人都想减少美国在叙利亚的参与。他们的战略常识本应该受到赞扬，相反的却是，两人都遭到了诋毁。

2013 年 8 月，在叙利亚发生化学武器袭击事件后，[①] 奥巴马决定不对叙利亚实施轰炸，这几乎遭到美国战略思维阶层的一致谴责，因为奥巴马曾表示，任何使用化学武器的行为都是越过了"红线"。然而，这些谴责者都说不清轰炸究竟会达到何种效果。这会让阿萨德下台吗？也许不会。如果阿萨德政府被推翻了，叙利亚人民是会过得更好，还是会遭受更大的生命损失——就像当初西方干预后的伊拉克人和利比亚人那样。轰炸叙利亚会提升美国的国家利益吗？最重要的是，鉴于一位美国开国元勋明智地建议过美国应该"尊重人类的舆论"，战略思维阶层的主要成员是否注意到，世界上绝大多数国家都不赞成单方面的轰炸行动。

印度前外交官希亚姆·萨兰写过关于西方干预的文章，生动地表明了全球对美国轻率干预行为的看法：

> 在大多数时候，干预后的情况变得更糟糕，暴力更加致命，本应受到保护的人们遭受的痛苦比以前更严重。伊拉克是一个较早的例子，利比亚和叙利亚是最近的两个例子。乌克兰正上演着类似的情况。每一次，干预国都没有

---

① Ben Rhodes, "Inside the White House During the Syrian 'Red Line' Crisis," *The Atlantic*, June 3, 2018, https://www.theatlantic.com/international/archive/2018/06/inside-the-white-house-during-the-syrian-red-line-crisis/561887/.

认真考量干预可能产生的后果。①

2018 年 12 月 19 日，特朗普宣布将从叙利亚撤军。他的战略常识本应受到赞扬。然而，他却遭到了攻击。美国中东研究所高级研究员查尔斯·利斯特发表了一个典型的评论，他说："下一次，当美国需要在世界某个地方向迫在眉睫的恐怖威胁下战书时，我们也许会'依靠'或'通过'当地的合作伙伴来做到这一点。但你认为他们现在会相信我们吗？不会的。"②

当利斯特批评特朗普放弃在叙利亚打击"伊斯兰国"（ISIS）武装分子时，我在想，他是否知道，是奥巴马政府鼓励并协助这些"伊斯兰国"武装分子从阿富汗进入叙利亚的，此前，人们认为美国会打击这个极端组织。③

当档案被公开后，未来的历史学家将确认美军到底是将"伊斯兰国"武装分子运送到了叙利亚，还是在叙利亚与这些武装分子作战。这两项行动都不符合美国的真正利益。我在美国以外的许多朋友都非常困惑，卷入这些冲突对美国没有真正的好处，但在战略思维行业中却有一个极为明确的共识：美国应该继续插手伊斯兰世界的"马蜂窝"。

① Shyam Saran, "The Morning-After Principle," *Business Standard* (New Delhi), June 10, 2014, http://www.business-standard.com/article/opinion/shyam-saran-the-morning-after-principle114061001300_1.html.

② Natasha Turak, "Trump Risks 'Damaging America's Reputation for the Long Term' with Syria Withdrawal, Experts Warn," CNBC, December 22, 2018, https://www.cnbc.com/2018/12/22/trump-may-be-damaging-us-credibility-with-syria-withdrawal-experts.html.

③ Kishore Mahbubani, *Has the West Lost It?: A Provocation* (London: Penguin, 2018), 55–56.

罗伯特·卡根是一位想为美国卷入军事冲突提供一些理性辩护的学者。他声称，如果美国抽身而退，那么世界将陷入混乱。他的著作《丛林会复生》阐明了一切。如果美国从军事冲突中撤出，世界只会退回到原始野蛮且混乱的丛林时代。卡根如此说道：

> 在美国力量所创造的地理和地缘政治空间内，只有自由主义受到了保护，我们自由主义者所说的进步才有可能实现……问题不在于什么会摧毁自由秩序，而在于什么能支撑它。如果自由秩序像一个人工培育的花园，总是处在自然力量的威胁下，那么我们就需要与内外部不断滋生的破坏它的藤蔓和杂草进行持久且永无休止的斗争，从而保护这座花园。[①]

这本书备受欢迎，在美国好评如潮。扎卡里·卡拉贝尔为《纽约时报》撰文称："卡根也许过分夸大了美国在未来能够而且应该发挥的作用，但他有力地强调了世界秩序是何其脆弱，从过去到现在一直如此。"[②] 然而，没有一位评论者指出这本书最显著的一点：这是对生活在美国以外近 70 亿人的侮辱。卡根无法想象一个没有美国领导的文明世界会是怎样的，这暴露出他的理论中令人深感不安的暗示：美国是地球上唯一真正的文明社会，不

① Robert Kagan, *The Jungle Grows Back: America and Our Imperiled World* (New York:Alfred A. Knopf, 2018), 9–10.

② Zachary Karabell, "What Is America's Role in the World? Three Authors Offer Very Different Views," *New York Times*, November 16, 2018, https://www.nytimes.com/2018/11/16/books/review/robert-kagan-jungle-grows-back.html.

可避免地承担着 21 世纪的"白人负担"。简言之，如果美国撤退了，世界将陷入野蛮和混乱之中。

真的会这样吗？幸运的是，我们可以为这个问题提供一个实证答案。几位学者详尽地记载了这个世界从未像今天这样如此文明。在《当下的启蒙》一书中，史蒂芬·平克提供了压倒性的证据来说明世界是如何进步的，以及如何变得远比以往任何时候都更加文明。史蒂芬·平克说道："在衡量人类福祉的每一项指标上，世界都取得了惊人的进步。"[①]他还在书中记录了世界如何取得数量惊人的进步：预期寿命、世界生产总值、人均 GDP 和社会开支的增长，民主和人权的传播，儿童和产妇死亡率的下降，儿童发育迟缓、营养不良、极端贫穷、全球不平等以及传染病、自然灾害、饥荒、战争和种族灭绝等造成死亡的人数下降，还有很多其他方面的改善，不一而足。

同样，以色列历史学家尤瓦尔·赫拉利也记录了世界如何变得更加文明。他写道：

> 过去的 500 年见证了一系列惊心动魄的革命。地球已被统一为一个单一的生态和历史范围。经济呈指数级增长，今天的人类享有着昔日童话故事中描绘的那种财富。科学与工业革命赋予人类超人般的力量和几乎无穷无尽的能量。社会秩序被彻底改变，政治、日常生活和人类心理也发生了根本变化。

[①] Steven Pinker, *Enlightenment Now: The Case for Reason, Science, Humanism, and Progress*(New York: Viking, 2018), 52.

今天，人类已经打破了弱肉强食的丛林法则。终于迎来了"真正的和平"，而不仅仅是没有战争。对大多数国家来说，没有什么情形会在一年内导致全面冲突。什么会使德国和法国在明年爆发战争？或者什么会使中国和日本爆发战争？抑或是什么会使巴西和阿根廷爆发战争？一些小的边境冲突虽然时有发生，但只有真正的世界末日般的场景，才会导致巴西和阿根廷在 2014 年爆发老式的全面战争，阿根廷的装甲师横扫里约热内卢的大门，巴西的地毯式轰炸摧毁了布宜诺斯艾利斯的居民区。这类战争可能仍会在几个对手国之间爆发，比如以色列和叙利亚、埃塞俄比亚和厄立特里亚，或者美国和伊朗，但它们只是证明规则的例外情形。这种状况未来当然可能发生变化，届时回想起来，今天的世界的确天真到令人难以置信。然而，从历史的角度看，我们的极度天真是迷人的。和平从未如此普遍，以至于人们无法想象战争的模样。

卡根应该留心第二段的第一句话："今天，人类已经打破了弱肉强食的丛林法则。"

在世界的某个地方，丛林好像又迅猛地生长起来了。这个地区就是东南亚。这也是地球上检验"美国停止轰炸后世界变得不文明"这一命题的最佳之地。英国广播公司描述道："奥巴马总统说老挝是历史上被轰炸得最严重的国家。1964—1973 年越南战争期间，美国平均每分钟投掷 8 枚炸弹——投掷量比整个第二次世界大战期间投掷的都要多。美国在老挝上空执行了 580 344 次轰炸任务，投放了 2.6 亿枚炸弹——相当于 200 万吨弹药，一次又一次地命中了南越和北越的许多目标地点，这正是孤立北越共产党军队的部分行动[1]。"[2]

大多数美国人都知道，当直升机不得不从西贡[3]的美国大使馆接走官员时，美国军队也从东南亚灰溜溜地撤退了。在美国这次壮观的撤军和全面停止轰炸之后，东南亚本应陷入混乱。相反，正如我与孙合记合著的《东盟奇迹》所记录的，自 1975 年以来东南亚取得了惊人的成绩。原因虽然很复杂，然而，其中一个关键原因是东南亚人觉醒了，他们意识到自己的命运将由自身的决策来决定。一直以来，东南亚被描述为亚洲的巴尔干半岛，在美国撤军后爆发冲突也不足为奇。然而，正相反，这个地区成了和平与繁荣的灯塔。

卡根书中的基本假设完全错误。过去几十年里，世界并未退回到丛林状态。相反，正如史蒂芬·平克和尤瓦尔·赫拉利所记录的，世界从未像今天这般文明。因此，美国如果是灵活、理性的，就应该充分利用这一可喜的全球新环境，在所有外部事务中彻底摒弃重点使用军事手段。美国不应该使用昂贵的武器系统，而应采取老式的外交手段。外交手段也比诉诸武力的成本更低廉。

为什么要用外交手段？在美国出现大规模的军事失败并从东

---

[1] 1976 年南越和北越统一，建立了越南社会主义共和国。——编者注

[2] "Laos: Barack Obama Regrets 'Biggest Bombing in History'," BBC News, September 7, 2016, https://www.bbc.com/news/world-asia-37286520.

[3] 西贡是越南胡志明市的旧称。——编者注

南亚撤军后，这里取得的巨大成功应该教会美国的战略思想家宝贵的一课：外交手段有时比世界上最强大的军事力量更奏效。1984—1989年，我担任新加坡驻联合国大使，彼时与美国外交官密切合作，为东盟扭转苏联支持的越南占领柬埔寨的外交运动赢得了支持。

这场孤立越南的全球外交运动取得了辉煌的成功。1989年，越南对柬埔寨的占领难以维持，故而撤军。自1978年12月入侵柬埔寨以来，越南和东盟国家对峙了十多年，接下来会发生什么呢？从逻辑上讲，应该是数十年的怨恨和对抗，就像1979年伊朗人质危机之后美国和伊朗之间那般。相反，越南在1995年加入了东盟，这距离它撤出柬埔寨仅仅隔了六年。人类历史上没有比这更好的外交和解的例子了。

坏消息是，在美国败走撤军后，东南亚取得的辉煌外交成就本应该让美国看到良好外交的价值，但仍存在结构上的问题使美国无法更好地使用外交手段。要练就好的外交手腕，需要优秀的外交官。为了培养出优秀的外交官，美国需要向年轻的外交官许诺良好的外交生涯，并奖励其中"最优秀、最聪明"的人，派他们去世界上主要国家的首都担任大使，包括北京和东京、伦敦和巴黎、柏林和布鲁塞尔。然而，在现实中，一位聪明又年轻的美国外交官所能期望的最佳大使职位，也许是去马里首都巴马科赴任。

为何竟会如此？因为美国当前正"出售"大使职位。最好的职位都被总统竞选活动的捐款人收入囊中了。令人惊奇的是，即便像奥巴马这样的总统——他很懂得这个——也给富有的捐款人提供了创纪录的美国大使职位。美国外交人员协会2014年的数据显示，"奥巴马在第二个任期内，截至目前，提名的政治任命人数超过了一半，创下了新纪录，相比之下，最近几届总统倾向于提名大约 1/3 的大使职位给捐款人和朋友"[①]。毋庸置疑，其中一些捐款人是有能力的，洪博培担任美国驻华大使时就证明了这一点。然而，鉴于美国总统候选人必须筹集大量资金，慷慨的捐款人又期望得到称心的大使职位作为回报，因此，美国现在几乎不可能建立起一支可与中国匹敌的职业外交官团队。雪上加霜的是，哪怕美国国务院的预算（315 亿美元）与国防部的预算（6 260 亿美元）相比实在微不足道，[②] 许多美国政客仍在努力地削减它。法里德·扎卡利亚描述了这么做的危险性：

> 自冷战以来，美国国会倾向于"养肥"五角大楼，却让外交政策机构"忍饥挨饿"。前国防部长罗伯特·盖茨曾指出，军乐队队员比整个美国外交部门的成员都要多。任何实地观察过美国外交政策的人都能看到这种不平衡。参加重要问题谈判的国务院高级官员们在经过 14 个小时的长途飞行后抵达了目的地，他们没有助手，衣服也皱巴巴的。他们的军事同行搭乘的机队也降落了，数十名助手前簇后拥，有大笔资金可供挥洒。社交媒体将已故的理查

[①] Michele Kelemen, "More Ambassador Posts Are Going to Political Appointees," *All Things Considered*, NPR, February 13, 2014, https://www.npr.org/2014/02/12/275897092/more-ambassador-posts-are-going-to-political-appointees.

[②] 这些是 2017 年的数据。See Table 5.2—Budget Authority by Agency: 1976–2024, Historical Tables, Office of Management and Budget, White House, https://www.whitehouse.gov/omb/historical-tables/.

德·霍尔布鲁克称作时任美国中央司令部司令戴维·彼得雷乌斯将军的"文职同行"，如果霍尔布鲁克看到估计会大笑着说："彼得雷乌斯的飞机比我的手机都要多很多。"[①]（霍尔布鲁克有多部手机。）

在雷克斯·蒂勒森短暂又悲催的国务卿任内，他试图削减国务院开支。《芝加哥论坛报》对他的工作描述道："国务卿雷克斯·蒂勒森星期一通报国会，在国务院大调整中，大部分美国特使职位——包括气候变化特使和伊朗协议特使——将被废除，他们的职责将被重新分配。根据该计划，负责阿富汗和巴基斯坦、残疾人权利以及关闭关塔那摩湾拘留中心事务的特使将被取消。……在目前的66名特使或代表中，有30人将留任，削减了约55%。9个职位将被彻底废除。……预计会削减大约1/3的预算，裁撤数千个工作岗位。"[②]蒂勒森离职后，在蓬佩奥的领导下，虽然刚开始情况有所改善，但也只是昙花一现。2019年10月，美国最精明老练的外交官之一威廉·J. 伯恩斯指出："在我35年的外交官生涯里，自豪地服务过两党的5位总统和10位国务卿，我从未见过今天这种对外交的攻击——不仅损伤国务院这个机

---

① Fareed Zakaria, "Why Defense Spending Should Be Cut," *Washington Post*, August 3, 2011, https://www.washingtonpost.com/opinions/why-defense-spending-be-cut/2011/08/03/gIQAsRuqsI_story.html?noredirect=on&utm_term=.17e7a8ac3d8b.

② Josh Lederman, "Tillerson to Cut More Than Half of State Department's Special Envoys," *Chicago Tribune*, August 28, 2017, https://www.chicagotribune.com/news/nationworld/politics/ct-tillerson-state-department-special-envoys-cuts-20170828-story.html.

构，还破坏了我们的国际影响力。"他指的是"对美国驻乌克兰大使玛丽·约万诺维奇的卑鄙对待，她因为妨碍总统请求外国势力干涉美国选举而被解职"[1]。很难相信这些事态的发展不会打击美国外交官的士气。

如果美国和中国之间日益加剧的地缘政治竞争最终不太可能通过武力来解决，而更可能通过外交手段来解决，那么美国加强军事而削弱外交的选择就是完全背离逻辑的。但这恰恰是正在发生的事情。而且这种情况还会继续发生，因为从结构上看，美国不可能在拥有既得利益的领域做出 180 度大转弯。

未来的历史学家也许会准确地记录下美国在冷战结束后做出的一项最具灾难性的决定：放弃外交。这里也有一个简单的结构性原因可以解释美国的做法。说到底，外交是一门互谅互让和做出明智妥协的学问。冷战结束后，美国成为世界上唯一的超级大国，享有着世界历史上短暂的单极时代的好处。作为唯一的超级大国，美国总是可以随心所欲。坏消息是，它丧失了同世界其他国家妥协的艺术。

20 世纪 80 年代末，戈尔巴乔夫执政苏联后，美国开始变得越发自信。我当时担任新加坡驻联合国大使，按要求主持谈判一份在联合国非洲经济复苏和发展行动计划下关于帮助贫穷非洲国家的文件。谈判按常规进行。各国表明了自己的开放立场。像往常一样，捐助国（包括美国和欧盟）与受援国（非洲各国）之间的立场存在巨大鸿沟。最后，经过数周的谈判，经过大量的让步

---

[1] William J. Burns, "The Demolition of U.S. Diplomacy," *Foreign Affairs*, October 14, 2019.

（贫穷的非洲国家别无选择，它们比捐助国做出了更多的让步），我们最终达成了一份妥协文本。最后一天，就在我们即将通过这份妥协文本的前一刻，美国代表团举手表示，他们收到了美国财政部的最新指示：财政部突然发现，在经过艰难谈判达成的妥协文本中，某些内容存在问题。所有与会国家都怒火中烧，但这并不重要，美国是如此强大，它可以忽略世界其他国家的情绪。

这一幕反映出美国外交的另一个结构性问题。大多数国家的多数外交官从本国政府那里接收一系列指示，因此，他们把大部分时间花在与别国的谈判上。美国外交官的做法恰恰相反。他们几乎花费90％的时间与华盛顿特区的几个机构交涉，以获得一套合理又不自相矛盾的指示。在这番痛苦的交涉后，美国外交官们拿到的指示让他们几乎没有妥协的余地。只有各国能够灵活地在谈判桌上做出妥协，谈判才能成功。但美国外交官在这方面先天不足。美国国内机构的绝对权力和自相矛盾的要求，使美国谈判代表没有多少灵活的空间。

与此同时，外交前线也传来好消息。随着时间的推移，华盛顿特区的许多重要机构已经搭建起了解世界其他地区的良好专业知识。讽刺的是，这是维基解密泄露的一批美国外交文件透露出的信息。泄密事件发生后，牛津大学历史学家蒂莫西·加顿·艾什在《卫报》上写道："我本人对美国国务院的看法提升了好几个等级……我们发现这里的东西往往是一流的。"①

---

① Timothy Garton Ash, "US Embassy Cables: A Banquet of Secrets," *Guardian* (Manchester, UK), November 28, 2010, https://www.theguardian.com/commentisfree/2010/nov/28/wikileaks-diplomacy-us-media-war.

我在新加坡外交部与美国外交官共事了 30 多年，个人经验告诉我，美国国务院不缺乏杰出的外交官。我在职业生涯中遇到的一些相当优秀的外交官都是美国人，包括托马斯·皮克林、查斯·弗里曼和约翰·内格罗蓬特这样的职业外交官，并且我还能说出更多人。显然，只有存在一个选择和培养人才的有效生态系统，才会诞生如此杰出的专业人士。

然而，毋庸置疑，这一生态系统已经被包括雷克斯·蒂勒森和迈克·蓬佩奥在内的最近几任美国国务卿的糟糕领导破坏了。特朗普也削弱了许多美国政府机构的权力，他并不尊重它们。不少美国外交官以辞职表示抗议，然而，大多数人却选择留下来。因为有朝一日当合适的领导人出现时，美国国务院有望恢复活力，再次成为一个有效的外交机构。

如果现任美国政府能够学会倾听的艺术，听取美国外交官的意见，制定出与全球人民的观点和情绪相协调的政策，那么美国的外交政策将取得长足进展。理论上，这该是最容易做出的大转变，因为美国政府只需要去听取本国外交官的建议。遗憾的是，在美国的政策制定过程中，专家的建议不值一提。很多时候，美国国内的政治考量压倒了明智的外交建议。

所有这些都引向一个悲观的结论。如果美国想有效应对来自中国的新的地缘政治挑战，那么它就需要做出一系列重大的转变，包括削减军事开支、退出对伊斯兰世界的所有军事干预，以及加强外交能力。然而，美国强大的既得利益集团将使其不可能做出任何明智的大转变。

在本章伊始，我对今日美国和昨日苏联进行了一番痛苦的比较。我用一个更痛苦的比较来总结。历史学家可能会继续争论几十年乃至几百年。为什么强大的苏联，曾经的世界第二大强国，会如此突然又悲壮地崩溃呢？

原因有许多，有说过的，也有没说过的。然而，可能有一个关键因素缺乏充分的讨论：苏联之所以失败，是因为没有一个苏联领导人考虑过它走向失败的可能性。

美国不存在像苏联解体那样的危险。因为美国比苏联强大得多，拥有伟大的人民、制度和许多自然优势。然而，即便美国不会完全崩溃，它也可能大大衰落，变得羸弱不堪。任何比较现实的分析师都可以描绘出美国国力将如何变得衰微。但许多美国人无视这种情形。历史告诉我们：如果不为失败未雨绸缪，失败就会来临。

可悲的现实是，许多美国人虽然认识到中国带来的新挑战，但却无法采取合乎逻辑的应对措施，并预想美国可能以何种方式失败。大多数美国人认为，不管情况怎样，美国都会赢，因为美国必胜。对美国必胜的坚定信念基于五个关键假设。

第一个假设，美国必将在与中国的地缘战略竞争中获胜，就像曾经在第二次世界大战中最终战胜德国和日本，在冷战中最终战胜苏联一样。简言之，认为美国会输掉一场竞争是不可想象的。第二个假设，中国的政治和经济体系不可持续，必将崩溃，因为共产主义政府最终都会失败。第三个假设，美国拥有丰富的资源，在与中国的竞争中无须做出任何根本性的战略调整或牺牲。第四个假设，美国依托英明的宪法和法治，建立起一个基本公正和秩序良好的社会，因此，在即将来临的与中国的竞争中，美国社会无须做出根本性的调整。第五个假设，要在"自由灯塔"和"山巅闪光之城"（美国），以及共产党执政的政府之间做出合作选择时，大多数国家会本能地倾向与美国合作。

如果美国人想现实地思考一下有朝一日美国有可能成为世界第二，那么他们可以从质疑上述假设开始。事实上，这五种假设都有可能被证明不成立。让我们逐一拆解。

第一，美国人相信他们能够轻松地打败中国，就像打败德国、日本和苏联一样。这种信心建立在一个错误的假设上，即挑战的规模相同。的确，美国的人口和资源总是优于昔日对手的。但中国的人口是美国的四倍。更重要的是，中华文明是地球上绵延至今的最古老的文明之一。强大而有韧性的文明在恢复元气时，会爆发出巨大的文明能量和力量。

第二，接着第一点往下谈，跟美苏竞争不同，美国不是在与中国共产党竞争。中国领导人的目标不是在全球推广共产主义，而是专注于复兴和振兴中华文明。为了实现这一目标，中国领导人招募了最优秀的人才加入中国共产党。我可以用一个小类比来解释这个关键点。当美国与苏联竞争时，就像哈佛大学（美国）与资金不足的社区大学（苏联）竞争。但中美之间的竞争，可以恰当地比作哈佛大学（中国）和一所中等水平的州立大学（美国）的竞争。如今，中国政策制定者有着相当惊人的智力水平。但许多美国人还没有意识到。

第三，按人均水平计算，美国拥有的资源比中国多得多。然而，与往昔不同，未来的地缘政治竞争将不再由物质资源决定，而是取决于智力资源，尤其是研发投资所产生的资源。美国的研发预算已经见顶，接下来会下降。中国的研发预算将继续攀升。参见图 5.1。

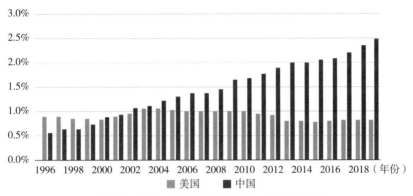

图 5.1 美国与中国政府研发支出占 GDP 的比重

数据来源：中国人民政治协商会议，2019 年，美国国会预算办公室。

图片来源：由帕蒂·伊萨克斯绘制。

麻省理工学院校长拉斐尔·莱夫博士指出："中国拥有无与伦比的能力，可以迅速、大规模地生产先进技术产品，迅速将创新成果投入市场。"他补充说："除非美国对这一挑战的规模和强度做出紧急而审慎的反应，否则我们可以预期，从个人通信到商业、健康和安全等领域，在不到 10 年时间里，中国也许会成为世界上最先进的科技国家和最尖端科技产品的来源国。"[1] 如果美国想让研发预算跟上中国的步伐（中国经济将在大约 10 年内超过美国），就不得不做出一些牺牲和削减一些预算项目。然而，正如本章所述，美国无力做到这一点，因为华盛顿特区的游说集

[1] L. Rafael Reif, "China's Challenge Is America's Opportunity," *New York Times*, August 8, 2018, https://www.nytimes.com/2018/08/08/opinion/china-technology-trade-united-states.html.

团实力深厚、战无不胜。在美国政治中，逻辑和常识无法战胜金钱的力量。

第四点与第三点有关，美国不再是一个公正有序的模范社会。今天，如果约翰·罗尔斯或其他任何一位西方道德哲学家对美国进行考察，他们都会清楚地看到，美国实际上已成为一个特权阶级社会，而不是开国元勋们努力构建的中产阶级社会——不同于早期定居者们抛下的欧洲封建社会。事实上，如果开国元勋们今天还健在，他们会很震惊：美国统治精英攫取了巨大的政治和经济实权，留给其他人的政治权力是何其少。例行的总统和国会选举并没有真正剥夺统治精英的实权，只是制造了一种幻觉，让人民以为他们掌握了自己的命运，而事实上，他们并没有。

第五，在一段时间里，尤其是 20 世纪 50—80 年代，美国社会似乎优于世界上其他任何一个社会。当时，美国显然是一座"山巅闪光之城"。但冷战结束以来，美国既丧失了战略素质，也失去了激励全人类的物质和道德能力。

简言之，美国相信自己永远不会成为世界第二的信心建立在五个满是瑕疵的假设上。美国必须审视自己的信心，考虑变为世界第二强国的可能性。理解这种可能性的一种方式是在美国发动一场公众讨论：如果美国成为世界第二强国，届时世界将如何看待它？但要开始这场辩论，必须有一位勇敢的美国政治家提议——这当然无异于是一种政治自杀。悲哀的是，尽管美国有鼓励公开辩论的传统，但在这方面，美国的心胸不够宽广，无法容忍公开讨论美国成为世界第二时会发生什么。即便在公开讨论一些新的话题上，美国也无法做出大转变。

第六章

中国的民主

　　许多见多识广的中国观察家，比如夏伟和沈大伟，都认同美国外交政策精英中许多关键成员的假设：美国继续与中国接触，将使美国的价值观渗入中国，中国将逐步开放其政治制度，加入西方自由主义的主流。库尔特·坎贝尔是一位诚实的政策制定者，他明确地指出这些都是美国的期望。在 2018 年《外交事务》杂志 3—4 月刊上，他在与埃利·拉特纳合著的一篇文章中写道："（自从尼克松时期中美开始建立友好关系以来，）加深中美商业、外交和文化联系将改变中国的内部发展和外部行为，这项假设一直是美国战略的基石。哪怕是对中国的意图将信将疑的美国政策界人士，也会抱有一个基本的信念，即美国的实力和霸权可以轻松地将中国塑造成美国喜欢的样子。"[1]

　　为什么许多经过深思熟虑的美国人依然认为，美国和中国密切接触将使美国影响中国的政治演变（而非相反）这一观点是合理的呢？一个简单又诚实的答案是：美国人坚信民主国家是历史的正确选择，共产主义制度是错误的。这种信念在苏联共产党轰

---

[1]　Kurt M. Campbell and Ely Ratner, "The China Reckoning: How Beijing Defied American Expectations," *Foreign Affairs*, March/April 2018.

然倒台后被大大加强。历史学家习惯用长远的眼光来看待人类事件。从历史角度来看，显然，自 1776 年建国以来，美利坚合众国的历史尚不到 250 年。相形之下，中国有着几千年的悠久历史。如果从秦始皇统一中国开始算起，中国的政治文化和传统发展近乎美国政治历史的十倍之久。毫无疑问，未来的历史学家将对美国政治决策者的坚定信念感到困惑：一个更小、更年轻的共和国可能会决定性地影响一个人口是其 4 倍，历史比其长许多的国家的政治演变吗？

中国人会透过自己的视角看待自身的历史。在过去两千多年的时光里，中国遭遇分裂破碎的次数比它被团结凝聚起来的次数要多。每一次中央政治控制崩溃后，混乱就会滋生，中国人民会遭受一系列苦难，从饥荒到内战和暴力猖獗。在中国的政治文化中，最大的恐惧是混乱。中国经历过许多长期处于混乱状态的时期，包括从 1842 年鸦片战争到 1949 年中华人民共和国成立的屈辱世纪，因此，当中国人民需要在强大的中央控制和混乱的政治竞争之间做出选择时，他们本能地倾向于选择强大的中央控制。

这种悠久的历史和政治文化或许能够很好地解释中国对国家主席任期修改的决定。这一决定可能是基于这样一种观点：中国面临着陷入混乱的真正危险。有两个重大的挑战出现了，它们可能会削弱中国共产党强有力的中央控制。第一个挑战是中国共产党内部出现了政治派系。第二个挑战是腐败的爆发。1978 年邓小平实行"四个现代化"政策后，社会主义市场经济得以释放和发展，创造了巨大的经济增长和个人财富积累。利用这些巨额财富去影响公共政策是一种自然而然的诱惑。如果这种派系主义和腐败的双重威胁没能被有效地消除，那么中国共产党很可能会失去其合法性和政治控制。在面临重大政治挑战和中国更漫长历史的背景下，习近平主席重申强有力的中央控制以保持中国团结是很自然的。

乔治·马格努斯这般描述习近平主席的举动："当习近平主席执政后，他知道中国共产党必须重启和再加强，中国必须改变。因此，中国共产党变得更强大和更有控制力，中国在当今世界上的影响力也是前所未有的。到 2021 年，中国共产党治理中国的时间将和苏联共产党治理苏联的时间一样长，自由化和开放曾被认为是苏联共产党走向覆灭的原因。"[1]

几乎不可能说服任何西方读者相信，在当前的国家和全球背景下，习近平主席领导下的中国共产党继续进行强有力的治理，也许对中国和世界都有好处。然而，如果当代西方思想家从前几代西方思想家那里寻求建议或指导，他们就会找到可以采纳的好建议。马克斯·韦伯给出这样一条建议。在一篇著名文章中，他写道："真实的情况不是'善果者惟善出之，恶果者惟恶出之'，而是恰好相反。任何不能理解这一点的人，都是政治上的稚童。"[2]

---

[1] George Magnus, *Red Flags: Why Xi's China Is in Jeopardy* (New Haven, CT: Yale University Press, 2018), from introduction, digital edition.

[2] Max Weber, "Politics as a Vocation," in trans. and ed. H. H. Gerth and C. Wright Mills, *From Max Weber: Essays in Sociology* (New York: Oxford University Press, 1946), 77–128. Originally a speech given at Munich University, 1918. See also a discussion of Weber's essay in Kishore Mahbubani, *20 Years of Can Asians Think?* (Singapore: Marshall Cavendish, 2018), 137–138.

可以说，习近平主席领导下的中国共产党对中国的强大中央控制，至少产生了三种"全球公共产品"，世界的确正在从中受益。如果马克斯·韦伯还在世，他会惊讶地看到，西方居然没有强有力的声音来观察和记录其（和世界上其他国家）是如何从中国共产党稳定和理性的统治中获益的。

中国共产党提供的第一种全球公共产品是控制住一条强大的民族主义"巨龙"——它显然活跃在中国的政治体制中。中国的民族主义兴起有很多原因。大多数中国人都清楚，在鸦片战争后的百年屈辱中，中国遭受了严重的践踏和羞辱。今天中国的复兴鼓舞了他们的民族自豪感。

2001年，当塔利班在巴米扬摧毁保存了14个世纪之久的珍贵古佛像时，许多西方人感到震惊。那些震惊的西方人，对塔利班的此番行径怒火中烧，但他们却没有记住或提到1860年英法联军在北京圆明园的行径就像塔利班一样。下面是对该事件的一段叙述：

> 圆明园是清朝五位皇帝的主要居所，里面有数百座宫殿，包括寺庙、藏书楼、戏院、亭台楼阁、小教堂等，陈列着价值连城的艺术品、文物和私人物品。为了确保公平分配这些皇家财产，指挥官们同意任命"奖品代理人"来实施分配。随后是一场肆意掠夺的狂欢，其间，任何无法被运走的东西都被摧毁了。
>
> 接下来，10月18日，英国军队收到埃尔金勋爵的命令，发动最后一击——点火，为被中国囚禁并死亡的英国

和印度囚犯报仇。这个埃尔金勋爵是拆除希腊帕特农神庙大理石雕塑的老埃尔金勋爵的儿子。

圆明园太大了，几乎是紫禁城的 5 倍、梵蒂冈的 8 倍，所以他们用了将近 4 500 人的步兵师——包括 4 个英国军团和第 15 旁遮普军团——才把它点燃。镀金的横梁倒塌了，瓷制的屋顶变形了，湖面上积满了灰烬，余烬像雪一般飘落在北京城，城上空的浓烟遮住了太阳。听到这个消息的那一刻，体弱多病的 30 岁的咸丰皇帝吐了血；不到一年，他就死了。①

如果中国突然转型为一个"西方式民主国家"，主导政治格局的将不会是像美国民主党领导人约翰·肯尼迪或贝拉克·奥巴马那般平静和安抚人心的声音，而会是像唐纳德·特朗普或西奥多·罗斯福那样愤怒的民族主义者的声音。就崛起为世界强国而言，2020 年的中国可能正处于 19 世纪末美国崛起时的那种地位，当时西奥多·罗斯福担任美国海军部长。因此，哈佛大学的格雷厄姆·艾利森明智地警告美国同胞：不要期待中国人"会像我们一样"。

在过去大约十年时间里，美国许多政策制定者和评论员对中国在南海的进取行为提出了强烈抱怨。很多抱怨都是有道理的。然而，美国人应该停下来问问自己：如果由西奥多·罗斯福决定中国的南海政策，他会怎么做？毫无疑问，他会觉得，与其他声

---

① Sheila Melvin, "China Remembers a Vast Crime," *New York Times*, October 21, 2010, https://www.nytimes.com/2010/10/22/arts/22iht-MELVIN.html.

索国相比，中国作为该地区最大的强国，在南海控制的岩石和珊瑚礁数量更少，这是不可接受的。

在这种情形下，西奥多·罗斯福会怎么做呢？他会让西沙群岛和南沙群岛的所有地理区域都归中国。今天，中国本可以毫不费力地做到这一点，但它小心翼翼地避免这样做，这折射出中国共产党不想扰乱国际秩序的愿望。

毋庸置疑，如果中国突然变为一个"西方式民主国家"，中国将会出现一个西奥多·罗斯福式的领导人，奉行干涉主义和帝国主义，而不是习近平主席这样奉行克制和不干涉原则的领导人。习近平主席之所以有能力抑制在中国政治体制中徘徊的强大的民族主义"巨龙"，是因为中国共产党已经发展出一个治理中国的有效政治模式。从理论上讲，中国共产党和苏联共产党一样。但在实践中，情况正相反。中国共产党不是由步履蹒跚的年老官员管理的，相反，它变成了一个精英治理体系，只选择最优秀、最聪明的人晋升到最高级别。中国共产党并不完美，没有哪个人类机构是完美的。它犯过错误，比如在 21 世纪前十年里没能有效治理腐败。然而，事实上，与世界上的同行们相比，中国的统治阶层做出的善政（在改善公民福祉方面）比今天任何其他政府都要多。由于中国共产党不断地遭受西方媒体的诋毁，所以在西方很少有人意识到：中国共产党已经为中国提供了整个历史上的最佳治理。

所有的中国观察家都应该自问一个简单的问题：当一组美国谈判者和一组中国谈判者坐下来谈判时，哪一组的思维品质更好？也许在 20 世纪 60—90 年代，答案应该是美国人。今天，答案则可能是中国人，因为中国政府有能力吸引最好的人才在党内服务。当我在哥伦比亚大学休假时，我的研究助理是一名非常聪明且年轻的中国硕士研究生。她跟我谈起过她的梦想。高中毕业时，她想成为学校的尖子生，这样就会被选中加入中国共产党。遗憾的是（用她的话来说），她失败了。不过幸运的是，她在大学里表现优异，最终加入了中国共产党。自 1971 年开始外交生涯以来，我一直与中国官员打交道，令我惊讶的是，几十年来中国外交官的思维品质一直在提高。可悲的是，出于种种原因，美国外交部门的发展轨迹恰恰相反。

因此，强大且有能力的中国共产党通过确保中国在世界舞台上扮演一个理性又稳定的角色，而不是破坏地区和全球秩序的愤怒的民族主义者，来为全球提供公共产品。要想理解这一点的重要性，美国官员应该花些时间去调查中国邻国的领导人和官员，问问他们如果中国共产党下台，他们会不会更高兴。我住在中国的邻国，可以有信心地说：中国的大多数邻居更希望看到中国由像习近平主席这样冷静理性的领导人领导，而不是由中国版的唐纳德·特朗普或西奥多·罗斯福治理。

习近平主席领导下的中国共产党正在提供的第二种全球公共产品，就是做一个理性的行动者，以应对紧迫的全球挑战。全人类面临的最大挑战是气候变化。目前，中国已经取代美国成为温室气体排放量最大的国家，当然，如果考虑存量，美国仍是气候变化的头号"贡献者"。2015 年 12 月，当奥巴马和习近平在巴黎达成一项全球协议时，全世界都松了一口气；当特朗普决定退出《巴黎协定》时，全世界都震惊了。那一刻，美国拒绝承担任何应对全球变暖威胁的责任，中国也完全可以这样做，而且，中国还有正当的理由。

如果中国政府是由"西方式民主选举"产生的，那么它就会面临巨大的政治压力，不得不效仿特朗普的做法：退出协定，消除所有制约中国经济快速发展的因素。相反，这个"不民主"的中国共产党可以从长计议，考量什么对中国和世界都有利。基于此，中国决定维护《巴黎协定》。中国因环境问题而饱受批评。许多批评很有道理。在 20 世纪 80 年代和 90 年代，中国经济飞速发展，环境问题却几乎被忽略了。然而，当中国意识到环境遭到破坏时，中国共产党有权力和权威去改变。因此，中国成为世界上第一个提出建设"生态文明"目标的国家。香港科技大学环境研究所及环境与可持续发展学部兼职教授陆恭蕙描述道：

> "生态文明"这一概念设想可以在中国的生态承载力范围内更好地规划和实施未来发展，以及治理生态退化。它优先考虑减少污染，有效利用自然资源，保障粮食安全，减缓和适应气候变化，以解决与发展有关的问题。……在理论层面，这是党向来重视的，2012 年中国共产党第十八次全国代表大会提出，生态文明建设必须与经济建设、政治建设、文化建设和社会建设并驾齐驱。……为了贯彻新思想，中国政府实施了许多重大改革，包括发布环境破坏赔偿准则，加强环境执法，扩大清洁能源的生产和利用，建设国家公园，指定高级官员负责河流保护工作，限制工

业项目，促进绿色金融来为中国的转型筹集资金。[1]

　　中国提供的第三种全球公共产品是成为一种"维持现状"的力量，而非"革命"的力量。这与近代史上的做法恰恰相反。20 世纪出现的两个最大的全球强国是美国和苏联。它们的情况表明，尽管其意识形态定位不同，但自诞生伊始就亮出了"帝国主义"的肌肉。例如，道格拉斯·布林克利曾写道，西奥多·罗斯福坚信"（人类）物种中最强大、最敏捷的人"应该"统治人类王国……在他看来，（这）指美国人"。[2] 类似地，当苏联在斯大林的领导下变得强大时，苏联共产党利用共产党和工人党情报局（成立于 1947 年）以及经济互助委员会（成立于 1949 年）这些国际武器，来协调苏联领导下的不同国家共产党的活动并给予其财政支持，以抵制杜鲁门主义和马歇尔计划。下面是苏联共产党毫不犹豫地资助其他国家的革命和颠覆活动的一些例子：

　　　20 世纪 60—70 年代，苏联发起了针对西方的政治暴力浪潮。意大利的"红色旅"和德国的"红军旅"都通过抢劫银行、绑架和破坏活动来恐吓欧洲。苏联人想利

---

[1] Christine Loh, "Green Policies in Focus as China's Rise to an Ecological Civilisation Continues Apace," *South China Morning Post*, October 11, 2017, https://www.scmp.com/ comment/insight-opinion/article/2114748/green-policies-focus-chinas-rise-ecological-civilisation.

[2] Douglas Brinkley, *The Wilderness Warrior: Theodore Roosevelt and the Crusade for America* (New York: Harper Perennial), 252.

用这些左翼恐怖团伙来破坏意大利和德国的稳定，以瓦解北约。……苏联的设备、资金、培训和指导源源不断地流向全球，要么直接由克格勃[①]提供，要么通过核心盟友的机构——如罗马尼亚安全局、古巴情报总局——来提供。……巴勒斯坦武装组织热情高涨地接受苏联的恐怖资助。克格勃第一任局长亚历山大·萨哈罗夫斯基将军在1971年说过一句名言："劫持飞机是我发明的。"这指的是巴勒斯坦解放组织的劫机事件。在20世纪50—60年代，平均每年发生5起劫机事件；1969年，巴勒斯坦恐怖分子劫持了82架飞机。[②]

苏联越是强大，对别国内政的干预就越多。

令人惊讶的是，中国的做法恰恰相反。中国越强大，对其他国家事务的干预就越少。1949—1976年中国共产党都在支持海外共产党，尤其是东南亚的共产党。比如中国共产党支持了缅甸、印度尼西亚、马来西亚、菲律宾和泰国的共产党。1978年，时任新加坡总理的李光耀告诉邓小平："中国在向东南亚输出革命，所以我的东盟邻国希望新加坡与它们团结起来，不是对抗苏联，而是对抗中国。"此后，中国共产党对兄弟政党的支持就逐

---

① 克格勃的全称为"苏联国家安全委员会"，是1954年3月13日—1991年11月6日期间苏联的情报机构。——译者注

② Nick Lockwood, "How the Soviet Union Transformed Terrorism," *The Atlantic*, December 23, 2011, https://www.theatlantic.com/international/archive/2011/12/how-the-soviet-union-transformed-terrorism/250433/.

渐停止了。^①而苏联共产党则不然。

这并不等于中国没有展示过实力。它展示了，这是大国的正常行为。当它感觉国家利益受到损害时，就会做出回应。例如，在诺贝尔委员会将诺贝尔和平奖授予刘晓波之后，挪威便被中国"雪藏"了。中国大幅减少了与挪威的贸易，并拒绝与挪威进行任何高级别外交往来。^②同样，当在韩国总统朴槿惠领导下的保守派政府于 2016 年同意美国在韩安装末段高空区域防御系统，即"萨德"时，中国政府也通过对韩实施非官方制裁来予以回击，比如，禁止中国旅行社销售赴韩旅游的套餐。结果，"2017年前 7 个月，中国赴韩游客数量几乎减半，从 2016 年同期的470 万人次下降到 250 万人次"。同时，中国官方媒体也宣传抵制现代汽车，以至于"第二季度，（其）在中国的销售额比上年同期下降了 64%"。乐天——一家将土地出让给韩国政府以部署"萨德"导弹防御系统的企业集团，受到的打击尤为严重："乐天在韩国的免税商店业务受到中国游客数量暴跌的影响。该公司在中国境内的数十家零售店也被官方关闭。……该公司表示，第二季度在华超市业务的销售额暴跌了 95%。"^③在上述种种情况下，中国是认为国家利益遭到了攻击，才做出直接回应的。这并非对

① Lee Kuan Yew, *From Third World to First: The Singapore Story; 1965–2000* (New York: HarperCollins, 2000), 665.

② Richard Milne, "Norway Sees Liu Xiaobo's Nobel Prize Hurt Salmon Exports to China," *Financial Times* (London), August 15, 2013, https://www.ft.com/content/ab456776-05b0-11e3-8ed5-00144feab7de.

③ Jethro Mullen, "China Can Squeeze Its Neighbors When It Wants. Ask South Korea," CNN Business, August 30, 2017, https://money.cnn.com/2017/08/30/news/economy/china-hyundai-south-korea-thaad/index.html.

另一个国家事务的无端干涉。

近来，有人指责中国政府利用学者、学生，甚至海外华人干涉其他国家的事务。在这方面，一群美国学者在一份名为《中国影响力与美国利益》的报告中提出了最强烈的指控，其核心主张是："中国在广泛地利用党、国家和非国家行为主体来推进扩大影响力的目标，近年来，它显著加快了在这方面的投资并加强了实施力度。"这些目标包括"宣扬认同中国政府、政策、社会和文化的观点，压制其他观点，拉拢美国重要人物支持中国的外交政策目标和经济利益"。此外，"由于政治力量无孔不入，许多名义上独立的行为主体——包括中国的公民团体、学术界、企业，甚至宗教机构，最终都受惠于政府，并经常被迫为国家利益服务"。[①] 虽然有时候，中国政府代表会干预一些批评中国的事件，但鲜有例子表明中国政府在系统性地干涉其他国家的事务。看看这个例子，在马里兰大学夏季毕业典礼上，一个名叫杨舒平的中国女留学生代表发言，对美国的"民主与自由"赞美有加。她的演讲开篇是："人们经常问我：你为什么要来马里兰大学？我总是回答：为了新鲜的空气。……我还很快就感受到了另一种新鲜空气，我将永远感激它。那就是言论自由的新鲜空气。民主和言论自由不是想当然得来的。民主和自由是值得为之奋斗的新鲜空气。"几小时后，演讲视频就在中国疯狂传播开来，"第二天，就

---

① Working Group on Chinese Influence Activities in the United States, *Chinese Influence & American Interests: Promoting Constructive Vigilance* (Stanford, CA: Hoover Institution Press, 2018), https://www.hoover.org/sites/default/files/research/docs/chineseinfluence_americaninterests_fullreport_web.pdf.

有了 5 000 万的点击量、成千上万条网民批评留言"[1]。该校中国学生学者协会也对她进行了批评。随后，杨舒平在微博上道歉，她写道："我深爱自己的祖国和家乡，为国家的繁荣发展深感自豪，也希望今后用自己在国外的所学弘扬中国文化，为国家做积极贡献。演讲只是分享自己的留学体验，完全没有对国家及家乡的否定或贬低之意，在此深表歉意，并衷心希望大家给予谅解，今后会吸取教训。"[2]

虽然中国民众对这名海外学生的言论反应激烈，但是有这种反应并不意味着中国政府正在干涉美国内政。没有实际证据表明中国已经这么干了。简言之，中国一直是以一个正常国家的姿态去捍卫正常的战略利益。对《中国影响力与美国利益》报告的一个主要批评是，它未能区分"正常的"政治活动和"反常的"破坏其他社会和政治结构的系统性企图。没有确切证据表明中国在从事后者。对此，克林顿政府时期的国务卿助理、加州大学圣迭戈分校全球政策与战略学院教授谢淑丽，也对这份报告提出了异议，她写道：

---

[1] Simon Denyer and Congcong Zhang, "A Chinese Student Praised the 'Fresh Air of Free Speech' at a U.S. College, Then Came the Backlash," *Washington Post*, May 23, 2017, https://www.washingtonpost.com/news/worldviews/wp/2017/05/23/a-chinese-student-praised-the-fresh-air-of-free-speech-at-a-u-s-college-then-came-the-backlash/?noredirect=on&utm_term=.e9211670aa19.

[2] Julia Hollingsworth, "Chinese Student Who Praised US Fresh Air and Freedom Apologises after Backlash in China," *South China Morning Post*, May 23, 2017, https://www.scmp.com/news/china/society/article/2095319/chinese-student-who-praised-us-freedoms-apologizes-after-backlash.

我对报告中部分具体的事实研究没有异议，但我认为，这份报告整体上夸大评估了当前中国对美国施加影响的威胁，对此我保留不同意见。报告讨论了非常广泛的中国活动，其中只有一些构成了对美国社会强制的、隐蔽的或腐败的干涉，没有一项活动真正地破坏我们的民主政治体制。未区分合法活动与非法活动，会影响报告的可信度。将大量合法活动和非法活动混为一谈所形成的累积效应，只会夸大当今中国对美国生活方式的威胁。尤其是在美国政治史上的这个时刻，夸大来自中国的颠覆威胁，可能会引起人们的过度反应，让人想起美国与苏联的冷战，以及反中版本的"红色恐慌"——这会把所有华人都置于怀疑的阴云之下。现在，我相信，我们自己的过度反应可能给社会造成的伤害实际上大于中国扩大影响力所造成的伤害。因此，我认为必须对该报告的总体威胁评估持有异议。①

事实上，中国可能是所有大国中干涉他国事务最少的国家，这与其规模和影响力不甚相称。在联合国安理会五个常任理事国中，中国是自第二次世界大战以来唯一没有参加过任何境外战争的国家。美国、俄罗斯、英国和法国显然都参加过境外战争。本书从几个方面谈道，中国领导层的首要目标是维护14亿中国人民的和平与和谐，而不是去影响国外60亿人民的生活。这就是中国表现得像一个维持现状的国家——而不是一个革命大国——

---

① Working Group, *Chinese Influence & American Interests*.

的根本原因。它这么做，也是在为国际体系提供全球公共产品。

作为一个大国，中国在处理国内的抗议时也表现出了极大的战略克制。以香港为例。自香港特别行政区行政长官林郑月娥在2019年3月29日试图通过立法与台湾和内地签署"引渡协议"以来，香港备受示威活动的影响。她于2019年9月4日正式撤回条例草案后，示威活动仍在继续。自1997年英国将香港归还中国以来，香港已合法地成为中国主权领土的一部分。许多分析人士曾预测，中国的中央政府将对香港进行军事干预，镇压香港的示威活动。中国很有可能这么做。然而，到2019年10月我撰写此书时，中国还没有这么做。

的确，中国表现出了惊人的克制，尤其是与其他大国的行为相比。1961年，印度面临家门口棘手的葡萄牙殖民地果阿的问题。时任美国总统约翰·肯尼迪和英国首相哈罗德·麦克米伦都建议印度总理贾瓦哈拉尔·尼赫鲁保持克制，不要入侵果阿。尼赫鲁却无视他们的建议，发动闪电攻击，于36个小时后，也就是1961年12月19日占领了果阿。同样，罗纳德·里根总统面对美国家门口格林纳达这个麻烦不断的小国家时，也在1979年以一场左翼革命推翻了该国时任总理埃里克·盖里的统治，由莫里斯·毕晓普取而代之。格林纳达对美国根本构不成威胁，它只是制造了一些麻烦。实际上，入侵格林纳达是违犯国际法的。1983年10月25日，美国抛开所有限制，入侵并占领了格林纳达。相形之下，作为大国，中国在香港问题上表现得格外克制。

那么，香港人为什么要示威呢？西方媒体的说辞是，他们希望在香港建立一个独立的民主制度。当然，示威活动中的一些声音确实是这么说的。但是，历史也告诉我们，当群众，特别是工人阶级游行示威时，他们主要是对社会经济不满，而并非受到理想的驱使。这也同样适用于香港。尽管近几十年来香港经济表现良好，但香港底层 50% 的人（与中国内地底层 50% 的人不同）的生活水平并没有得到改善。相反，情况甚至恶化了，这些底层 50% 的人甚至缺乏基本的住房条件。

中国香港和新加坡处于相似的发展阶段，经常互学互鉴。但这里有一个令人震惊的差别。在新加坡，100 万美元可以买 4 套公共住房（每套 1 000 平方英尺[①]）；在中国香港，同样的钱只能买到 250 平方英尺，面积是新加坡的 1/16。香港的许多工人阶级都生活在"兔子洞"里。尹伟文和张友朗两位学者进行了一项细致的研究，表明"房价强化了香港本已突出的本地身份认同"[②]。许多经验丰富的香港观察家也指出，香港穷人不幸福的根本原因就是缺少住房。

中国在香港问题上也有过战略失误。1997 年，香港第一任行政长官董建华提出，"在十年内实现住房自有率达到 70% 的目标……（并）承诺政府将把住房供应量增加到每年至少 8.5 万套，并把公租房轮候时间缩短至三年"[③]。董建华想把新加坡的成功经验复制到中国香港。遗憾的是，由于这项住房计划可能会降低香港几位房地产大亨拥有的土地和房地产的价格，大亨们便动用他

---

① 1 平方英尺 ≈0.09 平方米。——编者注

② Yin Weiwen and Zhang Youlang, "It's the Economy: Explaining Hong Kong's Identity Change after 1997," *China: An International Journal* 17, no. 3 (August 2019): 112–128.

③ Housing Bureau, Policy Programme: The 1997 Policy Address, https://www.policyaddress.gov.hk/pa97/english/phb.htm.

们的影响力，推动否决了董建华的住房计划。这些大亨欺骗了政府，让政府相信他们是最清楚如何保持香港稳定的人。事实证明，这是一个虚假的承诺。相反，如果中央政府当初听取董建华的建议，在 20 年的时间里建成 170 万套公共住房，那么香港的公众示威活动可能会减少，甚至不会发生。西方流行的说法是：香港的斗争是自由斗士和专制的中央政府之间的斗争。但真正的斗争其实是无家可归的工人阶级和一些房地产大亨之间的斗争。好在目前还不算太晚。中央政府可以利用其影响力和资源，说服香港政府启动一项大规模的公共住房计划，还可以建议那几位香港大亨撤回对这一计划的反对意见。

然而，所有这些战略克制的事实，以及对中国共产党提供全球公共产品的描述，都引发了一个明显的道德哲学问题：让中国人民服从中国共产党的一党领导，从而让全世界享有理性的全球公共政策的好处，这公平吗？美国人也从中国理性的全球公共政策中受益了。因此，有人也许会问：中国公民被剥夺了美国人享受的自由，美国人却从中国人缺乏的权利中受益，这公平吗？

所有这类问题都基于一个假设：美国人充满活力，生活欣欣向荣，中国人则不然。然而，事实并非如此。正如本章所述，在过去 30 年里，美国是唯一一个底层 50％的人口平均收入下降的发达国家。同一时期，中国人民的生活水平却得到了史上最大的提高。美国人对这一说法的明显驳斥是：中国人还没有享有美国人拥有的政治权利。但事实上，中国人民更加重视社会和谐与社会福祉。对中国人的评价必须考虑到他们丰富悠久的历史。

在漫长的中国历史中，人民经历了王朝统治的良性发展时期

（例如公元 618—907 年的唐朝）以及混乱和分裂的时期。中国共产党执政 70 年的记录与之相比又如何呢？在中国共产党执政的前 30 年，即 1949—1979 年，中国人民的生活条件（如卫生和教育）确实有一些改善，但也蒙受了许多苦难。在 1979—2019 年的 40 年里，中国人民的生活条件有了极大改善，这是在中国历史上任何一个朝代都不曾有过的。值得留心的是，中国好的治理通常持续两三个世纪。中国共产党迄今的记录表明，它的治理可能会持续很长时间，尤其是因为这是中国历史上第一个帮助中国底层 50％ 的人口摆脱贫困的执政党。几千年来，绝大多数中国人都在为生存而挣扎。在饥荒年月里，数百万人会死亡，比如 1876—1879 年中国北方大饥荒（死亡 1 300 万人），1907 年的中国大饥荒（死亡 2 500 万人），以及震惊世人的 1959—1961 年的中国大饥荒。有着长远眼光的未来历史学家，将会对中国共产党取得的成就感到惊叹。

西方人认为中国人民没有组织政党、在自由媒体上发表言论和投票选举领导人的自由，进而认为中国人民一定受到了压迫。然而，中国人不拿自己的状况与其他国家的情况相比较。相反，他们拿现在拥有的与过去的经历相比较。他们能看到的是，他们拥有了有史以来最大程度的个人自由。1980 年，当我第一次去中国时，中国人根本无法选择住在哪里、穿什么、在哪里学习或从事什么工作。当时也没有中国游客出国旅行。但今天，中国人可以选择住在哪里、穿什么、在哪里学习（包括去海外），以及从事什么工作。不仅如此，每年还有 1.34 亿中国人选择出国旅游，包括去北美和欧洲的国家，以及去日本和韩国等亚洲邻国。

更令人惊讶的是，这1.34亿中国人也自由地选择了从度假地回到中国。

如果中国确实是一个充满黑暗和压迫的"中式劳改营"，那么1.34亿中国游客将不会选择回国。他们会寻求难民身份。因此，中国人正经历着中国历史上个人自由获得最大进步的时期，但却被西方人想象成中国历史上一个相对黑暗的时期，这真是充满矛盾。关于中国，大多数美国人不知道的一个明确而又不可否认的事实是：中国人民信任他们的政府。独立的国际调查也证实了这一点。《2018年爱德曼信任度调查报告》显示了几个国家的信任度，发现在国内民众信任政府方面，中国排名第一，美国却排名第十五，中国的得分（84%）也是美国（33%）的两倍多（见图6.1）。

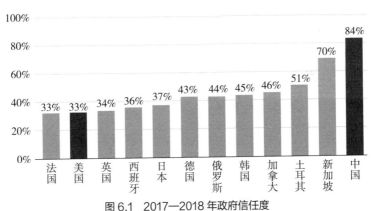

图6.1 2017—2018年政府信任度

数据来源：《2018年爱德曼信任度调查报告》。[1]
图片来源：由帕蒂·伊萨克斯绘制。

---

[1] Niall McCarthy, "The Countries That Trust Their Government Most and Least," *Forbes*, January 22, 2018, https://www.forbes.com/sites/niallmccarthy/2018/01/22/the-countries-that-trust-their-government-most-and-least-infographic/ #6fef5fd1777a.

索罗斯说对了一个重要的政治事实。中国过去存在政治压迫。所有基于威权模式的政府都别无选择，只能压制政治异议，数千年来，中国历朝历代的皇帝皆须如此行事。然而，如果镇压是政府统治的唯一目标和手段，那么这种政府就无法也不可能持续存在下去。在 21 世纪，一个明智的中国政府知道，它必须平衡好三个部分冲突的目标，以确保构建起一个健康的中国社会。这三个目标就是：经济增长、社会稳定与个人自由。

经济增长至关重要，有两个关键原因：一是为了提高中国广大人民的生活水平，二是使中国崛起。这两个目标都在引人注目的改革中实现了。1981 年，即邓小平于 1978 年启动经济改革计划后不久，超过 50% 的中国人生活在极端贫困之中。[1] 今天，只有不到 5% 的人生活在极端贫困中。[2] 在谈到中国经济腾飞时，就连王赓武教授这种经验丰富的观察家也评论说："很少有人预料到中国的脱贫进展如此之快。"[3] 经济增长使中国成为一个强大的国家。2000 年，美国的经济规模是中国的 8 倍；2018 年，这一数字是 1.5 倍。再过一二十年，中国的经济规模将超过美国。经济增长是中国的一个关键目标。

然而，经济增长，尤其是在中国现在选择的自由市场体系

---

[1] Martin Ravallion and Shaohua Chen, "China's (Uneven) Progress Against Poverty," *Journal of Development Economics* 82 (2007): 1–42, http://siteresources.worldbank.org/PGLP/Resources/ShaohuaPaper.pdf.

[2] World Bank, "China," Poverty & Equity Data Portal, http://povertydata.worldbank.org/poverty/country/CHN.

[3] Wang Gungwu, *China Reconnects: Joining a Deep-Rooted Past to a New World Order* (Singapore: World Scientific, 2019), 16.

中，可能会对政治造成影响。美国人都清楚，金钱是主导政治的力量：自理查德·尼克松以来，每一位共和党总统候选人在成为总统之前都是千万富翁；像唐纳德·特朗普、罗斯·佩罗、迈克尔·布隆伯格、霍华德·舒尔茨和汤姆·斯泰尔这样的亿万富翁也都有政治野心，并且活跃在政坛上。乔治·索罗斯和科赫兄弟虽然没有竞选公职，但为政治活动提供了大量资金。欧洲历史告诉我们：当资本主义催生出能够挑战现有政治权威的新中产阶级时，封建文化才被最有效地摧毁了。中国的中产阶级人口数量正在激增。麦肯锡的一份报告称："2000 年，只有 4% 的中国城市家庭属于（中产阶级），而 2012 年这一比例为 68%。"[1] 2015 年，英国《每日电讯报》报道称，中国现在拥有世界上最大的中产阶级群体。[2] 然而在美国，亿万富翁的数量激增了，中产阶级却在减少。

西方政治理论告诉我们，一个庞大的中产阶级的崛起会促使他们寻求更多的政治参与。如果政府无视他们的要求，便可能导致一场革命在街头爆发，然后政府可能会被推翻。既然中国拥有世界上最大的中产阶级群体，为什么他们不反抗共产党"专制的非民主统治"呢？对此，西方社会的例行回答是：镇压阻止了这种情形。但是几千年来，每一个中国政府都知道，如果绝大多数

---

[1] Dominic Barton, Yougang Chen, and Amy Jin, "Mapping China's Middle Class," *McKinsey Quarterly*, June 2013, https://www.mckinsey.com/industries/retail/our-insights/mapping-chinas-middle-class.

[2] Agency, "China's Middle Class Overtakes US as Largest in the World," *Telegraph* (London), October 14, 2015, https://www.telegraph.co.uk/finance/china-business/11929794/Chinas-middle-class-overtakes-US-as-largest-in-the-world.html.

中国人民选择反抗，再多的镇压也压制不了。这也是为何在传统的中国政治理论中，当起义遍地爆发时，中国皇帝会被视作丧失了"天命"。对这一概念，国际关系学者卢克·格兰维尔解释道：

> 在公元前 770 年至公元前 221 年的 500 多年时间里，中国古代形成了一种独立王国的体系。这些年间，儒家学者，尤其是孟子，发展出一种以"仁"为道德基础的政治哲学。孟子借鉴了孔子的思想和中国早期的"天命"思想，主张"天为民立君"。统治者只有获得人民的支持才会拥有天命，因为天意是通过"民心"来传达的。反之，人民也可以正当地要求他们的统治者担起责任。他们有权驱逐一个独夫，甚至杀死一个暴君。①

因此，镇压并不能使中国的中产阶级保持平静。他们大多数人接受了中国人民和中国政府之间达成的一种"隐性社会契约"：只要中国政府继续推动经济增长（改善生活条件和生活环境），保持社会和政治稳定，中国人民就会接受共产党的领导。如果认为广大中国人民清醒又理性——他们确实如此，那么他们希望看到共产党继续领导中国就再自然不过了，因为共产党给中国人民带来的生活改善比历朝历代都要大得多。中国没有频繁开展民意调查，但偶尔会进行一些。所有这些调查都表明，中国人民是世界上满意度最高、最乐观的群体之一。根据皮尤 2015 年的一项

---

① Luke Glanville, "Retaining the Mandate of Heaven: Sovereign Accountability in Ancient China," *Millennium* 39, no. 2 (December 2010): 323–343.

调查，88%的中国人认为，他们的孩子长大后面临的经济状况会比父母一代更好，相形之下，其他新兴国家的比例中值为51%，美国为32%。[1] 如果中国人民真的遭受着"镇压"，那么民意调查会显示出这种信心吗？

中国政府不能仅仅依靠镇压来保持政治稳定，还有一个功能性的原因。说到底，只有当人们感到有足够的自由去追逐自己的梦想时，一个社会才会繁荣。数千年来，中国的统治者清楚，一位英明的皇帝不会对自己的人民作威作福。因此，罗纳德·里根不得不援引中国的政治智慧来描述明智而有益的规则，他用老子的话说："治大国，若烹小鲜。"[2]

只需要比较一下中国共产党和苏联共产党如何处理国家与公民的关系，就能看出相较于苏联而言，中国并没有那么压抑。苏联不允许任何国民出国旅行，因为担心他们回国时带回可能威胁苏联共产党统治的思想；而中国允许1.34亿人自由出境。苏联还严格控制入境外国游客的数量，"在斯大林统治时期，苏联几乎不存在外国旅游。国际旅游业发展的第一阶段始于赫鲁晓夫改革时期，即20世纪50年代末至60年代初，当时……苏联需要硬通货，并希望通过向外国人展示一些精心挑选的景点来获得政治利益。同期，国内大部分地区仍然不对国际游客开放……"1975年

---

[1] Bruce Stokes, "Global Publics: Economic Conditions Are Bad," Pew Research Center, July 23, 2015, http://www.pewglobal.org/2015/07/23/global-publics-economic-conditions-are-bad/.

[2] Ronald Reagan, "Transcript of Reagan's State of the Union Message to Nation," *New York Times*, January 26, 1988, https://www.nytimes.com/1988/01/26/us/transcript-of-reagan-s-state-of-the-union-message-to-nation.html.

签署《赫尔辛基协定》以后，"外国游客的数量从 1956 年的不到 50 万人次增加到 1981 年的 500 多万人次，1988 年时增至 600 多万人次"。然而，大多数外国游客来自苏联集团国家，"1972 年，他们占外国游客总量的 62%，1988 年，占到 67%"。[1]简言之，很少有外国游客去苏联。相形之下，去往中国的外国游客数量激增。2018 年，中国总共接待外国游客 1.41 亿人次。[2]

苏联绝对不会允许本国最优秀、最聪明的年轻人的思想遭到美国大学里放任的学术自由的腐蚀。然而，中国却派出了数百万名非常优秀和聪明的人。在 2016—2017 年短短一年的时间里，就有 35.1 万名中国学生在美国留学。2016 年，中国有 54.45 万人出国留学，是 2008 年出国留学人数 17.98 万的 3 倍多。[3]

与苏联相比，中国人民享有的相对自由也表现在赴中国的游客不会认为中国是一个警察国家。我去过乌鲁木齐和喀什，除了这类城市，在中国其他城市的街头你几乎看不到警察。中国的社会秩序相对较好，这是中国人自愿遵守社会规则和规范使然。在幸福感方面，中国底层人口与美国底层人口之间也有着显著的差别。就人均收入而言，美国底层人口更富裕。然而，从社会进步角度看，中国底层人口的平均收入虽然起点更低，但增长速度要

---

[1]　V. Arefyev and Z. Mieczkowski, "International Tourism in the Soviet Union in the Era of Glasnost and Perestroyka," *Journal of Travel Research* 29, no. 4 (April 1991): 2–6.

[2]　"China's Inbound Tourism Remains Steady in 2018," State Council, People's Republic of China, February 6, 2019, http://english.gov.cn/archive/statistics/2019/02/06/content_281476510410482.htm.

[3]　"More Chinese Students Study Abroad," *China Daily*, March 30, 2018, http://www.chinadaily.com.cn/a/201803/30/WS5abe02d6a3105cdcf65156e2.html.

快得多。从我的同事、新加坡国立大学的柯成兴教授提供的资料看，相比之下，1980—2010 年，美国底层人口的平均收入在不断下降。[①]

政治哲学家约翰·罗尔斯在《正义论》中写道，当一个人不知道自己会出生在一个社会的最优势还是最弱势群体中时，最公正的社会是一个人愿意选择出生于此的社会。理性的选择是选择那些最弱势的人能够生活得更好的社会。罗尔斯写道：

> 在实际确认最弱势群体时，几乎无法避免某种程度上的随意性。一种可能的做法是选择某一特定的社会地位，如业务不熟练工人的地位，然后把所有具有相似或更少收入和财富的人算作地位最不利的人。另一种做法是只根据相对收入和财产来做出判断，而不管其社会地位如何。例如，所有收入和财富不到中位数一半的人，都可以被视作最弱势的群体。这种标准只取决于分配中收入低下的那一半人，其优点是把注意力放在最弱势群体和普通公民之间的差距上。无论上述哪种做法，都可能覆盖最弱势群体，并为制定合理的社会最低标准提供基础，再配合其他措施，社会就可以推进履行差别原则。[②]

---

① Danny Quah, "The US Is, Indeed, the Exceptional Nation: Income Dynamics in the Bottom 50%," Lee Kuan Yew School of Public Policy, January 2019, http://www.dannyquah.com/Quilled/Output/2019.01-Danny.Quah-Income-Dynamics-in-the-Bottom-50.pdf.

② John Rawls, *A Theory of Justice*, rev. ed. (Cambridge, MA: Belknap Press, 1999), 81.

根据这些标准，一个理性的人会选择出生在中国的最弱势群体中还是美国的最弱势群体中？理论上，答案应该是美国，因为美国更富有。事实上，也很可能是中国，因为中国的最弱势群体比美国的最弱势群体有更大的机会去提升生活水平。约翰·罗尔斯还强调，一个人做出选择时不应该只考虑经济条件。自由也应作为一个关键考量因素。如果罗尔斯只是说政治自由，那么人们可能会再次选择出生在美国。然而，如果把个人自由也考虑在内，那么他很可能选择中国，因为在美国被监禁的可能性（如果一个人出生在底层 10% 的群体中，尤其是黑人）至少比在中国高五倍。美国将 0.655% 的人（212 万人）投入了监狱。相形之下，中国只有 0.118% 的人（165 万人）进了监狱。2019 年，一项研究试图搞清美国哪个种族的家庭成员在监狱服刑的比例最高。所有美国人的平均值是 45%。白人为 42%，西班牙裔为 48%，黑人为 63%。[①]

美国的司法系统更独立，许多功能也优于中国的司法系统。然而，我同一位在美国非政府组织担任高级职位的美国人有过一次非常有趣的交流。十多年来，他一直与中国的法官一起工作。他离开中国时有两个主要印象：一是在千篇一律的外表下，中国法官们有着丰富多样的观点，在私下交流时会显露出来；二是中国法官注重平等对待各个阶层。有一次，一位美国法律顾问好意地对一名中国法官说，中国应该考虑对所有罪行——除了谋杀罪以外——废除死刑。中国法官机智地回答说，执行这一规则，将使中国的司法系统

---

①   Peter K. Enns et al., "What Percentage of Americans Have Ever Had a Family Member Incarcerated?: Evidence from the Family History of Incarceration Survey (FamHIS)," *Socius: Sociological Research for a Dynamic World* 5 (January 2019).

变得像美国一样，被送上绞刑架的只有穷人，没有富人。

总之，以各种社会公正标准来衡量，中国的社会状况可能并不差，因为人们的富裕程度越高，自愿维护良好社会秩序的既得利益就越大。在中国人的思想中，有一个西方人难以理解的方面，即喜欢秩序，他们也喜欢采取能更好维护秩序的措施。这种偏好使中国民众和西方对中国政府为维持社会秩序而采取的新措施——社会信用计划——有着截然不同的反应。博古睿研究院的宋冰对社会信用体系的描述如下：

> 在 2014 年的一份文件中，中国政府概述了对这一体系的构想，指出它包含四个不同的方面：政府信任体系、商业信用体系、社会信任体系和司法信任体系。这个庞大的项目致力于在中国社会中建立起信任文化。[①]

乔治·索罗斯抓住了西方对社会信用体系持负面态度的核心，他唯一能够想到的就是，中国在推行奥威尔式的愿景，即国家可以完全控制人民的生活。2018 年 10 月，美国副总统迈克·彭斯在哈德逊研究所发表演讲时也明确表示："中国的领导人旨在实施一种建立在控制人类生活方方面面基础上的奥威尔式的体系。"

乔治·奥威尔在《1984》中对这种社会的描述如下："当然，

---

① Bing Song, "The West May Be Wrong About China's Social Credit System," *Washington Post*, November 29, 2018, https://www.washingtonpost.com/news/theworldpost/wp/2018/11/29/social-credit/?noredirect=on&utm_term=.69d772fd4953.

无从知道，在某一特定时刻，你的一言一行是否都在被人监视着。思想警察究竟多么平常，或者根据什么安排在监听某个人的电话线路，你就只能猜测了。甚至可以想象，他们对每个人都是从头到尾一直在监视着的。反正不论什么时候，只要他们高兴，就可以接上你的电话线路。你只能在这样的假设下生活：你发出的每一个声音，都是有人听着的；你做的每一个动作，除非在黑暗中，都是有人仔细观察着的。你早已这样生活了，刚开始是习惯，后来就成了本能。"

然而，当西方媒体报道中国民众对引入社会信用体系的反应时，他们发现，大多数人对此表示欢迎，因为这样中国民众就能知道在社会和经济交往中谁可以信任。《纽约时报》报道称："在一个新闻媒体被政府控制的国家，判断中国公众的反应可能很困难。不过，截至目前，普通中国公民似乎没有太多担忧。从超速行驶到袭击事件等，对所有这些情况的执法不稳定意味着中国专制政府的长臂远离日常生活。因此，许多人对法律和秩序方面的新尝试感到高兴。"①

中国人珍视秩序有一个关键原因：大家彼此住得很近。傅立民大使对此做过很好的解释。2019 年 2 月 12 日，在佛罗里达州举行的圣彼得堡世界事务会议上，傅立民在演讲中对中国的人口结构予以评论：

---

① Paul Mozur, "Inside China's Dystopian Dreams: A.I., Shame and Lots of Cameras," *New York Times*, July 8, 2018, https://www.nytimes.com/2018/07/08/business/china-surveillance-technology.html.

中国略大于美国，占世界陆地面积的 6.3％，美国则占 6.1％。但中国有 14 亿人口，耕地只有美国的 1/3，水资源只有美国的 1/4。如果我们的人口与农业资源的比例和中国的一样，那么会有接近 40 亿美国人——其中 6 亿人超过 65 岁——可能计划在佛罗里达州退休。……我怀疑，如果有那么多人涌入美国，美国人对社会混乱的容忍度会变得更低，对计划生育的态度也会与现在不同。我们还会更担心个人安全和生存的前景。中国人敏锐地感到他们犯错误的余地很小。这使他们天然地规避风险，而且他们在外交事务的大多数方面比现在的我们更具预见性。

尽管中国的社会和政治秩序与西方截然不同，但 14 亿人口却享有着相对舒适的生活，这应该促使西方进行深刻反省。如果所有社会想要发展和进步，就只有一条道路可走，这样的想法是否明智？我们是否正在转向人类历史的一个新的角落，在那里，涌现了社会和经济发展的替代模式。印度政治学家普拉塔普·巴努·梅赫塔提醒我，印度和中国之间存在着显著差异。他敏锐地观察到，印度是一个思想封闭的开放社会，中国却是一个思想开放的封闭社会。美国社会也是一个思想封闭的开放社会。

美国思想家和公共知识分子在认知及理解中国时，心态尤其封闭。美国的分析人士在分析政治制度时，倾向于持有黑白分明的世界观：开放或封闭的社会，民主或集权的社会，自由或专制的社会。然而，我们已经远离了西方主宰世界历史的 200 年异常时期，我们也在远离一个黑白分明的世界。世界不同地区的社会，将在自由与秩序、自由与控制、纷争与和谐之间寻找新的平衡。

在 20 世纪 20 年代，在中国社会最绝望的时刻，许多中国知识分子（正如明治维新时期的日本改革者）说，全盘照搬西方模式是中国前进的唯一道路。华裔历史学家周策纵写道："鲁迅宣称中国人应该为自己而非祖先而活。学习现代科学和西方知识比背诵儒家经典更重要。……与其崇拜孔丘和关羽，还不如崇拜达尔文、易卜生。与其祭拜'瘟将军'和'五道神'，还不如崇拜阿波罗。……鲁迅真诚地奉行现实主义和实用主义的观点，他问道，如果新的比旧的更有用，为什么还要为新事物来自中国还是外国而烦恼呢？"[1]100 年后，中国不再颓废。中国站起来了，变得自信了。在欧洲和美国近期遭遇阵痛后，很少有中国人认为中国在 21 世纪的命运是模仿西方。相反，他们认为中国应该走自己的道路。中国道路将是对人类历史的一个有趣补充。

约翰·梅纳德·凯恩斯说过一句名言："当事实发生变化时，我就改变自己的想法。你会怎样做呢？"过去 30 年里，最大的事实就是，世界上许多尝试过西方自由民主制度的社会意识到这种制度并不适合它们。甚至在某些情况下，这种制度会引发灾难。西方自由主义思想家可以做一项很好的研究：对冷战结束后西方发起的所有"颜色革命"进行一次客观的评估（"颜色革命"通常是指非暴力民间抵抗运动。鉴于一些抗议者在示威活动中以颜色或图案作为象征，故得名）。有多少"颜色革命"取得了成

---

[1] Chow Tse-tsung, *The May Fourth Movement: Intellectual Revolution in Modern China* (Cambridge, MA: Harvard University Press, 1960), 309.

功？又有多少失败了？下面是一份粗略的分析。

华沙条约组织中的一些国家通过民主革命成功推翻了共产党政权，比如波兰、匈牙利、捷克和斯洛伐克正在蓬勃发展。然而，它们的成功是非比寻常的。它们的成功，是基于自身已经拥有了大量的中产阶级，而且很轻松地加入了富裕的欧盟，并从欧盟那里获得了大量资源输入。反之，昔日的苏联加盟共和国，包括格鲁吉亚、乌克兰和吉尔吉斯斯坦，仍在努力实现政治稳定。外交政策研究所的梅琳达·哈林撰文指出，这三个国家民主革命的失败源于它们普遍有一种错觉，即认为革命是"民主的巅峰"，但实际上，革命只是实现民主的一种手段。这种错觉导致领导人劫持革命，退回到专制统治。例如，在吉尔吉斯斯坦，"郁金香革命"的领导人库尔曼别克·巴基耶夫"迅速确立了自己的政治强人形象"。[1] 同样，在埃及和利比亚，一度受到西方知识分子大力声援的革命也没有改善社会情况。利比亚仍是一个支离破碎的国家。卡扎菲的下台导致了利比亚的分裂与持续的内战和冲突，这个国家一直没有恢复元气。美国人悲痛于美国驻利比亚大使克里斯多佛·史蒂文森在班加西丧命。他不必要的牺牲值得哀悼。但是，有更多利比亚人在卡扎菲下台后的乱局和破坏中丢掉了性命。作为一个国家，美国有一种独特的能力，既表现得合乎道德——在支持"颜色革命"时，又表现得不合乎道德——在回避"颜色革命"造成的后果时。在美国许多有识之士的共同记忆

---

[1] Melinda Haring and Michael Cecire, "Why the Color Revolutions Failed," *Foreign Policy*, March 18, 2013, https://foreignpolicy.com/2013/03/18/why-the-color-revolutions-failed/.

中，干预合乎道德的方面被铭记了，而干预不合乎道德的方面很快就会被遗忘。总之，大多数民主革命都没能带来广泛的繁荣和民主。

也许，对近期所有"颜色革命"做过最深入研究的国家当属中国。如果中国政府不去研究它们，那将是不负责任的，因为任何潜在对手，包括美国，要想动摇中国政府强大的领导，显然都会想方设法在中国发动一场"颜色革命"。大多数美国人相信民主没有害处，所以他们认为，如果有一场自发的"颜色革命"推翻了中国共产党，那绝对是一件大好事。

这种信仰听起来既天真又合乎道德。但正是因为有这种信仰，美国才非常危险，因为中国人认为这种信仰既具破坏性又不道德。要理解中国人的观点，美国人可以回想当本·拉登发动"9·11"恐怖袭击并杀死近3 000名美国人时自己的感受。袭击发生时，我正在曼哈顿。我目睹过美国人看到这么多无辜的人在本·拉登的恐怖袭击中遇害时的困惑、悲伤和愤怒。报复的愿望强烈到难以遏制。这完全可以理解。结果是美国予以反击，入侵了阿富汗。

回忆起被深刻铭记的"9·11"事件，美国人就可以开始理解，如果成千上万（乃至数百万）中国人在美国发起的"颜色革命"的混乱中丧生，中国人会有何感想了。"数百万"这一数字并非夸张。如果数百万人因此丧生，不难想象，中国人民会做出爆发性和愤怒的回应。支持"颜色革命"的美国人也许坚信自己的意图高尚又道德。然而，如果结果是灾难性的，就像近期的"颜色革命"一样，中国人的愤怒和凌厉反应也完全是理所当然的。

如果美国想在与中国打交道时推进"道德"议程，那么践行道德的最佳方式就是不要干涉中国内政，因为这么做会导致危险的混乱，甚至造成数百万人丧生。

这并不意味着中国现行的政治体制将一成不变。如果中国的政权不再符合人民的愿望和呼声，它就无法持续存在。理论上，中国政府可以利用一切强大的镇压手段以实现永远掌权。然而，一个仅仅依靠镇压来维持政权的中国政府，将永远无法达成"实现中华民族伟大复兴的中国梦"[①]这一宏伟目标。

不过，中国的政治体制也很有弹性，并不脆弱。为何会如此？世界上很少有人知道中国治理的"大秘密"，这颇令人惊讶。中国的政治体制之所以具有弹性，主要是因为中国拥有世界上最聪明的政府之一。每个社会都有一个智商金字塔。在许多社会，由于腐败或封建思想的残余，统治阶层并非是择优选拔出来的。中国政府之所以能在世界上出类拔萃，是因为它是纪律最严明的政府，会挑选最优秀的人才加入政府队伍。

同时，与昔日苏联僵化、缺乏弹性的官僚体制相比，中国的体制已经变得反应灵敏且能担起责任。密歇根大学安娜堡分校政治学教授洪源远如此描述中国已经进行的改革：

[①] Xi Jinping, "Secure a Decisive Victory in Building a Moderately Prosperous Society in All Respects and Strive for the Great Success of Socialism with Chinese Characteristics for a New Era," speech delivered at the 19th National Congress of the Communist Party of China, October 18, 2017, http://www.xinhuanet.com/english/download/Xi_Jinping's_report_at_19th_CPC_National_Congress.pdf.

自 1978 年开放市场以来，中国实际上一直在进行重大的政治改革——只不过未以西方观察家所期望的方式进行。中国共产党没有实施多党制选举，没有正式保护个人权利，也没有放开言论自由，而是在表面之下进行改革，在不放弃一党制的同时改革其庞大的官僚机构，以实现民主化的许多益处，尤其是问责制、竞争制和对权力的部分限制。

这些改革看起来枯燥乏味、无关政治，但实际上它们创造出一种独特的混合模式：具有民主特征的专制制度。在实践中，中国公共行政部门对规则和激励措施的调整，已悄然将僵化的共产主义官僚机构转变为一台有着高度适应性的资本主义机器。[1]

这既精辟地阐释了中国在经济和社会发展方面取得的非凡进步，也解释了中国人民对治理阶层的高度信任。2017 年，吴志明和里马·威尔克斯开展的一项关于亚洲社会政治信任的研究表明，中国与大多数亚洲国家不同，在中国，人们不仅对中央政府抱有很高的信任度，而且对中央政府的信任度还高于对地方政府的。[2]

---

[1] Yuen Yuen Ang, "Autocracy with Chinese Characteristics: Beijing's Behind-the-Scenes Reforms," *Foreign Affairs*, May/June 2018, https://deepblue.lib.umich.edu/bitstream/handle/2027.42/148140/Autocracy%20With%20Chinese%20Characteristics%2C%20posted%20version.pdf?sequence=1&isAllowed=y.

[2] Cary Wu and Rima Wilkes, "Local-National Political Trust Patterns: Why China Is an Exception," *International Political Science Review* 39, no. 4 (September 2018): 436–454.

出于对共产党的偏见，西方学者和评论人士不认为中国共产党是一个运转良好的治理工具。鉴于此，西方学者很少客观理性地评论中国共产党，这不足为奇。理查德·麦格雷戈写下的《党》一书，就提供了错误分析中国共产党的例子，他这样写道："中国共产党的治理在许多方面都是腐朽的、代价昂贵的、腐败的，并且常常失灵。金融危机又给这个体系增加了一点危险的傲慢情绪。但这个制度也被证明是灵活多变的，足以吸收所有扑向它的东西，这令许多西方国家感到震惊和恐惧。"①

此处有一个明显的矛盾，以至于它必然表明作者非常不愿意承认一个事实：他希望看到一个腐朽的制度，然而事实上这个制度根本不腐朽。他不愿意承认现任中国领导人对腐败的蛛丝马迹高度警惕，并想公开地根除腐败。这究竟表明中国政府是一个腐败的政府，还是一个决心根除腐败的政府？尽管中国共产党是共产主义者，但其"灵活多变"的一个原因是，它的名字中有"中国"二字。受过良好教育的中国人的思想是非常开放、灵活且富有洞察力的。大多数中国领导人，包括受过西方教育的现代中国领导人，都涉猎中国思想经典著作。熟读经典又使他们对许多中国古代哲学充满兴趣——中华文化是有思想的。他们从中明白：任何中国领导人如果僵化、意识形态化和教条主义，都将犯下严重的错误。因此，许多中国领导人重申他们致力于继承马克思的事业，但他们也知道，在实践中必须灵活地加以调整和实施。在中国共产党的领导下，中国古代的治国传统得以延续。

---

① Richard McGregor, *The Party: The Secret World of China's Communist Rulers* (London:Allen Lane, 2010), 273.

西方误解中国共产党的最大原因是，西方把注意力集中在"共产主义"一词而非"中国"二字上。中国人虽然并未成功地建立起一个完善的治理体系，但他们目前的制度确实反映了中国几千年的政治传统和智慧。中国政府并未向中国人民施加重担。中国共产党也不会积极干涉公民的日常生活。事实上，在中国共产党的领导下，中国人民享有的个人自由比在历代政府下都更多。谁更僵化呢？是明确调整了政府和经济体制的中国人，还是认为最高法院应该将1776年的宪法视作不可改变的教条的美国宪政主义者？

许多西方评论人士用一个统计数据来描述中国政治体制的脆弱性：中国每年发生18.7万起抗议活动。维也纳大学研究中国政治的克里斯蒂安·戈贝尔教授解释了很多媒体报道缘何获得这一数字："2011年，美国农村发展研究所发布的一项研究称，有'中国研究人员'表示，2010年中国发生了'18.7万起群体性事件……其中65%与土地纠纷有关'。[①] 根据这一数字，《大西洋月刊》起草了误导性的大标题：中国每天（发生）500起抗议活动。人们不清楚美国农村发展研究所引用的匿名'中国研究人员'提供的数据究竟是如何得出的，但大多数出版物（包括署名作品）都提到了这一数据。然而，这些数据对于更好地理解中国的社会动荡无甚帮助。相反，它们给人的一个强烈感觉是，中国正处于

---

① Yu Gao, "China: One Fire May Be Out, but Tensions over Rural Land Rights Are Still Smoldering," Landesa: Rural Development Institute, February 6, 2012, https://www.landesa.org/china-fire-out-tensions-rural-land-rights-smoldering/.

严重动乱之中。"①

戈贝尔研究了 2013—2016 年发生在中国的 7.4 万起抗议活动，得出结论："中国的抗议活动普遍存在，但往往季节性地发生，参与者不到 30 人。大多数抗议活动发生在中国春节前几天，那时工厂会结算工资，外来务工人员会返乡。大多数抗议活动的核心是经济赔偿，而不是要求实质性权利；抗议活动主要涉及小规模、同质化人群，如农民、小商贩和医疗事故的受害者。"②

任何抗议活动都必须受到中央政府的重视。然而，很明显，这些抗议活动并不被视为主要威胁，因为它们大多是针对地方性问题，而不是针对中央政府的。实际上，抗议的目的就是吸引中央政府的注意，抗议者通常把中央政府视作打击腐败的地方官员的"救星"和"恩人"。

1976 年，我有机会访问莫斯科，当时的苏联共产党似乎强大且无敌。毫无疑问，在莫斯科，人们被政府吓怕了。那是一个自上而下的严酷社会。有一天晚上，当我乘坐火车从莫斯科去往列宁格勒（后改名为圣彼得堡）时，我发现列车上的厕所晚上锁着门。在厕所外面等了一会儿，我才意识到门是被故意锁上的。我去找列车乘务员。最后，我找到一个身材高大、粗鲁的俄罗斯女人，她对我怒目而视。为什么厕所的门被锁上了？因为在共产党执政下的苏联，法律的精神是：任何事情都是被禁止的，除非获得法律的特别允许。没有法律规定火车上的厕所门必须是打开

---

① Christian Göbel, "Social Unrest in China: A Bird's Eye Perspective," October 20, 2017, https://christiangoebel.net/social-unrest-in-china-a-birds-eye-perspective.

② Ibid.

的，因此，它们被锁上了。

任何到访过苏联和中国的人都知道，就个人自由而言，它们是两个截然不同的世界。苏联从未出现过企业家，因为那里没有经济自由。相形之下，中国培养了数以百万计的企业家。每年，中国都会涌现出千千万万的初创企业。中国也从其他现代化城市，如新加坡那里学到了最好的做法，这使人们在上海和深圳——世界上最具创新创业活力的两座城市——开展新业务非常便捷。世界银行发布的《2019 年营商环境报告》监测了北京和上海的营商便利程度，报告指出："在过去一年里，中国为了改善中小企业的营商环境所实施的改革措施数量创下了历史纪录，位列本年度营商环境改善全球前十名。……中国（在过去一年里）实施的改革措施数量居东亚和太平洋地区之首。"

该报告还援引世界银行中国局前局长郝福满的话："在过去一年里，中国在为中小企业改善营商环境方面取得了快速进展，这使中国进入世界排名前五十的经济体之列，这体现出中国政府对培育创新和民营企业的高度重视。"① 世界银行的报告还指出："自去年以来，中国取消了三项程序，如今在中国开办企业只需要九天，同经济合作与发展组织中大多数高收入国家相当。此外，北京是目前世界上仅有的开办企业完全免费的两座城市之一。"② 这里需要强调一个鲜明的观点：除非人们觉得自己有承担

---

① World Bank, "Doing Business Report: China Carries Out Record Business Reforms, Edges into Top 50 Economies," The World Bank press release, October 31, 2018, https://www.worldbank.org/en/news/press-release/2018/10/31/doing-business-report-china-carries-out-record-business-reforms-edges-into-top-50-economies.

② Ibid.

风险和做出个人决定的自由，否则是不可能创业的。

然而，尽管中国已逐步开放（相较于苏联），并允许个人自由爆炸式增长，但中国领导人必须思考一个问题，当前的政治体制，即中国共产党拥有绝对控制权的体制，能否永远持续下去？随着中国社会的发展，中国会出现世界上规模最大，也许是受教育程度最高的中等收入群体——他们也经常到世界各地旅行，这一群体将逐渐要求在管理社会和政治事务方面有更大的发言权，这是再自然不过的事情了。这种需求将会出现。历史还告诉我们，要从威权政治体制过渡到参与性更强的政治体制是很困难的。

意识到挑战并不意味着可以很好地应对它。并非所有过渡都是一样的。东亚的民主制度跟美国或欧洲的不同。在西方政治环境中，同一政党连续执政几十年几乎是不可想象的，然而，在东亚，长期执政已成为常态。日本的自民党虽然在1993—1994年和2009—2012年短暂失势，但实际上已经统治了日本50多年。同样，新加坡的人民行动党从1959年执政至今，已经有60多年了。显然，东亚社会的文化更适应政治连续性和政治稳定性。改变本身并不受欢迎。

那么，美国为何要在中国推行民主呢？民主是绝对可取的，它应该自始至终受到支持。然而，即便是美国的近代史也表明，美国并不一直支持民主。在沙特阿拉伯和埃及建立起稳定的政权，始终是美国至关重要的国家利益。然而，当美国必须在追寻理想和追求利益之间做出选择时，它选择把民主放在一边。这也许是明智的，但显然不是理想主义的。同样，在美苏冷战的大部分时间里，当美国把中国视作对抗苏联的重要伙伴时，也没有试图向中国输出民主。哈佛大学教授江忆恩评论道：

> 中国的人权问题，更不用说民主化，从来都不是美国接触政策实践中的一个突出因素，也没有多少外界施加的压力。不能批评接触政策没有取得成果，因为美国从未认真对待过这个成果，也从没有期望过在这方面取得重大进展。①

傅立民大使也明确指出：

> 那些批评美国与中国接触的政策无济于事，没能使中国民主化以及使中国的人权和经济实践西方化的美国人，现在把未达到他们的预期作为政策失败的证据。但政策成功与否只能用政策设计目标来衡量。不论美国人多么希望或期望中国变得美国化，美国的政策几乎完全是为了改变中国的外部行为，而不是改变它的宪法秩序。②

那么，美国为什么要在中国宣扬民主呢？许多美国人认为，民主天生就比专制好，因为它为个人提供了自由，这种自由反过

---

① Alastair Iain Johnston, "The Failures of the 'Failure of Engagement' with China," *Washington Quarterly* 2, no. 2 (2019): 99–114, https://www.tandfonline.com/doi/abs/10.1080/0163660X.2019.1626688.

② Chas W. Freeman Jr., "Sino-American Interactions, Past and Future," paper prepared for January 2019 conference at Carter Center, Atlanta, Georgia, https://chasfreeman.net/sino-american-interactions-past-and-future%ef%bb%bf/.

来又会帮助个人茁壮成长，充分发挥他们的天赋，从而使一个社会变得更加繁荣和强大。这个信念有很多优点。因此，如果中国也这么做，理论上中国将成为一个生产力水平更高的社会，经济增长将更快。的确，如果这一政治实验获得成功，中国公民的平均生产力能提升至美国公民的一半，那么中国的经济规模将是美国的两倍，甚至有望达到四倍。

可是，让中国的经济规模变为美国的两倍或四倍，真的符合美国的国家利益吗？当前，美国安全机构的一个关键目标是，尽可能长时间地保持美国的主导地位。因此，如果民主是这样一个增长引擎，那么在中国推进民主显然会违背美国的国家利益。鉴于美国的安全机构中充满有思想和智慧的人，他们也许会认为，美国应该立即停止向中国输出民主，以免制造出一个更大的对手。

然而，美国安全机构却继续推动向中国输出民主。为什么呢？因为在实践中，促进民主会产生与理论上相反的效果。它会破坏和削弱社会，而非加强社会。

葡萄牙和西班牙，还有一些东欧国家发生过成功的民主革命。这些国家的共同点是：都拥有发达的社会，拥有强大的中产阶级和成熟的公民文化。同等重要的是，它们的邻国都是强大的、完善的民主国家，可供学习。它们还可以加入欧盟，获得机构建设方面的有力支持。总之，要成功地过渡到稳定和繁荣的民主统治，必须具备若干关键因素。

在其他大多数国家，由于缺失这些关键因素，向民主过渡被证明是灾难性的。南斯拉夫土崩瓦解，大约10万人在冲突中丧生。同样，在苏联解体时，作为主要组成国家的俄罗斯，也因经济崩溃和生灵涂炭而蒙受巨大损失。格鲁吉亚和乌克兰等，则经历了国内冲突。

在近期的历史背景下，许多中国领导人有理由相信：当美国在中国推进民主时，它并非是想让中国变得更强大。美国试图使中国变得更加不和、分裂，遭受混乱的困扰。如果这是中国的命运，那么在未来一个世纪或更长时间里，美国将继续保持世界第一强国的地位，无可匹敌。

这样一个马基雅维利式的目标似乎牵强附会。然而，如果一个大国认为自己的领先地位受到挑战，这将是极为合理的举措。中国领导人毫不怀疑，这才是在中国推动民主的那些美国人的真实目的。因此，他们认为自己别无选择，只能采取一切必要措施，以确保任何削弱、破坏和分裂中国的马基雅维利式的阴谋不会得逞。在这一点上，中国的统治精英有着高度的共识。悠久的中国历史教给中国人民重要的一课：当一个国家的领导人软弱时，这个国家就会分崩离析。

我毕生致力于研究西方哲学，清醒地意识到西方哲学家几千年来一直在争论最佳的政治体制。许多西方人坚信，最佳的政治体制就是民主。然而，西方哲学的奠基人柏拉图曾警告我们，正如爱德华·卢斯提醒的那样："民主是暴民的统治——字面上由'demos'（暴民）和'kratos'（统治）组成。"安德鲁·沙利文认为，特朗普的当选证明了柏拉图的预言。这也是为什么柏拉图说，最佳的统治形式是由一位哲学王来统治。

习近平主席极有可能为中国提供一种哲学王的仁慈领导方

式。他早年吃过很多苦，他努力在党内晋升。他认真研究过这个世界，他的公开讲话都经过深思熟虑，很有分寸，他不会疯狂地发推特。在当今世界，很少有领导人像他那般胜任。如果他能在今后一二十年里使中国保持政治稳定并实现经济增长，他很有可能作为这样一位领袖而青史留名：他最终会将中国从几个世纪的贫困中解放出来，使中国成为一个能够匹敌西方最好经济体的现代化发达经济体。他曾因取消任期限制而备受批评，但这可能是中国拥有的最大的福气之一，这可能是中国在与美国的竞争中获胜的一个关键因素。

然而，即便习近平主席能够为中国带来几十年的稳定和繁荣，作为一个有清醒历史眼光的人，他也会知道：哪怕有一位优秀的领导人，中国也可能出现衰落。乾隆皇帝于 1736—1796 年在位，统治时间长达 60 年，可能是中国最后一位优秀的皇帝。在他去世后的几十年，中国就开始了百年屈辱。

习近平主席的主要挑战将是，在他离任后确保中国继续保持稳定和繁荣。历史告诉我们，这并非易事。除非习近平主席开始组建一支强大的潜在继任者队伍，并加强在他退休后实现顺利接班的制度框架，否则他所有的政绩都可能被湮灭。中国和美国的竞争不会是短期的，这将是一场马拉松。为了确保中国赢得这场马拉松，习近平主席必须将合理的继任机制落实到位。如果他成功地做到了这一点，机会将会朝有利于中国的方向转变。否则，美国可能会赢。

第七章

美德假设

改善中国和美国关系的最大障碍是一个强大而无形的心理构想，它深深地植根于美国人的心中——美德假设。

很难精确地描述这种假设对美国人态度和行为的影响程度与范围，但美德假设无疑为他们如何看待自己以及美国人在世界上的角色奠定了基础。几位美国学者描述了为什么美国人认为自己与众不同。斯蒂芬·沃尔特说："在过去的两个世纪里，杰出的美国人把美国描述为'自由帝国''山巅闪光之城''地球上最后的、最好的希望''自由世界的领袖''不可或缺的国家'。"[①]

他还解释了为什么许多美国人认为美国是世界上最好的国家："'美国例外论'的大部分说法都认为美国的价值观、政治制度和历史是独一无二的，值得全世界钦佩。这些说法还暗示，美国注定也有资格在世界舞台上发挥一种独特而积极的作用。"接着，他又提出一个大多数美国人会反对的说法："这种对美国全球角色沾沾自喜的描述，唯一的错误在于，它基本上是个神话。"

---

① Stephen M. Walt, "The Myth of American Exceptionalism," *Foreign Policy*, October 11, 2011, https://foreignpolicy.com/2011/10/11/the-myth-of-american-exceptionalism/.

我没有尝试总结他那些令人信服的论点，而是将那篇精彩的短文放入了本书附录中，这样美国人就可以读到一位美国同胞是如何令人信服地论证自己的论点："美国拥有独一无二的美德，这种想法也许会安慰美国人，但可惜，事实并非如此。"

美德假设，不仅仅基于美国一直在世界舞台上扮演正面角色的说法（这遭到斯蒂芬·沃尔特的驳斥），还依托于这样一种观点：美国为其公民提供了世界上最佳的生活质量。简言之，在改善公民生活方面，美国是世界上最伟大的国家。

这一信念有着牢固的历史基础。从殖民时代起，美国白人的生活水平就比同期的欧洲人要高。近些年，大约从第二次世界大战结束到1980年，美国大众，包括底层50%的美国人的生活水平有了显著改善。那是一段幸福的时光。20世纪60年代在新加坡长大的我，在观看美国电视情景喜剧，比如《我的三个儿子》和《我爱露西》时非常羡慕，剧中展示了美国中产阶级享有的田园生活，他们住在独立的房子里，房子配有能停放两辆车的车库，房子周围还有宽敞的草坪。显然，那是一个全世界都羡慕美国取得如此社会和经济发展成就的时期。

然而，这一时期结束了。现在，全世界有越来越多睿智的美国观察家发现，美国社会出现了严重的问题。许多关键指标变得很糟糕。新加坡国立大学柯成兴教授的记录显示，1980—2010年的30年光阴里，美国是唯一一个底层50%人口的平均收入停滞不前的发达国家，这个事实相当惊人。在一篇短小精练的论文中，他记录了一些有关美国社会经济状况的事实，非常引人注目。首先，从1980年起，"在随后的30年里，美国底层 50% 人口的平均收入下降了。这从未在世界其他哪个主要国家或经济体中发生过。没有哪个国家的穷人正逐步变得更穷"。[①]
表 7.1 对比了美国、欧盟、中国和亚洲国家（不包括中东）的底层 50% 人口的平均收入水平，此表清晰地显示出美国底层 50% 的人口经历了其他主要国家和地区未遭受过的收入下降。在这份有力的数据记录面前，正如柯成兴所建议的，有必要想想为什么很少有美国人意识到，美国在这方面确实是一个"例外"的国家。

表 7.1　几个国家或地区底层 50% 人口的平均收入[②]　（单位：千欧元）

	1980 年	1990 年	2000 年	2010 年	2015 年
美国	7.8	7.3	6.6	6.8	—
欧盟	8.3	8.2	8.1	9.9	10.3
中国	0.8	1.2	1.3	2.6	3.9
亚洲（不包括中东）	1.1	1.5	1.7	2.3	2.8
全球	1.7	2.0	2.1	2.7	3.0

收入停滞给人们带来很多痛苦和折磨，这在普林斯顿大学两位经济学家——安妮·凯斯和安格斯·迪顿的记录中有所体现。美国的白人工人阶级曾经在心灵上寄托着过上更好生活的美国梦。今天，正如凯斯所说，现实和这种梦想之间横亘着"绝望之海"。她和迪顿总结道："最终，我们认为这些故事描述了受过高中教育的白人工人阶级在 20 世纪 70 年代初全盛期过后的崩溃，

---

① Quah, "The US Is, Indeed, the Exceptional Nation."

② Ibid.

以及同这种衰落伴生的社会异常。"[1] 认真研究凯斯和迪顿的记录后，就会发现糟糕的经济前景是如何"随着时间的推移，又伴随着家庭功能失调、社会隔绝、毒品成瘾、肥胖和其他社会异常情况而加剧的"。[2]

约翰·罗尔斯——美国近代最伟大的道德和政治哲学家之一，会如何看待美国的经济和社会发展轨迹呢？他提出了一项关于如何衡量是否成功实现社会公正的测试："当且仅当境况较佳者的更高期望可以作为提高社会最弱势成员期望的方案的一部分时，才是公正的。"[3] 简言之，美国如果想根据罗尔斯的建议来评判自己是否为世界上最伟大的国家，就应该研究这些数据，看看本国"社会最弱势成员"的情形。

如果罗尔斯还在世，他会震惊地看到最弱势的美国人是多么贫困。美国政治学家杰弗里·温特斯在其著作《寡头政治》里，惊人地描绘了美国的不平等已变得何其可怕：最富有的100个美国家庭的平均财富相对于最贫穷的90%的美国家庭的平均财富，近似于罗马帝国鼎盛时期一位罗马元老院议员和一个奴隶之间的财富差距。[4] 这种不平等的大幅加剧发生在最近几十年里。柯成兴也提供了珍贵的数据，将美国与其他主要地区的不平等加以对

---

[1] Joel Achenbach and Dan Keating, "New Research Identifies a 'Sea of Despair' Among White Working-Class Americans," *Washington Post*, March 23, 2017, https://www.washingtonpost.com/national/health-science/new-research-identifies-a-sea-of-despair-among-white-working-class-americans/2017/03/22/c777ab6e-0da6-11e7-9b0d-d27c98455440_story.html?utm_term=.f16ccaa3e0c5.

[2] Ibid.

[3] John Rawls, *A Theory of Justice* (Cambridge, MA: Belknap Press, 1971), 75.

[4] Jeffrey A. Winters, *Oligarchy* (New York: Cambridge University Press, 2011).

比（见表 7.2）。

表 7.2　收入最高的 1% 人口与收入最低的 50% 人口的平均收入之比[①]

	1980 年	2015 年
美国	41	138（2010 年）
欧盟	24	32
中国	12	47
亚洲（不包括中东）	38	66
世界	100	108

　　柯成兴观察指出："1980 年，美国富人与穷人的平均收入之比为 41。在接下来的 30 年里，这个数字达到 138，增加了不止 3 倍。从表 7.2 中我们可以看出，世界各地的不平等现象都在加剧。"[②]

　　移民到新大陆的人抛弃了欧洲封建制度。美国的开国元勋们致力于创造一个与之截然相反的社会。因此，当我们读到当代美国作家述说当前美国社会与封建时期的欧洲颇具相似之处时，会感到震惊。乔尔·科特金如此描述当今美国的主要分歧："当前的冲突从根本上再现了法国封建时代的终结——由平民组成的第三等级挑战了由教会和贵族组成的第一等级和第二等级的霸权。"他补充道："今天的新封建主义令人回想起 17 世纪和 18 世纪民主革命之前的社会秩序，我们的两个崛起的等级正扮演着以前统治阶级的角色。"[③]

---

① Quah, "The US Is, Indeed, the Exceptional Nation."

② Ibid.

③ Joel Kotkin, "American Renewal: The Real Conflict Is Not Racial or Sexual, It's Between the Ascendant Rich Elites and the Rest of Us," Daily Caller, September 11, 2019, https://dailycaller.com/2019/09/11/middle-working-class-neo-estates-liberal/.

其他有影响力的美国人也记录了美国社会的严重恶化。瑞·达利欧经营着世界上最大、最成功的对冲基金，通过严格的实证研究获得了成功。现在，达利欧将这一研究方法用于理解美国的贫困和不平等。他在他的领英页面详细说明了大多数美国人的生活水平急剧下降，并指出，"处于底层的 60% 的人口，大多数是穷人"，还引用了美国联邦储备委员会最近的一项研究，"如果发生紧急情况，40% 的美国人连 400 美元都筹不到"。[①] 更糟糕的是，达利欧指出，"他们在贫困里越陷越深……在十年时间里，处于底层 1/5 的人上升到中等或更高阶层的概率……从 1990 年的 23% 下降到 2011 年的仅 14%"。这些反映美国社会状况恶化的数据无可辩驳。它让人不再相信美国是一个努力工作就会获得回报的社会。对大多数人来说，回报已然枯竭。"美德本身就是回报"这一陈词滥调显得冷酷且令人怀疑。

为什么美国表现得如此糟糕？可以用两种方式来解释这些数据。第一种是，这一时期是暂时的，类似 1929—1939 年大萧条时期社会经济短暂失调。当时美国很快从危机中恢复元气，并迎来了几十年的繁荣。这次也可能发生类似的情形。美国有望全面复苏，尤其是人们相信美国的民主政治体制具有自我纠正的基因。美国的民主应该确保始终保护大多数人的利益。

---

① Ray Dalio, "Why and How Capitalism Needs to Be Reformed (Part 1)," LinkedIn, April 4, 2019, https://www.linkedin.com/pulse/why-how-capitalism-needs-reformed-ray-dalio/. See also Board of Governors of the Federal Reserve System, *Report on the Economic Well-Being of U.S. Household in 2017*, May 2018, https://www.federalreserve.gov/publications/files/2017-report-economic-well-being-us-households-201805.pdf,quoted in Dalio.

第二种是，这些数据表明美国的政治安排发生了根本性的变化，但却没有被美国人民注意到。每隔 2~4 年，美国人就会投票选举他们的国会议员、参议员、州长和州立法会议代表。然而，在民主运作的表面伪装下，在所有的投票仪式幕后，美国已然成为一个被富有的贵族统治的国家，重大的政治和社会决策都由金钱来指挥。因此，富有阶层可以实现美国社会有史以来最大的财富转移。

罗尔斯解释道："只要那些拥有更多私人收入的人可以利用他们的优势来掌控公共辩论的进程，参与原则所保护的自由就失去了大部分价值。"大约 50 年前，他警告说："如果允许那些拥有更多私人收入的人控制公开辩论的进程，美国的民主将被颠覆。"[①]

这正是在美国最高法院于 2010 年推翻"公民联合会诉联邦选举委员会"这一里程碑式的裁决和其他判决中发生的事情。许多立法机构限制使用金钱来影响政治进程。公共廉政中心的一份报告称："2010 年 1 月公布的对公民联合会的裁决，推翻了企业和工会不得独立出资资助竞选活动的禁令。这给企业和工会开了绿灯，允许它们把无数的钱砸到广告和其他政治工具上，呼吁选民选择或反对某个候选人。"[②]最高法院的这一裁决和其他类似判决的影响甚大，实际上，它们可能正在改变美国的政治体系。马

---

① Rawls, *A Theory of Justice*, 225.

② John Dunbar, "The 'Citizens United' Decision and Why It Matters," The Center for Public Integrity, October 18, 2012, https://publicintegrity.org/federal-politics/the-citizens-united-decision-and-why-it-matters/.

丁·沃尔夫说："最高法院 2010 年对公民联合会的不当裁决表明，公司是人，金钱是言论。事实证明，这是美国迈向富豪政治的一大步。"[1] 美国法律学者劳伦斯·特赖布特别清楚地描述了对公民联合会裁决的愚蠢之处：最高法院"伸手裁决不公正的问题，同时难以置信地淡化，有时甚至默许美国政治中通过行贿以外的手段实现恶意腐败，这些手段很可悲，因为它们是完全合法的"。[2] 法院的这一系列裁决，使美国立法者做出的大量重要的公共政策决定不再反映一人一票的真实结果，因为这背后是金钱操纵了选票。

普林斯顿大学的两位教授记录了美国普通公民是如何失去他们的政治权力和影响力的。马丁·吉伦斯和本杰明·佩奇研究了 1 779 个案例，比较了美国普通公民和群众性利益集团的观点相对于经济精英的观点，对政策结果的影响力。他们发现：

> 代表商业利益的经济精英和有组织的团体对美国政府的政策有实质性的独立影响力，普通公民和群众性利益集团很少或没有独立影响力。……当暂时排除经济精英的偏好和有组织的利益集团的立场时，美国普通公民的偏好似乎只能对公共政策产生极小的、接近于零的、在统计学上不显著的影响。……此外，经济精英的偏好（以其代理

---

[1] Martin Wolf, "Why the US Economy Isn't as Competitive or Free as You Think," *Financial Times*, November 14, 2019, https://www.ft.com/content/97be3f2c-00b1-11ea-b7bc-f3fa4e77dd47.

[2] Laurence H. Tribe, "Dividing 'Citizens United': The Case v. the Controversy," SSRN, March 9, 2015, https://papers.ssrn.com/sol3/papers.cfm?abstract_id=2575865.

人——"富裕"公民的偏好来衡量）比普通公民的偏好对政策变化更能施加独立的影响。……我们的研究结果表明，在美国，大多数人没有参与国家统治——至少在实际决定政策结果的因果意义上没有参与。

他们得出了如下令人震惊的结论：

美国人确实享有民主治理的许多核心特征，如定期选举、言论和结社自由，以及广泛（尽管仍有争议）的特权。但我们认为，如果政策制定由强大的商业组织和少数美国富人主导，那么美国是民主社会的主张就会受到严重的威胁。[①]

过去，美国广大的中产阶级有很大的发言权来决定美国社会的基本方向。如今，他们不再有这样的发言权了。美国国会的决定不是由选民而是由资助者说了算的。最终，美国在运行中越来越不民主。在一个民主社会中，所有公民都有平等的发言权，而美国正相反，它看起来越来越像一个富豪统治的国家，在这里，少数富人拥有不成比例的权力。

2018 年，哥伦比亚大学国际与公共事务学院的学者亚历山大·赫特尔－费尔南德斯、西达·斯考切波和贾森·斯科拉进行

---

① Martin Gilens and Benjamin I. Page, "Testing Theories of American Politics: Elites, Interest Groups, and Average Citizens," *Perspectives on Politics* 12, no. 3 (September 2014):564–581, https://scholar.princeton.edu/sites/default/files/mgilens/files/gilens_and_page_2014_-testing_theories_of_american_politics.doc.pdf.

的一项研究进一步表明：

> 自 2005 年前后开始，新成立的保守和进步捐款人财团——尤其是查尔斯·科赫和大卫·科赫兄弟创立的科赫研讨会和民主联盟，通过不断筹集和输送资金，来参与选举和各种政治组织的合作，从而扩大了富有捐赠者的影响力。……科赫研讨会……允许捐赠被用于围绕繁荣美国人协会来构建一个虚拟的第三政党。繁荣美国人协会是一个包罗万象的政治网络，不仅可以在选举中支持共和党，也能左右其候选人和公职人员在超自由市场政策方向上的偏好。富有的捐赠财团已经成功建立起组织基础结构……当富豪集体将新的议程强加给寻求资金的政治组织时，他们这些资助者就是在重塑美国政治的惯例、目标和权力中心，这远远超出了特殊拨款预算产生的影响。[①]

[①] Alexander Hertel-Fernandez, Theda Skocpol, and Jason Sclar, "When Political Mega-Donors Join Forces: How the Koch Network and the Democracy Alliance Influence Organized U.S. Politics on the Right and Left," *Studies in American Political Development* 32, no. 2 (2018):127–165, doi:10.1017/S0898588X18000081; also available at https://scholar.harvard.edu/files/ahertel/files/donorconsortia-named.pdf. See also page 2 of the PDF: "On the right, the *Koch seminars* directed by Charles and David Koch and their close associates were launched in 2003 as twice-yearly gatherings of very wealthy conservatives aiming to push the Republican Party and U.S. government toward libertarian and ultra-free-market politics... the *Democracy Alliance*—called the 'DA' for short—was launched in 2005 to bring together more than a hundred left-leaning wealthy liberals to meet twice a year and channel contributions to advocacy and constituency organizations operating on the left edge of the Democratic Party."

图 7.1 表明富有的捐赠人每年在捐赠财团中筹集数百万美元用于资助其政治利益。

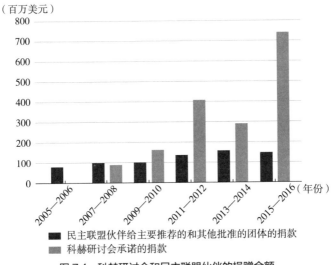

图 7.1 科赫研讨会和民主联盟伙伴的捐赠金额

数据来源：2014 年从民主联盟主席拉马切处获得的数据，还参考了民主联盟的信函数据；科赫研讨会的数据来自媒体报道。

图片来源：由帕蒂·伊萨克斯绘制。

上述研究者由此得出结论：

我们对科赫财团和民主联盟财团的分析表明，大量金钱有机制地——并非通过个人或企业捐赠途径——流入选举和游说活动，并产生了巨大影响。……要了解富人是如何重塑美国政治的，我们不仅要看他们的选举活动和游说支出，还要看他们在触及各个领域和职能部门的形形色色的政治组织里的共同投资。只有这样，我们才能解释马丁·吉伦斯、拉里·巴特尔斯和本杰明·佩奇等研究人员记录的政府响应能力明显不平等的问题。[1]

　　理论上，如果美国人民被剥夺了投票权，他们就会造反。然而，他们的选票实际上已经被富人劫持了，大多数美国人却还没有注意到这一点。《纽约时报》前专栏作家阿南德·格里哈拉达斯在其著作《赢者通吃》里极为详尽地记录了美国中产阶级的梦想是如何切实幻灭的。他说：

　　　　一个成功的社会是一台进步的机器。它吸取创新的原材料，产出广泛的人类进步。然而，美国这台机器坏了。近几十年来，当变革的成果落到美国头上时，几乎全部被幸运的人攫取了。举例来说，自1980年以来，前10%的美国人的平均税前收入翻了一番，前1%的美国人的平均税前收入已经增加了不止3倍，前0.001%的美国人的平均税前收入已上涨逾7倍；同期，处于社会底层的那一半美国人的平均税前收入几乎保持不变。这些熟悉的数字意味着，35年来，令人头晕目眩的惊人变化对1.17亿美国人的平均收入没有产生任何影响。[2]

　　格里哈拉达斯称，美国人民开始"感到"这个制度是不公平的：

---

[1]　Hertel-Fernandez, Skocpol, and Sclar, "When Political Mega-Donors Join Forces," 76 (of the PDF).

[2]　Anand Giridharadas, "Prologue," in *Winners Take All: The Elite Charade of Changing the World* (New York: Alfred A. Knopf, 2018).

因此，数以百万计的美国人，包含左派和右派，都有一个共同的感受：游戏被操纵了，而且专门不利于像他们这样的人。……在意识形态存在分歧的两边，都有越来越多的人认为：现行体制已经崩溃，必须进行改革。[①]

研究政治制度的美国学者喜欢引用阿克顿勋爵那句有名的俏皮话："权力导致腐败。绝对的权力导致绝对的腐败。"引用过后，他们可能在心底悄声说："感谢上帝，我们是在一个分权的民主国家。这种事不可能发生在我们身上。"所有这些学者都应该考虑一下阿克顿勋爵名言的变体："金钱导致腐败。绝对的金钱导致绝对的腐败。"

在美国的政治话语中，应该更多谈及金钱对政治进程的腐蚀效应。在大多数社会中，当个人或公司利用金钱来影响公共政策决策时，这都被称作腐败。在第三世界国家，人们普遍遭受着腐败的困扰，哪怕经常对此无可奈何，但也清楚这么做是非法的。但在美国，人们不认为利用金钱影响公共政策决策是腐败行径，因为最高法院已将它合法化了。

一个巨大的讽刺是，1977年，美国国会通过了《反海外腐败法》，它明令禁止："批准向任何人支付金钱或任何有价值的东西，同时清楚这些金钱或有价值的东西将被全部或部分、直接或间接地提供给或承诺提供给拥有官方权力的外国官员，诱使其违反法律义务采取或不采取某项行为，或为了得到任何不正当利益

---

① Anand Giridharadas, "Prologue," in *Winners Take All: The Elite Charade of Changing the World* (New York: Alfred A. Knopf, 2018).

而协助任何人获得或保留业务、同任何人合作及指导业务。"[1] 实际上，这意味着如果一家美国公司利用金钱影响埃及或印度尼西亚的立法委员，它将受到美国法律的惩罚。然而，如果同一家美国公司使用金钱（通过竞选活动和超级政治行动委员会捐款）影响美国的立法者，它就会被认为是在推动民主进程。

在这里，罗尔斯警告说，如果"允许那些拥有更多私人财富的人利用自身优势来操纵公共辩论的进程"，那么就会产生腐败的结果：

> 最终，这些不平等将使那些处境较佳的人能够对立法进程施加更大的影响。在合适的时机，他们很可能在解决社会问题方面占有优势，至少在他们通常赞成的那些问题上，也就是说，在那些对其有利的事情上占有优势。[2]

这恰恰是过去几十年来所发生的："富人在对其有利的事情上……获得了压倒性的力量。"财富和政治权力也发生了相对转移，从绝大多数美国人手中转移到享有特权的极少数人手中。

在一个真正机会均等的社会里，所有年轻人都享有公平的竞争环境，在其中茁壮成长、发展壮大并脱颖而出，我们本不应看到收入最高的 1% 的人口和收入最低的 50% 的人口之间有着如此之大的收入差距，具体见柯成兴教授的表 7.2。"均等"的机会实

---

[1] "Foreign Corrupt Practices Act," US Department of Justice, https://www.justice.gov/criminal-fraud/foreign-corrupt-practices-act.

[2] Rawls, *A Theory of Justice*, 225.

际上正在消失，这反映在数据记录上。纽约大学的迈克尔·豪特写道："1980 年以后出生的美国人，即千禧一代，无论男性还是女性，与前几代美国人相比，他们向上层社会流动的可能性更低了。"[①]为什么会如此？完整的答案很复杂，但有一个简单的原因是，尽管有许多梯子可供社会底层的人往上爬——上好学校、获得良好的健康护理、住进没有犯罪事件的社区、长在双亲家庭，但所有这些梯子都"恶化"了，安妮·凯斯和安格斯·迪顿在本章开头的记录也说明了这一点。但是美国人才刚刚注意到，还一脸懵懂地质问为什么。

很显然，美国是一个机会均等的社会这一神话并未被打破。尽管有强有力的证据表明实际情况正相反，但美国人仍对机会平等抱持着强大的信念。这种信念可以说明为何极少有美国人仇视亿万富翁："如果我相信自己也能成功，为什么还要仇视那些已经成功的人呢？成功人士的经历表明，我的晋升之门也是敞开的。"在过去 30 年里，从比尔·盖茨到拉里·佩奇，从马克·扎克伯格到杰夫·贝佐斯，许多亿万富翁的经历让"人人都有机会"的"美国梦"保持鲜活。

实际上，美国已经成为一个阶层分化的社会，从社会底层10%上升到社会顶层 10%的可能性极低，而且比世界上许多其他发达国家都要低。《经济学人》近期发布的数据显示："举例来说，一个出生在收入最低的 20%家庭的美国人，长大后进入收

---

① Michael Hout, "Social Mobility," *Pathways: A Magazine on Poverty, Inequality, and Social Policy; State of the Union, Millennial Dilemma*, Special Issue 2019, 29–32, https://inequality.stanford.edu/sites/default/files/Pathways_SOTU_2019.pdf.

入最高的 20% 家庭的概率只有 7.8%。"①《美国经济评论》刊登的一项研究数据显示了几个不同国家实际概率和感知概率的代际流动的差异，见表 7.3。②

在表 7.3 中，最重要的统计数据是左上角的数字：美国有 11.7% 的底层人相信他们能爬到顶层，但实际上只有 7.8% 的人能做到。这在表 7.3 的所有国家中占比最低。与同一列底部的模式正相反。

如果有人问思维缜密、见多识广的美国人，美国和中国哪个国家给社会底层 10% 的孩子爬到顶层 10% 提供了更好的机会，99% 的人会眼都不眨地回答：当然是美国提供了更好的机会。然而，数据显示，中国的社会流动性比美国更大。2018 年 11 月，《纽约时报》报道：

> 同美国一样，中国也有一道贫富差距的鸿沟，而且最穷的中国人比最穷的美国人更穷。世界银行的数据显示，中国有近 5 亿人，约占总人口的 40%，每天的生活费不到 5.5 美元。但从某些方面看，中国社会的不平等程度与美国差不多。

---

① "Americans Overestimate Social Mobility in Their Country," *The Economist*, February 14, 2018, https://www.economist.com/graphic-detail/2018/02/14/americans-overestimate-social-mobility-in-their-country.

② Alberto Alesina, Stefanie Stantcheva, and Edoardo Teso, "Intergenerational Mobility and Preferences for Redistribution," *American Economic Review* 108, no. 2 (2018): 521–554, https://pubs.aeaweb.org/doi/pdfplus/10.1257/aer.20162015.

表 7.3　各国社会底层向顶层流动的实际概率和感知概率

	美国		英国		法国		意大利		瑞典		美国与四个欧洲国家的对比	
	实际值 (1)	感知值 (2)	实际值 (3)	感知值 (4)	实际值 (5)	感知值 (6)	实际值 (7)	感知值 (8)	实际值 (9)	感知值 (10)	美国感知值 (11)	欧洲国家感知值 (12)
从第一段到第五段	7.8	11.7 (0.00)	11.4	10.0 (0.00)	11.2	9.1 (0.00)	10.4	10.1 (0.48)	11.1	9.2 (0.00)	11.7	9.6 (0.00)
从第一段到第四段	12.7	12.0 (0.00)	12.9	10.6 (0.00)	12.8	10.5 (0.00)	15.6	11.2 (0.00)	17.3	11.2 (0.00)	12.0	10.9 (0.00)
从第一段到第三段	18.7	22.3 (0.00)	19.9	19.4 (0.13)	23.0	21.5 (0.00)	21.0	21.9 (0.03)	21.0	24.5 (0.00)	22.3	21.6 (0.06)
从第一段到第二段	27.7	21.8 (0.00)	25.1	22.2 (0.00)	23.8	23.6 (0.55)	25.8	23.1 (0.00)	23.8	23.1 (0.09)	21.8	23.0 (0.00)
从第一段到一段	33.1	32.2 (0.03)	30.6	37.8 (0.00)	29.2	35.3 (0.00)	27.3	33.6 (0.00)	26.7	32.0 (0.00)	32.2	34.9 (0.00)
共同检验得出的观测假设概率		2 170		1 290		1 297		1 242		881	2 170	4 710
		0.00		0.00		0.00		0.00		0.00	0.00	0.00

注：表格的前五行报告了父母收入分布在最底层的五个分段的孩子，成年后将分别处于五个分段（5、4、3、2、1）的平均概率（奇数列）和实际概率（偶数列）。第 11 列和第 12 列显示出美国和四个欧洲国家的感知概率对比，用于检验是假设概率。括号内是同检验得出的假设概率。最后一行显示了共同检验概率是否相等，或美国平均感知概率与四个欧洲国家平均感知概率是否相等。在第 11 列和第 12 列中，美国的平均感知概率与四个欧洲国家的平均感知概率都不同。即平均感知概率与实际概率是否相等，即平均感知概率与实际概率都不同。

值得注意的是，如图 7.2 所示，中国的社会流动性大于美国。《纽约时报》在发布上述报道时还给出了一个案例：

> 徐丽亚，49 岁，曾在中国东部沿海的农业省份浙江省的麦田里劳作。过去，她和家人每周只吃一次肉，她和七个亲戚每晚挤在一个房间里。后来她靠奖学金上了大学，再后来开了一家服装店。现在她拥有两辆小汽车和一套价值 30 多万美元的公寓。她的女儿在北京上大学。她说："长久以来，贫穷和腐败伤害了中国的普通老百姓。今天的社会虽然不完美，但穷人也有机会与富人竞争。"[①]

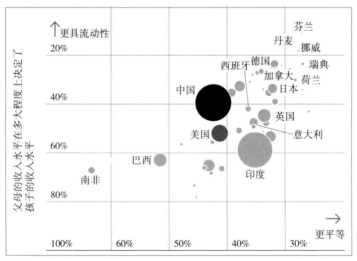

图 7.2　各国的社会流动性

图片来源：由帕蒂·伊萨克斯绘制。

---

① Javier C. Hernández and Quoctrung Bui, "The American Dream Is Alive. In China," *New York Times*, November 18, 2018, https://www.nytimes.com/interactive/2018/11/18/world/asia/china-social-mobility.html.

表 7.4 的数据来自世界不平等数据库，它也记录了在社会平等方面，中国比美国做得更好。[①]1980—2015 年，中国上层 10% 人口的累计总增长率为 1 232%，美国为 124%；但美国上层 10% 人口的总增长率是底层 50% 人口的 41 倍，相比之下，中国的仅为 3 倍多。

表 7.4　社会流动性差异水平

1980—2015 年中国和美国的收入增长与不平等状况				
收入组别	中国		美国	
	平均年增长率	累计总增长率	平均年增长率	累计总增长率
总人口	6.4%	776%	1.4%	63%
底层 50% 人口	4.6%	386%	0.1%	3%
中间 40% 人口	6.2%	733%	1.9%	44%
上层 10% 人口	7.7%	1 232%	2.3%	124%
上层 1% 人口	8.8%	1 800%	3.3%	208%
上层 0.1% 人口	9.5%	2 271%	4.2%	325%
上层 0.01% 人口	10.2%	2 921%	5.0%	460%
上层 0.001% 人口	10.8%	3 524%	5.9%	646%

图片来源：由帕蒂·伊萨克斯绘制。

当大量数据与美国是"机会均等的乐土"这一神话相矛盾时，神话为何还能持续下去？一个答案是：这个神话是美国人身份认同的必不可少的一部分。如果它被剥夺了，美国精神将变得更加贫乏。同样重要的是，机会均等的神话与这个神话相连：美国之所以是一个非常成功的社会，是因为它对个人自由的限制最少。在美国人的语境中，"自由"是一个神圣的字眼。鉴于美国

---

① "Top 1% Net Personal Wealth Share," World Inequality Database, https://wid.world/world/#shweal_p99p100_z/US;CN/last/eu/k/p/yearly/s/false/14.1905/60/curve/false/country.

人享有非凡的政治和经济自由，他们相信，无须通过立法来保障收入平等，他们就可以达到舒适的中产阶级生活水平。

美国崇尚自由，但美国也崇尚理性。大多数美国人相信美国本质上是一个理性社会。所有想法都暴露在公开辩论的阳光下（如今通常是在网上）。与其他许多国家相比，美国的理性话语很少受到限制。因此，许多美国人认为美国社会没有什么神圣不可侵犯的东西。

那么，为什么没有更多美国人质疑用金钱来影响选举的做法呢？答案是，他们跟最高法院的大多数成员一样，认为任何对使用金钱的限制都是对参与选举自由的限制。既然在美国社会中，对言论自由的任何限制都不可接受，那么对在竞选活动中使用金钱的任何限制也是不可接受的。

当然，也有例外。伯尼·桑德斯和伊丽莎白·沃伦支持限制竞选资助，并且已当选为参议院议员。类似地，最近，一名公开信仰社会主义的候选人亚历山大·奥卡西奥 – 科尔特斯当选为众议院议员。然而，这些例外的唯一有效影响是，它们助长了一个神话，即广大美国人民可以自由选择自己的代表。通过保护和强化这一神话，为美国众议院和参议院制定的法律提供了合法性，其中许多法律服务于富有的贵族或资金充足的特殊利益集团，而不是大多数民众。例如，长期以来，大多数美国人都支持采取一定的枪支管制措施。①2019 年 8 月的第一个周末，得克萨斯州埃

---

① Ninety-two percent of Americans, for example, support universal background checks: "Universal Background Checks," Giffords Law Center, https://lawcenter.giffords.org/gun-laws/policy-areas/background-checks/universal-background-checks/.

尔帕索市和俄亥俄州代顿市接连发生枪击事件，事后，美国记者伊丽莎白·德鲁感慨道：

> 从表面上看，在发生了如此可怕的悲剧后，通过有意义的枪支管制法案应该不成问题。民意调查显示，92%的公众支持堵住背景调查中的漏洞——目前，背景调查尚未包括对在枪支展上购买枪支、私下向他人购买枪支或在网上购买枪支的个人进行检查；还有62%的人支持禁用高容量弹匣。那对心碎的父母来到华盛顿为他们孩子被枪击的案子辩护，他们的情感诉求很难被视而不见。然而，即使在桑迪胡克小学枪击事件发生之后，美国参议院也否决了两项加强枪支管制法案的措施。[①]

美国国会没有能力投票支持枪支管制，因为任何投票支持枪支管制的国会议员都将发现，在下一次选举中，他们的对手将收到支持枪支使用的游说团体的大量资助。

同样，绝大多数美国人赞成对年收入极高的人增税。美国消费者新闻与商业频道的一项调查表明：

> 足足有60%的百万富翁支持参议员伊丽莎白·沃伦对资产超过5 000万美元的富人征税的计划。……民意调

[①] Elizabeth Drew, "What's Behind America's Mass Shootings?," Project Syndicate, August 13, 2019, https://www.project-syndicate.org/commentary/america-gun-control-mass-shootings-by-elizabeth-drew-2019-08.

查显示，大多数美国人也支持征收财富税。在不平等和富人财富飙升到令人日益担忧的情况下，一些百万富翁愿意缴纳更多的税。88%的民主党人支持征收财富税，62%的独立人士和36%的共和党人也支持征收财富税。就连财富超过500万美元的上层百万富翁中，也有2/3的人表示支持征收财富税。[①]

然而，国会议员几乎不可能投票支持征收更多的财富税，否则他们将成为特殊利益游说集团的目标。更隐蔽的是，大多数普通美国人不知道，他们实际上比超级富豪们缴纳了更多的税，因为超级富豪能够通过无伤大雅的税收规定来有效降低他们的适用税率。附带权益的税务处理就是一个例子。正如《纽约时报》在2017年报道说：

> 数十年来，附带权益条款使富有的私人股权管理人、对冲基金经理和房地产投资者就收入支付更低的资本利得税率（20%，不包括奥巴马医疗附加费的3.8%），而不是普通收入的税率（最高为39.6%）……对附带权益漏洞的主要反对之声……（是）"附带"——管理者从投资收益中抽取一定比例作为回报——应该被视为服务报酬并按照普通收入来征税，而不是被视作投资收益。在那种情况

---

① Robert Frank, "Most Millionaires Support a Tax on Wealth above $50 Million, CNBC Survey Says," CNBC, June 12, 2019, https://www.cnbc.com/2019/06/12/most-millionaires-support-tax-on-wealth-above-50-million-cnbc-survey.html.

下，管理者将资产置于风险之中。①

　　就这样，新贵的利益战胜了大多数人的利益。

　　美国人对自由的崇拜有一个矛盾之处。理论上，美国政治制度和中国政治制度的深刻区别在于，美国人民可以自由地改变自己的政治制度，中国人民却不能。实际上，到了历史的现阶段，美国人民也没有多少自由从根本上改变或修正他们的政治制度，从而确保其有利于大多数人。然而，鉴于美国人民抱有一种幻觉，认为自己可以改变美国的政治制度，故而倾向于支持它。这使美国的政治制度更加稳定，因为美国人民根本不想改变这种他们认为自己掌控着的制度。

　　这使美国人成为世界上最爱国的群体之一。他们满怀深情地向国旗敬礼，兴致高昂地唱响国歌。他们致力于维护美国宪法和宪法确立的政治制度。由于美国人对共和国的政治理想和实践抱有强烈的感情，因此无论一个外部观察者发出多么善意的提醒，都很难让他们对这一切产生怀疑。

　　事实是，美国的社会契约已经建立在"自由"这一意识形态的支柱上，而非民主的两大传统支柱——自由和平等上。从功能上讲，美国的政治体制背离了开国元勋们的理想，正从民主国家向富豪统治国家转变。

　　想象一下，美国的开国元勋们会如何评价美国当前的社会契

---

① James B. Stewart, "A Tax Loophole for the Rich That Just Won't Die," *New York Times*, November 9, 2017, https://www.nytimes.com/2017/11/09/business/carried-interest-tax-loophole.html.

约呢？首先，他们会指出，应该用那些伟大的欧洲政治哲学家阐述的原则来评判美国的社会进步。欧洲先哲的思想曾激发美国人写下《独立宣言》和《美利坚合众国宪法》。例如，托马斯·杰斐逊就从孟德斯鸠的著作中汲取指导原则：

> 他认为政治美德或虔敬爱国是民主共和国充满活力的原则；温和，是贵族共和国的温和；荣誉，是一个受限制的君主制的荣誉；恐惧，是对独裁的恐惧。他还指出，每一个政府都应该规定，充满活力的原则应成为教育青年人的目标……法律也应该与同样的原则有关。在民主社会中，应该通过法律来促进平等和节俭，因为它们滋养着虔敬爱国的精神。[1]

如果杰斐逊今日尚在世，他会发现在当代美国既找不到平等，也找不到节俭。在给朋友的一封信中，约翰·亚当斯哀叹道："这个国家缺乏共和的美德……我担心殖民者已经被君主政体的原则腐化，这使他们不具备维持共和政体所必需的节俭和美德。"[2]

罗尔斯明确地继承并发展了洛克、卢梭、孟德斯鸠和康德的社会正义思想，并在汲取他们著作的基础上提出了两条正义原则。

---

[1] Matthew P. Bergman, "Montesquieu's Theory of Government and the Framing of the American Constitution," *Pepperdine Law Review* 18, no. 1 (December 15, 1990): 1–42, https://digitalcommons.pepperdine.edu/cgi/viewcontent.cgi?article=1659&context=plr.

[2] Ibid.

第一条原则：每个人都拥有和其他所有人同样的享有相容的、最广泛的基本自由的平等权利。

第二条原则：社会和经济的不平等应被如此加以安排，以使它们，其一，合理地预期对每个人都有利；其二，（在机会平等的条件下）使所有职务和地位向所有人开放。[①]

第二条原则至关重要，它强调，不平等只有在"合理地预期对每个人都有利"的情况下才能被证明是正当的。罗尔斯继续强调了以下观点："所有的社会价值——自由和机会、收入和财富，以及自尊的社会基础——都将被平等地分配，除非这些价值的任何或全部的不平等分配对每个人都有利。"[②]

我想，罗尔斯若看到当代美国的不平等以及这种不平等如何扭曲了政治体系——使其偏向富人而非弱势群体，定会感到苦恼。洛克、卢梭和康德都强调了自由和平等的重要性，因为他们经历过欧洲世袭贵族统治所造成的扭曲。美国的开国元勋们从这些哲学家处继承了对贵族观念的深恶痛绝。然而，如果一位18世纪的欧洲贵族"穿越"到了现代美国，他可能真的会对有钱的贵族为自己创造的世袭特权艳羡不已。记者爱德华·卢斯引用这个统计数据来使大家理解这一点："研究表明，来自低收入家庭的八年级（14岁）孩子的数学成绩排在前15%，来自高收入家庭的孩子数学成绩排在后15%，但前者拿到的毕业文凭很可能

---

① Rawls, *A Theory of Justice*, 53.

② Ibid., 54.

不如后者。这与精英管理体制背道而驰。"[1]

精英统治的反面是贵族统治。在一个任人唯贤的社会里，如果你的人生有一个良好的开端，那么你的命运将取决于你在生活中的表现；在一个贵族社会里，你的命运在出生的那一刻就被决定了。美国的制度有效地创造出一个新的富有的贵族阶层，然而，许多美国人看不到这一点。攻击这种制度的人经常被贴上"社会主义者"的标签，这意味着他们不赞成美国开国元勋们的理想，实际上，正是这种制度本身辜负了这些理想。新的富有思想的精英正在世界各地涌现，他们中许多人接受过西方一流大学的最佳传统教育，许多人开始同样清楚地看到当前美国社会契约的优势和弱点。他们受到美国企业家活力的鼓舞，但很少有人愿意在自己的祖国复制当代美国的社会契约。当他们想要一种社会政治模式时，他们可能会看向北欧国家，那里的制度同时重视自由和平等，而不只是重视自由。同样重要的是，他们对美国决策者和专家在讨论如今美国的社会和政治制度时提出的"美德假设"感到困惑。美国的制度中有很多东西值得欣赏，然而，它也有严重的缺陷。

许多美国人会驳斥说，美国的政治制度当然比中国好。改革一个民主制国家远比改革一个共产党执政国家更容易。看看苏联共产党放弃权力后苏联发生了什么。因此，这就是摆在中国面前

---

[1] Edward Luce, "Amy Chua and the Big Little Lies of US Meritocracy," *Financial Times* (London), June 13, 2019, https://www.ft.com/content/7b00c3a2-8daa-11e9-a1c1-51bf8f989972. https://1gyhoq479ufd3yna29x7ubjn-wpengine.netdna-ssl.com/wp-content/uploads/FR-Born_to_win-schooled_to_lose.pdf, quoted in https://www.ft.com/content/7b00c3a2-8daa-11e9-a1c1-51bf8f989972.

的挑战：随着时间的推移，中国将发展成世界上最大的中产阶级社会，届时它将赋予人民更大的政治发言权。不过中国已经仔细研究了苏联时代末期痛苦的内部混乱，也不太可能允许俄罗斯的经历在中国重演。

改革中国的政治体制可能会更加困难，而且在这种政治体制下，时至今日，绝大多数中国人的生活水平比美国人提高得更多，这也是真的。在社会福利的许多关键指标上，大多数美国人的状况正在倒退，而非进步。许多美国人对这些数据感到不安，但他们对未来的前景仍然保持乐观，因为他们相信，美国的政治制度可以自我修复。如果出现大问题，开放灵活的民主进程将找到正确的解决方案。

在过去，美国的政治体制确实已做出根本性的修正来解决深层次的结构性问题。政治改革的巨大成功包括废除奴隶制（虽然这是通过一场大规模内战才实现的），19世纪60年代《民权法》的颁布——最终使非裔美国人的投票权得到了保护，以及"进步时代"（1890—1920年）的经济和政治改革。同样，在经济方面，当美国国会颁布了灾难性的《斯姆特－霍利关税法》，加剧了大萧条时，美国的政治体制也能够自我纠正。罗斯福新政通过的法规改善了许多美国人的生活，美国国会在后来几年避开了极端的保护主义。简言之，那些相信美国政治体制天生具有自我修复能力的人，有很多证据来支持他们的信念。

美国政体面临的一大问题是：它面对的是一种通过正常的政治程序就能轻松治愈的微恙，还是一种需要大规模手术和痛苦治疗（会给一些关键的美国政治赞助人造成痛苦）才能改善的致命状况？截至目前，美国人虽然日益受到经济和社会状况的困扰，但并不普遍希望去给政治体制动大规模手术，也没有哪位重要的美国政治人物提倡这么做。然而，这可能正是这个体制所需要的。

越来越多的美国人开始意识到，美国的政治和经济体制也许需要进行重大改革。范琼表达了一个重要的观点："在美国，我们面临着一场持续的治理危机。我们需要去理解自身的失败，我们需要去学习意料之外的成功案例——哪怕它们来自中国。中国的成功挑战了我们在国家治理方面深信不疑的意识形态和根深蒂固的假设。我们需要研究中国，不仅仅是为了更好地协调关系，而是因为从中国的成就中，我们也许会发现美国复兴所需的重要事实。"[①]

本书探讨的主要问题的核心是，美国和中国政治体制的相对优势和劣势。如果美国和中国的竞争是一个健康灵活的民主国家和一个僵化死板的共产党执政国家之间的竞争，那么美国可能会胜出。然而，如果这场竞争是在僵化的富豪政治体制和灵活的精英政治体制之间进行的，那么中国可能会赢。

[①] Jean Fan, "The American Dream Is Alive in China," *Palladium Magazine*, October 11, 2019, https://palladiummag.com/2019/10/11/the-american-dream-is-alive-in-china/.

第八章

其他国家会如何抉择

世界上有许许多多国家，中国和美国是其中两个。可以肯定地说，除中美两国以外的国家正开始积极准备应对过山车般的全球环境——由中美愈演愈烈的地缘政治竞争造成并将持续下去。一些勇敢的领导人已经公开谈论这给其他国家造成的危险。2019年9月，德国总理默克尔在访华时表示："我们希望中国与美国的贸易摩擦能得到解决，因为这影响到每个人。"[①] 相似地，2019年5月31日，在著名的香格里拉对话会的开幕式演讲中，新加坡总理李显龙勇敢地指出，中国和美国发起的倡议，如"一带一路"倡议和印度－太平洋战略，"应强化以东盟为中心的现有合作安排……而不是将之破坏，创造出竞争对手集团，加深分歧，或者迫使其他国家站队。它们应该帮助各国团结起来，而不是造成分裂"。[②]

[①] "German Chancellor Angela Merkel Hopes US-China Trade War Will Be Over Soon," *Straits Times* (Singapore), September 7, 2019, https://www.straitstimes.com/asia/east-asia/merkel-hopes-us-china-trade-war-will-be-over-soon.

[②] Lee Hsien Loong, keynote address, International Institute for Strategic Studies, Shangri-La Dialogue, Shangri-La Hotel, Singapore, May 31, 2019, https://www.pmo.gov.sg/Newsroom/PM-Lee-Hsien-Loong-at-the-IISS-Shangri-La-Dialogue-2019.

默克尔和李显龙警告中美之间无休止的贸易摩擦正在损害其他国家的利益的这番话语也许代表了许多国家的心声。其他领导人保持沉默并不意味着他们会坐视不理，不捍卫本国利益；许多国家正在积极维护和加强自身的长期利益。从理论上讲，当特朗普领导下的美国开始放弃自由贸易协定时，此举本可能敲响自由贸易协定的丧钟。事实上，相反的事情发生了。虽然美国不明智地退出了《跨太平洋伙伴关系协定》，但其他 11 个成员国却以一个新的名称——《全面与进步跨太平洋伙伴关系协定》——继续实施该协定。2019 年 6 月，欧盟和南方共同市场（阿根廷、巴西、巴拉圭和乌拉圭）还宣布达成了一项原则协议，旨在推进一项自由贸易协定。同样引人注目的是，2019 年 5 月 30 日，非洲国家签署了《非洲大陆自由贸易区协议》。[1] 更重要的是，最大的贸易协定（按覆盖人口数量和占全球 GDP 的比例计算）有望在 2020 年达成，它将包括十个东盟国家以及澳大利亚、中国、日本、新西兰和韩国，稍后将吸纳印度进来。它就是《区域全面经济伙伴关系协定》，这必将促进亚洲国家之间的经济一体化。这表明，特朗普的顾问们缺乏智慧，他们建议美国和中国经济"脱钩"。如果这些顾问成功地推动了"脱钩"，结果将是美国不光与中国"脱钩"，还会与《区域全面经济伙伴关系协定》中的 15 个经济体的巨大增长前景"脱钩"。

总之，如果中国或美国认为其他国家会自动站队支持它们，那将是不明智的。相反，每个国家都将认真捍卫本国的长期利

---

[1] Agreement Establishing the African Continental Free Trade Area, African Union, 2019, https://au.int/en/treaties/agreement-establishing-african-continental-free-trade-area.

益。在一个简短章节中阐述全世界所有国家的反应是不现实的，因此，我将讨论几个将被直接或间接影响的关键国家和地区的反应，即澳大利亚、欧盟、日本、印度、东盟和俄罗斯。

中国和美国的地缘政治竞争即将到来，且不可避免。自冷战结束以来，世界一直在向前发展。自鼎盛时期以来，美国的相对经济实力和文化影响力已经减弱。中国的相对经济实力已经远超往日的苏联。最重要的是中国和美国的相对总权重与世界其他国家的相对总权重之比。许多国家和地区已经变得足够强大，可以摆脱中国和美国的影响。大多数国家也变得更加善于权衡和维护自身的地缘政治利益。1996—2012 年担任新加坡驻华盛顿大使的陈庆珠提出，许多亚洲国家"正谨慎地界定自己的立场，顶住在美国和中国之间选边站的压力"。[①]因此，随着时间的推移，中国和美国都不得不习惯与那些越来越自信、越来越不听话的国家打交道。

澳大利亚必须做出最艰难的地缘政治选择。在国防和文化方面，它几乎完全与美国绑在一起。的确，在 2003 年，美国总统小布什曾自豪地形容澳大利亚为美国的"副警长"，虽然并非所有澳大利亚人都喜欢这个描述，但它留在了大家的脑海中。冷战期间，澳大利亚远离了苏联，也无甚理由与苏联对抗，但它热情地支持美国的全球遏制政策，毫不犹豫地派遣军队参加美国主导的战争，包括血腥的越南战争，这使 521 名澳大利亚士兵在越战

---

① Chan Heng Chee, "Resisting the Polarising Pull of US-China Rivalry," *Straits Times* (Singapore), June 18, 2019, https://www.straitstimes.com/opinion/resisting-the-polarising-pull-of-us-china-rivalry.

中丧命。[①] 因此，美国对澳大利亚的尊重和感情是深切真实的。作为冷战中美国最忠实的盟友，澳大利亚也获益匪浅。

今天，澳大利亚如果加入美国阵营去对抗中国，它可能损失很多，获益很少。因为它的经济与中国的联系远比同美国的更紧密。2018 年，澳大利亚与中国的贸易总额为 1 740 亿澳元[②]，与美国的仅有 440 亿澳元。如果澳大利亚听从美国极端人士的呼吁，成为美国的盟友，主动与中国经济"脱钩"，那么这实际上是澳大利亚国家经济的自杀。澳大利亚前驻华大使芮捷锐曾说："我们的利益与美国的不一致。但这并不等于我们无法与美国建立亲密、友好的关系。可是我们不能加入美国把中国作为战略竞争对手的敌对政策中。"[③]

然而，对澳大利亚来说，这不只是一个经济问题。在 21 世纪及未来，这是它必须尽力解决的一个基本身份认同问题。随着西方势力稳步地缓缓退出亚洲，澳大利亚与新西兰可能会被一道

---

① "From the time of the arrival of the first members of the Team in 1962 almost 60 000 Australians, including ground troops and air force and navy personnel, served in Vietnam; 521 died as a result of the war and over 3 000 were wounded. The war was the cause of the greatest social and political dissent in Australia since the conscription referendums of the First World War. Many draft resisters, conscientious objectors, and protesters were fined or jailed, while soldiers met a hostile reception on their return home": "Vietnam War 1962–75," Australian War Memorial, https://www.awm.gov. au/articles/event/vietnam.

② Statistics Section, Office of Economic Analysis, Investment and Economic Division, *Composition of Trade Australia 2017–18*, Department of Foreign Affairs and Trade, January 2019, https://dfat.gov.au/about-us/publications/Documents/cot-2017-18.pdf.

③ Neil Irwin, "Red Wines a Sign of the Times in Australia's Ties with US and China," *Straits Times* (Singapore), May 14, 2019, https://www.straitstimes.com/ opinion/red-wines-a-sign-of-the-times-in-australias-ties-with-us-and-china.

抛在这里，成为亚洲仅存的西方式实体。[①] 随着西方势力在全球范围内退潮，澳大利亚的西式主体可能在亚洲备感孤立和孤独。

在 21 世纪，澳大利亚只有在政治和文化上融入近邻和主要邻居东盟，才可能有一个安全又自信的长远未来。东盟是世界上仅次于欧盟的第二大成功的区域组织，它已成为送给澳大利亚和新西兰的一份地缘政治礼物，因为东盟为这两个西方国家提供了宝贵的缓冲地带，免受中国在该地区日益增长的实力和影响力的直接冲击。[②]

澳大利亚正在应对极其困难且几乎事关生死存亡的挑战，以适应一个亚洲世纪。如果美国召唤它再次扮演忠诚的"副警长"，那么这对澳大利亚将是灾难性的。因此，许多澳大利亚的重要人物警告他们的同胞，不要盲目地追随美国的利益和政策。学者休·怀特写道："我们似乎仍在坚守这个观点，即美国仍将是亚洲的主导力量，它会保护我们不受中国的影响，同时也能以某种方式说服中国愉快地接受这一点。所以，我们的政府又一次没能理解正在改变我们国际环境的深刻变化的全部内涵。（政府）只顾着痴心妄想，忘却了严肃政策。"[③] 同样，若中国迫使澳大利亚

---

① Kishore Mahbubani, "Australia's Destiny in the Asian Century (Part 1 of 2)," *Jakarta Post*, September 7, 2012, http://mahbubani.net/articles%20by%20dean/Australia%20 destiny%20in%20the%20Asian%20Century_The%20Jakarta%20Post-joined.pdf.

② Kishore Mahbubani and Jeffery Sng, *The ASEAN Miracle: A Catalyst for Peace* (Singapore: National University of Singapore Press, 2017).

③ Hugh White, "America or China? Australia Is Fooling Itself That It Doesn't Have to Choose," *Guardian* (Manchester, UK), November 26, 2017, https://www.theguardian. com/australia-news/2017/nov/27/america-or-china-were-fooling-ourselves-that-we-dont-have-to-choose.

站在自己这边也很致命，澳大利亚因为文化深度亲近西方，也不会愿意加入中国阵营。

对中国和美国来说，最明智之举是允许澳大利亚在两国之间扮演中立和有益的中间人角色。可悲的是，即使是奥巴马——美国最不好战、最深思熟虑的总统之一，也曾迫使澳大利亚政府放弃加入亚洲基础设施投资银行，哪怕它的大多数邻国都加入了，包括所有十个东盟成员国。未来的美国总统或许还不如奥巴马这般深思熟虑。可以预见，澳大利亚未来将面临许多政治施压。它应该停止在外交政策上的被动，采取主动姿态来说服中国和美国给自己更多的空间，使其在即将到来的地缘政治角逐中扮演一个独立且中立的角色。

尽管欧洲并非中国的近邻，但在针对中国的这场地缘政治竞争中，如果欧盟核心成员国不听从美国的要求，美国的决策者将会被激怒。2005—2006 年，罗伯特·佐利克在小布什第二任期政府中担任副国务卿时，曾警告欧洲国家，如果它们解除武器禁运，允许欧洲公司向中国出售武器，那么将面临严重的后果。他把观点表达得生动形象，说如果欧盟向中国出售武器，就等于在美国士兵的后背上画靶心。①

罗伯特·佐利克这种温和的中间派人物竟然会使用如此强硬的措辞，真令人惊讶，尤其是他还曾明智地倡导中国成为全球体系中"负责任的利益相关者"：

---

① Michael E. O'Hanlon, "The Risk of War over Taiwan Is Real," Brookings Institution, May 1, 2005, https://www.brookings.edu/opinions/the-risk-of-war-over-taiwan-is-real/.

我们现在需要鼓励中国在国际体系中成为负责任的利益相关者。作为负责任的利益相关者，中国将不仅仅是一个成员国，还将与我们合作，共同维护使其成功的国际体系。合作的利益相关者之间并非没有差异——我们会有需要处理的争端。然而，我们可以在一个更大的框架内处理争端，其间，各方认识到维持提供共同价值的政治、经济和安全体系会使大家享有共同利益。[1]

如果像罗伯特·佐利克这般深思熟虑的人物都呼吁欧洲谨慎对待与中国的关系，那么欧洲人就不应该对此感到惊讶：在即将到来的与中国的地缘政治较量中，美国当权派中的大多数成员希望欧盟成员国与它们保持一致。当几个欧盟成员国宣布将考虑使用华为的设备来建设 5G（第五代移动通信技术）时，特朗普政府给出了强烈又凌厉的反应。2019 年 2 月，美国驻欧盟大使戈登·桑德兰表示："我看，没有什么理由非跟中国人做生意不可，只要他们存在着接近、操纵或监视客户的安排。那些罔顾这些担忧，一味盲目向前冲并接受中国技术的人，可能会发现自己在与我们打交道时会处境不利。"[2] 同样，美国国务卿迈克·蓬佩奥也表示：

① Robert B. Zoellick, "Whither China: From Membership to Responsibility?," US Department of State, September 21, 2005, https://2001-2009.state.gov/s/d/former/zoellick/rem/53682.htm.

② Nikos Chrysoloras and Richard Bravo, "Huawei Deals for Tech Will Have Conse-quences, U.S. Warns EU," Bloomberg, February 7, 2019, https://www.bloomberg.com/news/articles/2019-02-07/huawei-deals-for-tech-will-have-consequences-u-s-warns-eu.

如果一个国家采用这种（华为）技术，并应用在一些关键信息系统中，我们将无法与它共享信息，也无法与它合作。在有些情况下会存在风险——我们甚至无法协调配置美国的资源、美国大使馆、美国军事前哨……我们不能忘记这些系统是……同中国人民解放军，即中国军队一起设计的。这些系统正给使用它们的国家及其体系，以及人民安全带来真正的风险。[1]

与桑德兰和蓬佩奥的观点相左，比尔·盖茨批评了助长当前美国与中国高科技竞争的"偏执的"观点。他说，试图阻止中国开发创新技术是"不现实的"。"华为的产品，像所有的商品和服务一样，应该接受客观的测试，"盖茨在《纽约时报》交易录大会上说，"现在的规则是，所有来自中国的东西都是不好的……这就是一种试图利用创新的疯狂方式。"[2]

对美国来讲，施加这种压力也是不明智的，因为欧洲和澳大利亚一样，需要应对自身的地理挑战。冷战期间，欧洲欣然签约成为美国自愿而又忠诚的盟友，因为它受到了驻扎在其边境的苏联坦克和导弹的直接威胁。美国、澳大利亚和欧洲将其根源追溯到共同的犹太－基督教遗产和希腊－罗马文化的基础上，这一点

---

[1] Keegan Elmer, "Huawei or US: Mike Pompeo Issues Warning to Allies That Partner with Chinese Firm," *South China Morning Post*, February 22, 2019, https://www.scmp.com/news/china/diplomacy/article/2187275/huawei-or-us-mike-pompeo-issues-warning-allies-partner-chinese.

[2] Marrian Zhou, "Bill Gates: Paranoia on China Is a 'Crazy Approach' to Innovation," *Nikkei Asian Review*, November 8, 2019.

很有帮助。基于密切的文化联系，美国和欧洲的决策者有着高度的信任和战略合作。确实，文化亲和力很重要。

然而，文化亲和力无法压倒地缘政治的现实。许多美国思想家不理解地理现实的重要性，毕竟，美国得天独厚地拥有世界上最佳的地理位置。美国人有幸拥有一块广袤又富饶的大陆，与人口众多的欧亚大陆和非洲大陆隔着两个大洋，他们只需担心来自加拿大和墨西哥的军事威胁。在这种环境下，美国人并不理解"地缘政治"这个词的真正含义，它是地理和政治的结合，地理因素也许更重要一些。

欧洲不幸拥有不佳的地理环境。在21世纪，虽然它不会再受到俄罗斯坦克和导弹的威胁，与俄罗斯直接开战的可能性也几乎为零，但在乌克兰等地区可能发生代理人战争。乘小船而来的数百万非洲移民登陆欧洲，使其前景不容乐观。有一项人口统计数据清晰地表明了欧盟将面临的头号地缘政治威胁。1950年，欧盟总人口为3.79亿，[1] 近乎非洲人口（2.29亿）的两倍。而近年来，非洲人口（2015年是12亿）[2] 是欧盟人口（2018年是5.13亿）的两倍多。[3] 到2100年，非洲人口预计将达到45

---

① EEA, "Population Trends 1950–2100: Globally and Within Europe," European Environment Agency, https://www.eea.europa.eu/data-and-maps/indicators/total-population-outlook-from-unstat-3/assessment-1.

② UN, "World Population Prospects 2019," United Nations, DESA/Population Division, https://population.un.org/wpp/Download/Standard/Population/.

③ Eurostat, "Population and Population Change Statistics," Statistics Explained, https://ec.europa.eu/eurostat/statistics-explained/index.php/Population_and_population_change_statistics.

亿，[①]是欧盟 4.93 亿人口的近十倍。[②]

2015—2017 年，非洲和中东的移民大量涌入欧洲，使欧洲政局发生动荡。几十年来，温和的中间派政党（包括左翼和右翼）执掌欧洲政坛，现在极端民粹主义政党的支持率激增，甚至进入了奥地利、匈牙利、波兰、意大利和爱沙尼亚等国的政府。真正悲哀的是，德国总理默克尔宣布她不会寻求连任，部分原因是她在 2015 年做出允许 100 万叙利亚移民进入德国的决定在国内掀起了轩然大波。默克尔也许是她那个时代最优秀的欧洲领导人，她做出了一个道德上勇敢（经济上确实明智）但在政治上不受欢迎的决定。如果非洲大陆的经济和政治状况在 21 世纪也未能改善，那么可以预见，将有数千万乃至上亿的非洲人会敲响欧洲的大门以寻求更好的生活。不难看出，移民潮将极大地改变欧洲的社会和政治结构，并会在不适应这种大规模人口结构变化的欧洲国家激起怨恨。事实上，在 2019 年 1 月举行的世界经济论坛上，一个温和而理智的欧洲人悄声对我说："马凯硕，解决非洲移民问题只有一个办法。我们要让他们淹死在地中海里。"我简直惊呆了。这种道德上的铁石心肠与欧洲在第二次世界大战后对世界表现出来的自由开放精神背道而驰。的确，在地中海丧生的移民数量从 2014 年的 424 人激增至 2015 年的 2 042 人。[③]

---

① United Nations, DESA/Population Division, World Population Prospects 2019, https://population.un.org/wpp/Graphs/Probabilistic/POP/TOT/.

② Eurostat, "Population on 1st January by Age, Sex and Type of Projection" (chart), https://appsso.eurostat.ec.europa.eu/nui/show.do?dataset=proj_18np&lang=en.

③ "Migrants: Tracking Deaths along Migration Routes," Missing Migrants Project, https://missingmigrants.iom.int/region/mediterranean.

考虑到这些造成的挑战，如果欧洲人像澳大利亚人一样，希望优先考虑自身的生存挑战（由地理位置所致），那么他们应该重点关注非洲的经济和社会发展。开发非洲的最佳合作伙伴就是中国。事实上，中国已经成为非洲最大的新经济伙伴。[①] 请参见图8.1。

如果欧洲想维护自身的长期利益，就应该与中国合作，把非洲的发展作为当务之急。中国可以吸引最多的非洲领导人参加峰会。对欧洲领导人来说，最明智的做法是集体参加下一次在北京举行的中非领导人高级别会议。欧洲领导人大量出现在这类峰会上，将发出强烈的市场信号。它可能激发新一轮对非洲的投资浪潮。随着时间的推移，非洲经济强大了，大量非洲人向欧洲移民的动机也就减弱了。

欧洲采取这一明智举措的障碍只有一个：美国将反对。只要看看美国官方阻挠其他国家加入中国的"一带一路"倡议的企图就明白了。2018年10月，美国国务卿迈克·蓬佩奥在会见巴拿马总统后的新闻发布会上警告说："当中国来呼吁时，并不总是对你的公民有利。"他补充道，美国之所以反对，是因为"国有企业以明显不透明、明显非市场驱动的方式出现，背后的目的不是要惠及巴拿马人民，而是为中国政府谋取利益"。[②] 如果欧洲国

---

① Aubrey Hruby, "Dispelling the Dominant Myths of China in Africa," Atlantic Council, https://www.weforum.org/agenda/2018/09/three-myths-about-chinas-investment-in-africa-and-why-they-need-to-be-dispelled/.

② Owen Churchill, "Mike Pompeo Warns Panama and Other Nations About Accepting China's 'Belt and Road' Loans," *South China Morning Post*, October 20, 2018, https://www.scmp.com/news/china/diplomacy/article/2169449/mike-pompeo-warns-panama-and-other-nations-about-accepting.

中国在非洲的投资

自2000年以来，中国从非洲的一个小投资者跃升为非洲最大的经济伙伴

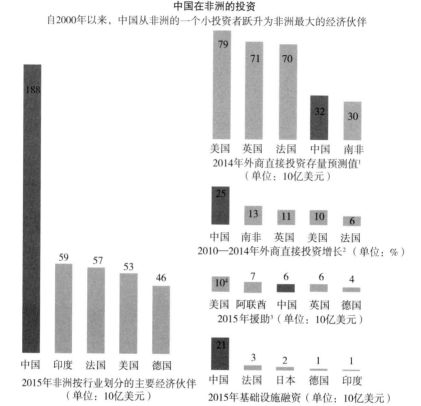

图 8.1　主要国家在非洲的投资

注：

1. 按 2009—2012 年复合年增长率估算。

2. 对于中国以外的国家，我们使用历史数据做预测。

3. 发展援助办公室和其他官方渠道资金，经济合作与发展组织成员国是 2015 年数据，中国是 2012 年数据。

4. 根据美国国际开发署的数据，2015 财年美国对非洲的援助为 119 亿美元，2016 财年为 74 亿美元。它们与经济合作与发展组织的数据有差异可能是因为美国的财政年度从 10 月开始，经济合作与发展组织的数据依据日历年度统计。

数据来源：双边贸易数据库，国际贸易中心贸易地图，2015 年；双边外国直接投资数据库，联合国贸易和发展会议，2012 年；美国国际开发署外援顾问；中华人民共和国商务部，2015 年；"2015 年非洲基础设施融资趋势"，非洲基础设施联盟，2015 年。

图片来源：由帕蒂·伊萨克斯绘制。

家决定与中国一道投资非洲的未来，那么美国对其欧洲盟国的施压肯定会加剧。

然而，美国要求欧洲在与中国打交道时忽略自身的长期生存挑战，此举显然不明智。中国的崛起不会对欧洲构成威胁。事实上，如果中国促进非洲的发展，将有助于增进欧洲的长期安全。当然，美国可以与中国并驾齐驱地促进非洲发展。但美国提供的资金少得惊人。中国已经承诺花费 1 万多亿美元来促进"一带一路"倡议下的基础设施投资。美国无法与其相提并论。

在 20 世纪前后，与中国关系最糟糕的国家是日本。在大约半个世纪的时间里，日本一次又一次地欺侮中国。1895 年，它在甲午战争中打败了中国。此后，它强加给中国的条件很苛刻，包括想吞并台湾。1937—1945 年，日本对中国的军事侵略更为残酷。据保守估计，有 1 400 万中国人死于日本侵华战争，[1]包括在南京大屠杀中短短几天内死掉的 30 多万人（中国方面估计）。[2]美国人有时对中国人的抵日行为感到困惑，他们其实应该问问自己，如果美国遭受了同样数量的伤亡，他们是否可以原谅日本。

因此，中国许多民族主义者不时对日本感到愤怒是真实存在的。

理查德·尼克松决定在 1972 年访问北京并开启中美两国关

---

[1] Rana Mitter, *Forgotten Ally: China's World War II, 1937–1945* (New York: Houghton Mifflin Harcourt, 2013).

[2] Kate Merkel-Hess and Jeffrey N. Wasserstrom, "Nanjing by the Numbers," *Financial Times* (London), February 9, 2010, https://foreignpolicy.com/2010/02/09/nanjing-by-the-numbers/.

系正常化进程，这在日本引发了一场真正的政治冲击。日本人甚至发明了一个词：尼克松同志。日本是美国的亲密盟友，但尼克松政府并未通知日本便开始与中国秘密和解。可悲的是，日本从未真正从整个事情中吸取实质性教训：当中国和美国这样的大国走到一起时，哪怕像日本这种主要中等大国的利益也会被牺牲。尽管日本的利益已被证实可有可无，但大多数美国决策者仍然期望日本无论在何种情况下都会是美国完全忠诚的盟友，这一点颇令人惊讶。

好消息是，日本仍是美国的盟友符合中国当前的国家利益。如果美国现在放弃根据 1951 年的《日美共同合作和安全条约》（1960 年修订）保卫日本的承诺——其中第五条明确写道，"每一方都认识到，在日本管理的领土上对任何一方的武装攻击都将危及其自身的和平与安全，并宣布将根据其宪法规定和程序采取行动以应对共同的危险"[①]——那么日本将别无选择，只能增强自卫能力。日本可能被迫拥有核武器。这正是亨利·基辛格在 1971 年 7 月 9 日告诉周恩来总理的：

> 我们与日本的防务关系阻止了日本推行激进的政策。如果日本感觉被美国抛弃了，它就会建立自己的军事机器，这是肯定的。如果日本制造核武器，它很容易就能做到，那么我觉得你表达的担忧就可能成为现实。

---

① "Japan-U.S. Security Treaty," Treaty of Mutual Cooperation and Security Between Japan and the United States of America, Ministry of Foreign Affairs of Japan, https://www.mofa.go.jp/region/n-america/us/q&a/ref/1.html.

　　的确，在世界上所有无核大国中，能够在最短时间内开发和部署核武器的国家就是日本。日本人可以在几个月甚至几周内，调集他们的钚和铀供应、他们的技术知识，以及他们的火箭技术专长，开发出一系列可怕的核武器。实际上，日本有能力发展出仅次于美国的第二大核武器。这样一来，美国和中国都必须建立可靠的防御能力来应对日本，这不符合双方的利益。

　　然而，即使与美国保持同盟关系，日本也应与中国发展出一种独立的、适度友好的关系，否则也是不明智的。这么做有一个压倒一切的理由。在接下来的二三十年里，美国很可能在东亚保持强大的军事、经济和政治影响力——它有这种能力，并且截至目前有这种意愿。然而，到了 2050 年，当中国经济规模实际上达到美国的两倍时，美国很有可能放弃在东亚的前沿军事力量。届时，美国将从西太平洋撤退，回到西半球，据守在中国 7 000 英里^①外。

　　日本无法撤退。它始终只能距离中国几百英里。在中国王朝历史上，日本（中国人称之为"倭"）首次得到承认可以追溯至公元前 1 世纪。^② 在接下来两千年的大部分时间里，除了几次短暂的战争外，中日两国一直和平相处。展望下一个两千年，中日两国继续和平相处也完全可以想象。正如埃兹拉·沃格尔所说：

---

①　1 英里 ≈1.6 公里。——编者注

②　Wm. Theodore de Bary, Donald Keene, George Tanabe, and Paul Varley, eds., *Sources of Japanese Tradition: From Earliest Times to 1600*, vol. 1 (New York: Columbia University Press, 2001), https://www.gwern.net/docs/japanese/2001-debary-sourcesofjapanese tradition.pdf.

中国和日本存在发展长期友好关系的希望吗？是的。多年前，周恩来总理就说过，后来的国家领导人邓小平又重述过，中日关系有两千多年的历史，真正陷入困境的时间只有半个世纪，即1894—1945年。早在一千多年前，在中国的隋唐时期（对应日本的奈良时代和平安时代），日本人从中国获得了他们的基本文化，包括文字、佛教、儒学、建筑、政府组织、城市规划和艺术。[1]

中日之间的文化关系令人神往。理论上，中国代表着"母文明"。许多日本文化都源自中国文化：日本的文字、宗教倾向、美学、艺术形式、陶瓷和陶艺、儒家哲学，以及占卜和风水。[2]此外，"日本的大化革新（始于645年）直接借鉴了唐朝的官僚和政治结构，以及税收和经济制度"。[3]1972年，当日本首相田中角荣与毛泽东会面时，他对后者说："唐朝时期，日本有一位非常有名的高僧，名叫空海，谥号弘法大师。唐朝时，他来中国学习佛学，并在日本创立了佛教的真言宗。我虽然是这一宗派的信徒，但并不精通其教义。"[4]的确，中日两国深厚的文化关系在

① Ezra Vogel, "Can China and Japan Ever Get Along?" in *The China Questions: Critical Insights into a Rising Power*, ed. Jennifer Rudolph and Michael Szonyi (Cambridge, MA: Harvard University Press, 2018), 114–115.

② de Bary, Keene, Tanabe, and Varley, eds., *Sources of Japanese Tradition*.

③ Ibid.

④ "Excerpt of Mao Zedong's Conversation with Japanese Prime Minister Kakuei Tanaka," trans. Caixia Lu, History and Public Policy Program Digital Archive, Wilson Center, Washington, DC, September 21, 1972, https://digitalarchive.wilsoncenter. org/document/118567.pdf?v=71cad3a9f99def657fdfb83057f844c2.

许多学术著作中都有记载。有一部著作写道：

> 禅宗在国家认可的佛教机构找到了归宿，形成了镰仓、京都的禅宗五山寺院体系。……处于最上层的是京都的大型城市寺院，它们举行密宗仪式以为国家利益祈祷，赞助与中国的海外贸易，管理军政府的财产，最重要的是，它们推广最新的中国文化。五山禅院成为研究新儒家形而上学思想、中国诗歌、绘画、书法和材料艺术——如印刷、建筑、园林设计和陶瓷——的学习中心。五山禅院将中国艺术的新风格介绍到中世纪的日本，促使禅宗和中世纪艺术表现形式之间产生了不可磨灭的联系。[1]

因此，中日两国之间深厚的文化亲和力是真实存在的。这种关系也很复杂。从理论上讲，日本人借鉴了更先进的中国文明。在实践中，日本人把许多中国艺术形式发展到一个更高的水平。戴维·皮林在《外交政策》上发表了一篇文章，讲述了日本文化的独特性：

> 东京都前知事石原慎太郎曾自豪地告诉我，日本诗歌是独一无二的。石原慎太郎在 2012 年计划购买和开发东海争议岛屿，引发了当前的中日对峙。他说，小说家安德烈·马尔罗曾亲口对他说，日本人是"唯一能在一瞬间抓

---

[1] de Bary, Keene, Tanabe, and Varley, eds., *Sources of Japanese Tradition*.

住永恒的人"。石原慎太郎聪明地眨着眼睛，继续说："俳句是世界上最短的诗体。这不是中国人创造的，而是日本人发明的。"①

　　这就解释了为什么现在有那么多中国人选择去日本旅游。我们很多人习惯了在电视上看到中国人举行反日示威的场景。我们没在电视上看到的是：数以百万计的中国人——也许很快能达到上亿，选择去日本游览，欣赏许多日本文化产品呈现的美。的确，可以想见，中国人也许真的从日本文化中看到了中国文化未来在许多领域的提升潜力。

　　中国和日本的这种文化共生关系，为两国能够翻过 20 世纪上半叶的痛苦篇章，回归千年以来平静和谐的传统关系提供了希望。从地缘政治角度看，如果随着时间推移，这种情形真的发生了，许多美国地缘政治思想家或将其视为美国的"损失"。然而，事实并非如此。

　　几乎可以肯定，即便中国对外开放、主动与世界接轨，它也不会成为西方自由民主社会的政治或社会复制品。中国和西方之间巨大的文化鸿沟，使中国人不愿复制西方的社会和政治形式。然而，中国和日本的文化差距并没有那么大。理论上，日本已经成为西方俱乐部的一员，尤其是在加入经济合作与发展组织和七国集团之后。实践中，日本仍是一个在文化和社交方面保守的社会。日本的"灵魂"还没有被西化。因此，美国和日本之间经常

① David Pilling, "Why Is Japan So... Different?," *Foreign Policy*, March 17, 2014, https://foreignpolicy.com/2014/03/17/why-is-japan-so-different/.

出现文化不适应，正如理查德·麦格雷戈的描述：

> 著名战略家乔治·凯南称，日本和美国的伙伴关系是"一种不自然的亲密关系"，它诞生于两个差别极大的国家的冲突和痛苦中，随着时间的推移，它发展成了一种特有的亲密关系。这种亲密关系，如果确实存在，那么可谓来之不易。从亨利·基辛格到詹姆斯·贝克，再到罗伯特·佐利克，相当多的美国高级官员没有掩饰他们对与日本打交道的反感。布伦特·斯考克罗夫特——美国国家安全部门的一名富有经验的官员，在担任白宫高层的岁月里，曾与各种桀骜不驯、残暴冷酷的政府和领导人打交道。然而，在自己的授权传记中，斯考克罗夫特称日本可能是美国不得不打交道的"最难缠的国家"："我不认为我们理解日本人，我也不认为日本人理解我们。"[①]

日本照搬了西方民主国家的选举方法，结果却截然不同。实际上，50多年来，它一直是一个一党制国家。如果中国真的朝着西方民主模式迈进，那么结果很可能更接近日本，而不是美国。

随着时间的推移，中日之间更紧密的象征性关系可能会影响到中国的政治演变。日本在采纳西方选举的表面做法后，一直保持着政治稳定、社会保守和文化正宗。可以预见，中国可能会逐

---

① Richard McGregor, *Asia's Reckoning: China, Japan, and the Fate of U.S. Power in the Pacific Century* (Viking: New York, 2017).

渐受到影响，引入日本的一些模式。然而，这必须通过一个共生过程发生，而不是外部施压的结果。

要想在中国建立一个更加开放的社会，最自然的方式不是说教或是向中国施压，而是鼓励数以百万计的中国人去游访日本。好消息是，这种情况已经发生。如果中日之间的政治关系能走出消极阴影，那么双方互访人数可能会激增。因此，美国应该鼓励中日两国加强高层交流。例如，日本新天皇德仁于 2019 年 5 月即位，他的首个海外访问地可以考虑选择中国。这将释放一个强有力的信号，鼓舞数亿中国人游访日本。

如果接触日本的民主可以说服有思想的中国人考虑民主的优点，那么接触印度的民主只会产生相反的效果。日本的民主表现为冷静、稳重，这反映了日本人对和谐人际关系的重视，并体现了日本的儒家传统。印度的民主则表现为高声喧哗，这反映了印度人好争辩的精神。我深知这种精神，因为我生来就是一个爱争辩的"印度人"。

虽然印度文化和中国文化存在显著差异，但二者仍然属于亚洲文化。这两种文化的部分根源是相同的。例如，佛教起源于印度，却对中国文化和中国人的灵魂产生了极大的影响。有一部学术著作如此描述佛教对中国的影响：

佛教传入中国，对中国的思想文化和佛教本身的发展都产生了深远的影响。经过一段漫长又艰难的同化时期，这种新的教义被确立为一种主要的思想体系，为丰富中国哲学做出了巨大贡献，也成为一种对中国民间宗教产生持久影响的主要宗教习俗。事实上，佛教与中国本土的传统儒教和道教一起被称为"三教"，从而获得了与这些信仰实质上平等的地位。[①]

佛教起源于印度，当我还是个小孩子的时候，信仰印度教的母亲经常带我去印度教和佛教的寺庙，因为她觉得这两种信仰令人身心愉悦。在新加坡，大多数佛教僧侣都是中国人，而不是印度人。中国和印度的这些共同文化根源，必将在两国未来的关系发展中发挥作用。

因此，如下这类想法是错误的：美国的政策制定者或专家认为，印度有一天可能会（像日本或英国那样）成为一个可靠、顺从的盟友，可被用于对抗中国；一些有影响力的印度人士主张印度应该成为美国的盟友，共同对抗中国。2010 年，拉贾·莫汉在《外交政策》上发表文章，他在文中写道：

> 如今，中国正在崛起，其力量辐射到次大陆、印度洋和西太平洋，制衡中国已经成为当务之急，特别是考虑到美国的相对衰落。过去，印度通过与苏联结成事实上的联盟来制衡中国。今天，印度需要与美国建立战略合作伙伴关系，以确保中国的崛起将继续是和平的。[②]

① Wm. Theodore de Bary and Irene Bloom, *Sources of Chinese Tradition: From Earliest Times to 1600*, vol 1. (New York: Columbia University Press, 1960), 266.

② C. Raja Mohan, "India's Strategic Future," *Foreign Policy*, November 4, 2010, https://foreignpolicy.com/2010/11/04/indias-strategic-future-2/.

拉贾·莫汉说对了一个关键点。鉴于迅速变化的地缘政治环境，印度是时候重新启动其全球战略政策了。它不能再继续"自动驾驶"，想当然地认为过去的神圣政策能够引领印度进入新时代。说句公道话，印度在总理纳伦德拉·莫迪的领导下已经开始这么做了。显然，莫迪意识到，在新的地缘政治环境下，他可以与特朗普总统和习近平主席都保持良好的关系，从而最大化印度的地缘政治优势。莫迪已然开始如此行事。2019 年 9 月 22 日，莫迪在美国得克萨斯州一场热情洋溢的海外印度人聚会上发表讲话，当时特朗普也在场，莫迪甚至含蓄地赞美特朗普，称特朗普为"我的朋友，印度的朋友，一位伟大的美国总统"。[1] 仅仅几周后的 10 月 11—12 日，莫迪陪同习近平主席对马哈巴利普拉姆寺庙进行为期两天的参观。二人共同度过了两天，进行了密切的交流。印度工业联合会前会长塔伦·达斯提出，到 2022 年，莫迪和习近平主席还将共同举行五次非正式首脑会议。他认为，"虽然挑战重重，但通过五次非正式首脑会议，双方应该能建立起越来越高水平的信任。这是对 2022 年的合理期望"。[2]

莫迪虽然加强了他与习近平主席的私人关系，却无法说服印度政府也像他那般务实。如果莫迪拥有精明且富有战略思想的人作为顾问，或是拥有像李光耀和基辛格那样的战略大师，印度政府可能会对中国奉行更加务实的政策。在地缘政治中，当原则压

---

[1] "Trump Pushes Unity with India at 'Howdy, Modi!' Event in Houston," CBS News, September 22, 2019, https://www.cbsnews.com/news/howdy-modi-trump-rally-pushes-unity-prime-minister-narendra-modi-houston-texas-today-2019-09-22/.

[2] Tarun Das, "India and China in 2022," *Business Standard*, November 1, 2019, 9.

倒实用主义时，宝贵的机会就丧失了。尽管加入中国的"一带一路"倡议能提高印度的基础设施建设能力，给印度带来丰厚的经济红利，但在原则问题面前，印度依旧挥手说"不"。起因是在中巴经济走廊沿线地区，中国和巴基斯坦将修建一条穿越巴控克什米尔的公路，但印度在与巴基斯坦的边界争端中声称自己对该地区拥有主权。

在原则问题上，印度的做法绝对正确。然而，更富有智慧的地缘战略思想家在做出长期战略决策时，总会在原则与实用主义之间寻求平衡。中国在处理台湾问题（对中国来说，台湾问题比克什米尔对于印度更具备政治敏感性）上彰显出了最佳的能力。印度实际上清楚，当克什米尔问题最终得到解决时，印方将不会夺回这片被巴基斯坦占领的区域。2001 年，巴基斯坦前总统佩尔韦兹·穆沙拉夫和印度前总理阿塔尔·比哈里·瓦杰帕伊几乎一致同意：克什米尔事实上的控制线最终将成为法律上的控制线。相较之下，中国没有而且永远也不会放弃对台湾地区的主权诉求。

尽管中国对台湾问题高度敏感，但中国政府却可能会让实用主义压倒原则。1979 年 1 月中美建交时，美国放弃了对台湾当局的外交承认，转而承认中国大陆政府。人们认为吉米·卡特总统放弃了在台湾当局的长期盟友，美国国会的补救反应是通过了"与台湾关系法"，旨在捍卫台湾当局的地位——这被中国视作叛变。这种做法，即便没有违反外交协议的文本，至少违反了美国在和中国签署协议时的精神。面对这种原则问题，中国本可以中止与美国的所有经济往来。

然而，中国政府做了一系列谨慎且务实的长期考量。在意识到中国经济已经变得非常落后时，以邓小平为首的中国领导人决定"韬光养晦"（一个家喻户晓的中国成语），利用庞大的美国经济来推动自己的经济增长。40年后的今天，我们才知道中国当时做出的这个务实决定是何其英明。"与台湾关系法"于1979年通过。那一年，按购买力平价计算，中国的经济规模仅相当于美国的10%左右。到2014年，中国的经济规模已经显著扩大。这表明了在国际关系中务实重于原则的价值。

今天，按购买力平价计算，印度的经济大约是中国的40%。印度傲慢地拒绝参与"一带一路"倡议，就等于牺牲了一个快速发展经济的宝贵机会。然而，拒绝参与"一带一路"倡议并非印度唯一一次战略失误；2019年底，印度还宣布不会加入《区域全面经济伙伴关系协定》，尽管此前它为加入该协定积极谈判了好几年。

说句公道话，莫迪总理本人非常希望加入《区域全面经济伙伴关系协定》，因为他清楚地看到，加入后将给印度带来长期的经济和战略利益。不幸的是，他无法促成这一点，因为他在人民党右翼团体民族卫队的政治盟友和国民大会党都表示反对。印度决定不加入《区域全面经济伙伴关系协定》，就像搬起石头砸自己的脚。印度最终将成为一个大国，但如果想快速崛起为一个大国，就必须像中国那样认真规划自己的经济：运用外部诱导的"休克疗法"，以摆脱自身经济中不具竞争力的元素，发展新的竞争维度。这是中国前总理朱镕基在2001年就中国加入世界贸易组织进行谈判时提出的经济发展理论。这种外部诱导的"休克疗法"确实奏效了。2000 年，美国的市场经济规模约相当于中国的 8 倍。而到了 2016 年，美国的市场经济规模相当于中国的 1.5 倍。外部诱导的应急行动确实会使经济增长更快。

印度接连放弃了几个可以让经济以更快速度增长的机会，这只会使其在更大的地缘政治竞争中处于不利地位。印度商务部长皮尤什·戈亚尔宣布，印度将加快推进与欧盟的自由贸易协定，而不是加入《区域全面经济伙伴关系协定》。但他可能忘记了，鉴于印度经济相对薄弱，欧盟会试图增加一些羞辱性的条件。在前几轮谈判中，欧盟试图在欧盟－印度协议中加入一些标准人权条款——它们已被纳入所有欧盟合作协议中。这些条款要求印度尊重一些基本人权。2013 年的一份报告称：

> 一些（欧盟）成员国推动了在自由贸易协定中加入某些条款，印度对此反应不佳，导致谈判陷入僵局。例如，荷兰敦促列入一项人权条款。……印度在谈判中始终坚持的立场是，人权条件、环境标准或防止核扩散条款不应该包括在自由贸易协定中或与自由贸易协定挂钩。印度知名学者拉金德拉·杰恩认为，欧盟需要改变态度，寻求与新兴经济体合作，而不是要求其遵守自己的价值观。[1]

---

① Jan Wouters et al., "Some Critical Issues in EU-India Free Trade Agreement Negotiations," Working Paper No. 102, Leuven Centre for Global Governance Studies, February 2013, https://ghum.kuleuven.be/ggs/publications/working_papers/2013/102woutersgoddeerisnatensCiortuz.

从来没有一个国家抵制过欧盟的这些标准条款。印度是第一个"吃螃蟹"的。整个谈判于 2013 年按下暂停键。

欧洲人感到困惑不解。如果其他国家都接受了这些标准人权条款，印度为何要反对？欧洲的外交官也许会在私下里小声嘀咕："这些印度人怎么敢反对？我们在金钱上对他们予以慷慨援助，印度人却不知廉耻地拒绝在欧印合作协议中彰显欧洲的价值观。"没有多少欧洲人真正意识到印度人受到了多么大的侮辱。2012 年，时任联合国副秘书长沙希·塔鲁尔在专栏中写道：

> 印度人很反感别人的说教，而欧盟－印度伙伴关系的一大败笔就是，欧洲倾向于对印度说教，而那些问题，我们认为自己完全有能力独立处理。印度成为民主国家已有 60 多年的历史（比几个欧盟成员国的民主化历史还要长），印度视人权为一个重要的国内问题。印度所有的人权问题都是被印度公民、记者和非政府组织率先揭发，在印度民主政权内部得到处理的，而不是等待被国际特赦组织、人权观察组织或任何欧洲机构揭露。欧盟试图将人权条款写入自由贸易协定，就好像它们是汽车排放标准应该得到印度的支持一样。贸易不应被欧洲内部有关人权宣言的政治因素绑架，人权的实质远比语言和形式更重要。[①]

---

① Shashi Thardor, "Reconsider Relations with the European Union," *India Today*, May 18, 2012, https://www.indiatoday.in/opinion/shashi-tharoor/story/european-union-india-ties-india-eu-joint-action-plan-102549-2012-05-18.

任何接受这种条款的印度官员都会被印度同胞指责：竟然允许五亿欧洲人对十亿印度人进行说教？印度的民主和欧洲的一样健全。印度的人权记录并不完美，欧洲的又何尝不是如此。

欧盟试图将观点强加于印度，这并不令人惊讶。按名义市场价值计算，欧盟的市场经济规模约为印度的七倍。然而，像澳大利亚这样的西方小国——人口只有 2 500 万，比印度 13 亿人口少得多，经济规模也比印度小得多——居然在 1998 年印度进行核试验时大胆地对印度实施制裁，这着实令人震惊。澳大利亚政府的一份报告记录了以下情况：

> 1998 年 5 月 12 日，（在印度）宣布进行核试验的几个小时内，澳大利亚外交部长召见印度高级专员，传达澳大利亚政府"对（印度）进行核试验的最强烈谴责"。澳大利亚政府还召回了驻新德里的高级专员并与其进行磋商。在印度实施第二轮核试验后，澳大利亚政府宣布：暂停与印度的双边防务关系，包括撤回澳大利亚驻新德里的防务顾问；取消舰机互访、军官互访和其他防务互访；撤出目前在印度训练的澳大利亚国防部队人员；要求目前在澳大利亚国防学院工作的 3 名印度国防人员立即离境；暂停对印度的非人道主义援助；暂停部长级和高级官员的互访。①

---

① "Chapter Six: Australia's Response to Nuclear Tests in South Asia," Parliament of Australia, https://www.aph.gov.au/Parliamentary_Business/Committees/Senate/Foreign_Affairs_Defence_and_Trade/Completed_inquiries/1999-02/nuclear/report/c06.

为什么澳大利亚认为制裁印度对自身并无大碍？答案很简单，印度的经济实力吓不倒澳大利亚。相形之下，澳大利亚政府不会想要对中国实施类似的制裁。因此，这种有原则的、缓慢的，而非务实的、快速的经济增长路线，给印度造成了真正的损害。只要印度的经济增长持续低迷，它就无法在全球享有中国受到的那般尊重。

印度人必须面对的一个残酷真相是：美国对印度也不甚尊重。近年来，许多美国人骄傲地宣称，美国和印度的友谊建立在牢固的基础上，因为两国都是民主国家。富有思想的印度人会不屑于这种言论，因为他们大多数人都清楚地记得，在冷战期间及之后的几十年里，美国与中国和巴基斯坦称兄道弟。美国的一个关键弱点是：政府和官员定期更换，而且他们的记性很差。

许多美国人跟他们的西方同胞一样，对中华文明的尊重程度要比对印度文明的尊重程度高，这是一个令人不安的事实。许多美国人会矢口否认，他们会大声宣称自己对印度的尊重跟对中国的一样多。但尊重是假装不出来的，最佳明证不是通过言语，而是看行动。世界上每个国家对其他国家的尊重，都可以通过投入的时间和关注展示出来，美国对中国投入的时间和关注远远超过对印度的。如果美国想与印度发展长期的亲密关系，就需要直面它对印度不甚尊重的深层根源。这是西方学者认为印度文明不如中华文明那般辉煌灿烂导致的吗？抑或是美国媒体持续报道印度的贫困故事，使美国人原先想到非洲时会联想到贫困，现在一想到印度也会联想到贫困？还是说，美国的文化攻击，是由于以英属印度为背景的英国戏剧造成的？在这些戏剧里，印度文化被认为是次等的。除非美国人反思他们对印度缺乏尊重的根源，否则美国将无法与印度建立起强有力的平等伙伴关系。

这一失败的悲剧在于，平等的伙伴关系本会为美印两国都带来巨大的利益。在未来几十年里，随着"美国世纪"日薄西山，"亚洲世纪"冉冉升起，美国将需要搭建桥梁来接触新的自信的亚洲社会。显然，中国将被视为美国在未来几十年里的主要挑战者，所以它无法为美国提供通往新亚洲的桥梁。然而，印度可以，因为美印之间有很多共同联系。首先是美国的印度人社群取得了非凡成功。从许多方面说，美国的自由企业制度是世界上最具竞争力的能够成就事业的市场，所以各国最优秀的人才都想移居到美国。美国的移民群体代表着世界各地最具成就事业潜力的那一部分人。当世界上最优秀的人才在一个公平的竞技场上竞争时，哪个民族表现得最好？数据显示，是美国的印度人社群。

在美国，印度裔家庭收入中值最高，为 119 858 美元（2018年）。[1]大量标志性的美国公司都是由印度裔经营的，包括谷歌（桑达尔·皮查伊）、微软（萨提亚·纳德拉）、百事可乐（因德拉·努伊）、奥多比（山塔努·纳拉延）、诺基亚（拉吉夫·苏里）、万事达卡（彭安杰）和美光（桑杰·梅赫罗特拉）等，这

---

[1] US Census Bureau, "Selected Population Profile in the United States," American Community Survey, 2018: ACS 1-Year Estimates Selected Population Profiles, TableID:S0201, United States Census Bureau, https://data.census.gov/cedsci/table?q=&hidePreview=false&table=S0201&tid=ACSSPP1Y2018.S0201&t=013%20-%20Asian%20Indian%20alone%20%28400-401%29%3AIncome%20and%20Earnings&lastDisplayedRow=50.

还只是部分名单。同样，美国许多顶级商学院的院长也是印度裔，包括苏尼尔·库马尔（约翰斯·霍普金斯大学教务长、芝加哥大学布斯商学院前院长）、马达夫·拉詹（芝加哥大学布斯商学院院长）、尼廷·罗利亚（哈佛商学院院长）、兰加拉詹·森德拉姆（纽约大学斯特恩商学院院长），以及保罗·阿尔梅达（乔治敦大学麦克多诺商学院院长）。

鉴于印度裔在美国精英阶层中的强大存在，美国和印度之间的上层联系可能比美国和其他任何国家都要多。

（针对中国的）地缘政治利益趋同和精英阶层联系频繁这两个因素，会使美国和印度之间的关系日益紧密。近年来，四位美国总统中有三位对印度产生了一定的个人感情，分别是克林顿、小布什和奥巴马。相形之下，有两位前总统——老布什和里根对印度没表现出什么兴趣或好感。从逻辑上讲，特朗普上台后，美国和印度的关系本应达到一个新高度，因为特朗普是右翼民族主义领导人，与印度总理莫迪同属一个意识形态阵营。实际上，这两位领导人的关系初始时很好。2017 年 6 月 24—26 日，莫迪访问了美国。访问期间，特朗普和莫迪"承诺在美国承认印度是主要防务伙伴的基础上，深化两国国防和安全合作"。[①] 然而，特朗普尚未访问过印度，他还拒绝了作为 2018 年印度共和国日阅兵主宾的邀请，即便其他世界领导人，如普京、萨科齐、安倍和奥

---

① "Joint Statement—United States and India: Prosperity Through Partnership," Media Center, Ministry of External Affairs, Government of India, June 27, 2017, https://mea. gov.in/bilateral-documents.htm?dtl/28560/United_States_and_India_Prosperity_ Through_Partnership.

巴马，都接受过该邀请。[1]

此外，在特朗普政府执政的第二年，美印关系暴露出一些困难。为了保护美国人的就业，特朗普大幅削减了 H1-B 签证的发放数量。这对印度的伤害最大，因为它是外国人才的最大供应国，尤其是在信息技术领域。另外，印度处于世界贸易组织标准下的发展中国家地位，数十年来，对美国出口在"普遍优惠制"下享有优惠关税待遇。该制度是美国在 1976 年制定的一项"旨在促进发展中国家经济增长的贸易计划"[2]，允许印度"向美国免税出口近 2 000 种产品"[3]。2019 年 5 月 31 日，特朗普政府决定单方面撤销这些让步，终止印度作为发展中国家的地位。特朗普总统宣称："我已经确定，印度没有向美国保证其将提供公平合理的市场准入。因此，从 2019 年 6 月 5 日起，终止印度作为受益发展中国家的地位是恰当的。"[4] 印度对美国的出口仅占美国进口的很小一部分（2018 年为 2.1%，合 544 亿美元），[5] 因此，这

① Nirmala Ganapathy, "Trump Declines to Be Chief Guest on India's Republic Day," *Straits Times* (Singapore), November 1, 2018, https://www.straitstimes.com/asia/south-asia/trump-declines-to-be-chief-guest-on-indias-republic-day.

② Information Center, US Customs and Border Protection, https://help.cbp.gov/app/answers/detail/a_id/266/~/generalized-system-of-preferences-%28gsp%29.

③ Justin Sink and Jenny Leonard, "India Roiled as Trump Yanks Its Status as a Developing Nation," Bloomberg, May 31, 2019, https://www.bloomberg.com/news/articles/2019-06-01/trump-ends-india-s–trade-designation-as-a-developing-nation.

④ Ibid.

⑤ See US Census Bureau, "Top Trading Partners—December 2018," Foreign Trade, United States Census Bureau, https://www.census.gov/foreign-trade/statistics/highlights/top/top1812yr.html; and US Census Bureau, "Trade in Goods with India," Foreign Trade, United States Census Bureau, https://www.census.gov/foreign-trade/balance/c5330.html.

对美国经济的净影响几近于零。那么，美国为什么要为了一丁点儿经济利益就疏远一个潜在的朋友或盟友呢？

雪上加霜的是，特朗普还在数个场合取笑过莫迪。2018 年 1 月，《华盛顿邮报》报道："高级政府官员说，有人看到特朗普总统装出印度口音，模仿印度总理莫迪讲话。"[1]2019 年 1 月，特朗普还嘲笑莫迪资助了阿富汗的一座图书馆：

> 在一次内阁会议的新闻发布会上，特朗普在为自己推动美国减少海外投资的努力做辩护，当时提到了印度的援助。他说自己与莫迪相处甚好，但又说，这位印度领导人"喋喋不休地跟我讲，他在阿富汗建了一座图书馆"。特朗普说："你知道这意味着什么吗？这就像我们浪费了将近 5 个小时。我不知道谁正在阿富汗使用它。"[2]

好在莫迪并没有生气。他不搭理这些侮辱。但全世界可以清楚地看到，特朗普对习近平主席的热情且尊重的言论与对莫迪的贬损评价之间有着天壤之别。鉴于中国正在成为美国最大的地缘政治竞争对手，而印度则可能成为美国最大的地缘政治盟友，这类态度没有什么地缘政治意义，它们只是无意中暗示了一个事实：美国更尊重中国而不是印度。

---

[1] Greg Jaffe and Missy Ryan, "Up to 1,000 More US Troops Could Be Headed to Afghanistan This Spring," *Washington Post*, January 21, 2018.

[2] "Trump Mocks Modi over Funding for Afghan Library," *Straits Times* (Singapore), January 4, 2019, https://www.straitstimes.com/world/trump-mocks-modi-over-funding-for-afghan-library.

最终，在 2021 年或 2025 年，我们将步入一个后特朗普时代。届时，美国可以开始制定一贯的长期政策，用于同印度深度接触。美国总统和印度总理应该举行年度高层会议。美国自 2009年起与中国建立了高层（包括财政部长和国务卿）战略对话，它也应该同印度开启这种对话。更大胆的设想是，美国应该提议与印度达成自由贸易协定，并做出一些单方面的让步。美国和印度之间深入且大胆的伙伴关系将使印度发挥重要作用，充当美国和亚洲新世纪之间的桥梁。

东盟也可以发挥重要的桥梁作用。然而，如果说印度未能获得美国的战略尊重，东盟的境遇就更糟糕了，会遭遇美国的战略无知。许多美国高层决策者可能听说过"东盟"这个名字，但很难理解东盟对美国战略利益的重要性。

要说清为什么东盟对美国至关重要，最佳办法是对比东南亚和伊朗。20 世纪 70 年代，美国经历了两大战略失败：1975 年，从越南灰溜溜地撤军；1979 年，被伊朗驱逐出境。在这两次失败之际，印度支那（柬埔寨、老挝和越南）落到了当地共产党政府手中。一些美国专家警告说，东盟最初的五个非社会主义国家（印度尼西亚、马来西亚、菲律宾、新加坡和泰国）最终将因为"多米诺骨牌"效应而被当地共产党接管。然而，相反的情况发生了。在随后 20 多年里，柬埔寨、老挝和越南这三个社会主义国家加入了东盟。

今天，东盟是世界上经济发展前景最好的区域之一。东盟国家曾是世界上最贫穷的经济体，到 2030 年，东盟整体有望成为世界第四大经济体。[①]伊朗有 7 000 万人口，将持续对美国构成战略挑战，东南亚的 6.5 亿人口则是美国可以利用的一个重大战略机遇。对美国决策者来说，明智之举是关注这一战略机遇。相反，美国的政策制定者更关注伊朗，东盟则继续被美国所忽视。当美国官员必须安排美国总统和国务卿访问东南亚的日程时，他们会口出怨言。实际上，当中东爆发新的"危机"时，许多美国国务卿取消或缩短了对东盟国家的访问议程。这种做法是不理性的。

好在为时不晚。对美国而言，东盟仍然是一个充满巨大地缘政治机遇的地区。谈到东南亚时，美国人往往只记得越南战争的痛苦。1975 年的惨痛溃败是美国人想要忘记的，因此，他们忽略了去看东南亚 45 年来取得的成功。在此期间，美国支持的非社会主义经济体（在美国人的想象中，会像多米诺骨牌一样被推倒）实际上却成功了，居于发展中国家的前列。尤其是，大多数美国人还不知道这样一个事实：东南亚是世界上最亲美的地区之一。

毫无疑问，未来的历史学家会想知道：在冷战结束后的 30 年关键时间里，当中东不再是美苏竞争的舞台，失去了其重要性，而东南亚成了中美竞争的潜在舞台并变得重要起来时，为什么美国的战略思想家和政策制定者会继续把更多的注意力放到中

[①] PwC, "Emerging Trends in Real Estate," PricewaterhouseCoopers, https://www.pwc.com/gx/en/growth-markets-centre/publications/assets/pwc-gmc-the-future-of-asean-time-to-act.pdf; Loong, keynote address; and ASEAN, "Investing in ASEAN, 2013–2014," https://www.usasean.org/system/files/downloads/Investing-in-ASEAN-2013–14.pdf.

东（在无谓的战争中耗尽美国人的精力和资源），而不是放到东南亚这个和平与繁荣的绿洲上？大多数美国人还不知道，东南亚的许多领导人和精英曾在美国的一流大学就读。常春藤联盟大学的一些最活跃的海外分会就分布在东南亚。

令人高兴的是，东南亚的这种亲美情绪不会很快消失。如果美国能制定出一个针对东盟的明智、深思熟虑、全面且长期的战略，那么它将会找到一个强有力的伙伴。

今天，当大多数美国政策制定者和权威人士审视东南亚时，他们是透过中美竞争的扭曲棱镜来看的。东南亚在地理上毗邻中国，最大的内部水道被称作南海。许多美国人认为东南亚国家将自然而然地成为中国的政治和文化卫星国。尽管与中国地理相邻，但十个东南亚国家中有九个拥有印度文化基础，唯一拥有中国文化基础的是越南——被中国统治了将近一千年，对终于实现独立备感珍惜。

大多数美国人不甚了解东南亚的历史，它着实引人入胜。在东盟的 6.5 亿人口中，有 2.66 亿穆斯林，1.46 亿基督教徒，1.49 亿佛教徒（包括大乘佛教和小乘佛教）。此外，那里还有数以百万计信奉儒家思想、道家思想、印度教的人，他们在东南亚和平生活。

事实上，冷战结束后，美国对东南亚的忽视可能帮助了该地区发展——这个观点会立即招致美国决策者的质疑。然而，对美国在中东地区无谓的战争中浪费的数万亿美元产生的结果进行清醒的评估，应该可以向未来的美国决策者证明：少就是多。

忽视也不等于完全不接触。美国虽然从东南亚所有的军事冲突中撤身，但仍与东盟保持着外交接触。诚然，美国人的注意力是不连贯的，也无法被预测。但总体而言，美国和东盟关系的基调是积极的。

简言之，如果美国有兴趣采用"外交优先"的战略来制衡中国在世界上日益提高的影响力，那么东盟仍然是世界上最重要的地区之一。虽然东南亚在地理上毗邻中国容易给人造成一种印象，即美国很可能在争夺该地区人心的地缘政治竞争中失利，但更深入地研究东南亚的历史和文化后，能够看出美国拥有外交接触的机会。

我在2019年写道，我预测，随着时间的推移，当美国和中国之间的地缘政治竞争加剧时，俄罗斯将成为美国的关键盟友，虽然这看起来似乎不太可能。俄罗斯是与中国有着最长共同边界的国家。1979年，以俄罗斯为首的苏联的经济规模是中国的数倍。后来，俄罗斯和中国在经济与政治上的相对权重发生了急剧变化。

2019年，中国的经济规模（12.2万亿美元）是俄罗斯（1.6万亿美元）的近八倍。① 到2050年，中国的经济规模将变得更大。尽管俄罗斯拥有的核武库使中国相形见绌，也无须担心遭到中国的直接军事入侵（这种情况永远不会发生），但它还是应该谨慎地寻找一个盟友来平衡一下这个规模和影响力都比它大得多的邻国。俄罗斯最天然的盟友是美国。那么，如果在未来几十年的某个时候，美国和俄罗斯结成联盟，那将是可以理解的。

---

① World Bank, "World Bank Open Data," The World Bank data, https://data.worldbank.org.

然而，要实现这一目标，美国领导人必须能够坦诚地与俄罗斯领导人对话。他们必须承认一些无可否认的历史事实，尽管这些事实可能令人痛苦和不安。近期，最明显的令人不安的事实就是，俄罗斯干预 2016 年美国总统大选。

如果美国人希望重启与俄罗斯的关系，那么他们就要面对一个更根本性的事实。冷战结束后，美国领导人违背了他们对俄罗斯领导人做出的明确或含蓄的承诺。美国曾向俄罗斯承诺，华沙条约组织解体后，美国不会将北约东扩以威胁俄罗斯。

当美国人做出扩大北约这一致命的决定时，他们的地缘政治盘算是什么？美国人是否认为，在俄罗斯于 20 世纪 90 年代虚弱挣扎时（经济崩溃和金融危机给俄罗斯人民带来了深重苦难），美国可以一举消灭俄罗斯这个潜在竞争对手？鉴于大多数美国人天性开朗大方，似乎很难相信美国会设计一个险恶的阴谋，永远消灭俄罗斯这个地缘政治竞争对手。即便如此，美国在 20 世纪 90 年代和 21 世纪对俄罗斯利益的漠视，也似乎出自一项前后一贯的计划。

不管冷战结束后美国是否存在"有意识"地削弱俄罗斯的计划，美俄两国面对面坦诚地交流一下各自对所发生之事的看法仍是很有帮助的。它们应该面对所有困扰两国关系的艰难插曲：北约扩张，美国支持乌克兰和格鲁吉亚的"颜色革命"、入侵伊拉克、干预利比亚和叙利亚。

美国如果坦诚地重新评估对俄政策，可能会给美国的长期地缘政治思考带来一些益处。过去的已成事实，但如果美国人更多地意识到本国政策给俄罗斯人带来的耻辱，他们就可以逐步消除一些横亘在双方之间的关键心理障碍——这些阻碍了美俄联盟的早日达成。

冷战刚一结束，越南就开始适应苏联解体造成的新的地缘政治环境。它的许多昔日对手也迅速调整了策略。例如，东盟的五个创始成员国在整个 20 世纪 80 年代都与越南处于敌对关系。然而，到了 1995 年，越南被接纳为东盟成员国。

东盟成员国都是相对贫穷的发展中国家，它们没有华盛顿特区战略智库产业的精明老练，却也能够通过接纳一个前对手加入东盟来迅速适应新的地缘政治环境。好在美国与东盟保持同步，克林顿总统在 1994 年解除了对越南的贸易禁运，并在 1995 年实现了两国关系正常化。①

理论上，对地缘政治现状进行冷静的、实事求是的评估可以驱动良好的地缘政治思考。在地缘政治分析和行为中，理性应该永远战胜情绪。但在过去几十年里，美国拥有压倒性的权力，在部分程度上也使它享有让情绪——而非理性——指导地缘政治行为的特权（或为此付出了代价）。对于一个比任何潜在竞争对手都强大得多的世界头号强国来说，这种行为可以出现，或许也可以接受，但当这个强国下滑至世界第二的地位时，在地缘政治的思考和行为中，允许情绪战胜理性则可能是致命的。

随着美国不可避免地滑向世界第二强国的地位，它将不再享有由情绪来驱动地缘政治政策的特权。为了理解冷战结束后美国与几个国家（包括俄罗斯）的关系究竟是如何以及为什么会出现问题，

① Eleanor Albert, "The Evolution of U.S.–Vietnam Ties," Council on Foreign Relations, March 20, 2019, https://www.cfr.org/backgrounder/evolution-us-vietnam-ties.

美国需要付出很大的努力。这将使美国社会更好地理解自己的地缘政治反应和冲动，而地缘政治成功的关键之一就是"知己"。

如果美国能对自己在与其他国家关系中所采取的积极行动和犯下的错误有良好的认识，那么它在未来的对华地缘政治政策中就不太可能犯下严重的错误。美国做对的地方比做错的多。因此，美国与世界上大多数国家都保持着相对良好的关系。但美国确实犯下了一些不必要的、令人痛苦的错误，尤其是在与伊斯兰世界和俄罗斯的关系上。

简言之，现在的情形与冷战时期不同了，那时绝大多数国家对成功的美国——而不是对失败的苏联——表现出了更多的同情。在新的中美竞争中，类似的结果是否会出现还远未可知。大多数国家将会以这种或那种方式防范风险。如果中国和美国都想赢得其他国家的支持，就必须学会进行一种更复杂的博弈。

第九章

一个自相矛盾的结论

本书以一个自相矛盾的结论收尾：中国与美国之间的重大地缘政治竞争既不可避免，也可以避免。

先来谈谈不可避免的方面。本书阐释了一些驱动中国与美国走向重大地缘政治竞争的动力，从中国犯下的疏远美国商界的失误，到美国需要寻找外国替罪羊，以掩盖美国社会出现的深层次社会经济矛盾等。

同时，在美国国内，反华声势正在不断积聚壮大。《华尔街日报》的格雷格·伊普在与几位研究中国数十年的权威人士交谈后总结道："如果过去钟摆摆得太过倾向于迁就中国，那么现在可能反弹得太过倾向于对抗中国。"伊普援引美国前财政部长亨利·保尔森的话说："我们在对华态度上，不是对华政策上……美国国土安全部、联邦调查局、中央情报局、国防部都将中国视为敌人，国会议员正竞相比拼谁是最好战的对华鹰派。没有人逆风而行，做出平衡，问问我们能够切合实际地做些什么，以便有机会取得不会损害我们经济和国家安全利益的长期成果。"①

① Greg Ip, "Has America's China Backlash Gone Too Far?," *Wall Street Journal*, August 28, 2019, https://www.wsj.com/articles/has-americas-china-backlash-gone-too-far-11566990232?mod=rsswn.

亨利·保尔森绝对是正确的。在这种对华强硬的不良氛围下，如果有任何美国政治家或公共知识分子倡导更理性地对待中国，都将是不明智的。罗杰·科恩在《纽约时报》的专栏文章中就传达了强烈的反华情绪。总体来说，科恩是一位公正、不偏不倚的专栏作家。然而，在 2019 年 8 月 31 日的专栏文章中，他对中国几乎没有什么正面评价。科恩写道："就如何塑造 21 世纪的世界格局问题，美国现在正与中国展开一场直接的意识形态战争。"

本书的一个关键信息是，虽然中国领导人想复兴中华文明，但他们并没有要去接管世界，以及要把每个人都变成中国人。中国在世界上的作用和影响力，必然伴随着其经济规模的增长而壮大。然而，中国不会利用自身的影响力来改变其他社会的意识形态或政治实践。关于当今世界的一个巨大的悖论是，尽管人们普遍认为中国是一个封闭的社会，美国是一个开放的社会，但与美国领导人相比，中国领导人更容易与一个多样化的世界打交道，因为他们不认为其他社会应该变得像中国一样。中国人明白其他社会有着不同的思维方式和行为方式，美国人则不然。

遗憾的是，这种说法对美国几乎无甚影响，因为美国已坚信今天的中国成了一个威胁。因此，中国与美国之间的一场重大的地缘政治竞争不可避免。

更糟糕的是，关键决策是在各自为政的情况下做出的。当管理一个工业园区的中国官员向一家美国公司施压，要求对方分享技术以换取投资许可时，他或许没有料到，这会导致中国出现战略失误：疏远了美国商界，为特朗普挑起对华贸易摩擦铺平了道路。2018 年 8 月 27 日，当一名纽约法官对华为首席财务官孟晚舟发出逮捕令时，[1]表面上看，他做出这一决定好像是基于法律依据。然而，中国人看到的是哥伦比亚大学的杰夫·萨克斯指出的双重标准：当美国公司违犯法律时，美国惩罚的是这些公司，而不是高管。但是，当中国公司违犯法律时，美国会惩罚公司里的高管。检察官并非有意要传达美国持有双重标准，但这却是中国接收到的信息，因为检察官跟司法部的行动都没有考虑到这一决定会产生更广泛的地缘政治影响。

再者，短期收益往往会压倒长期考量。当中国政府直接或间接地要求柬埔寨政府否决一份提到南海问题的 2012 年东盟联合声明时，表面上看，中国在短期内取得了胜利。但这也为美国落下了一份巨大的宣传口实。欧内斯特·鲍尔——美国战略与国际问题研究中心东南亚项目主任，如此描述此事的影响：

> 在东盟的团结问题上，柬埔寨被动陷入了一个尴尬的境地：在一项对东盟及其成员国最重要的安全问题上，柬埔寨与东盟邻国之间呈现出对抗态势。柬埔寨传出的最重要信息不是东盟内部就联合声明争吵不休，而是中国认为一个软弱分裂的东盟将符合其最大利益。[2]

---

[1] Ian Young, "Huawei CFO Sabrina Meng Wanzhou Fraudently Represented Company to Skirt US and EU Sanctions on Iran, Court Told in Bail Hearing," *South China Morning Post*, December 8, 2018, https://www.scmp.com/news/china/article/2177013/huawei-executive-sabrina-meng-wanzhou-fraudulently-represented-company.

[2] Ernest Z. Bower, "China Reveals Its Hand on ASEAN in Phnom Penh," CSIS, July 20, 2012, https://www.csis.org/analysis/china-reveals-its-hand-asean-phnom-penh.

同样，2010 年 7 月，在河内举行的东盟会议上，美国国务卿希拉里·克林顿就中国在南海的活动发表了言辞激烈的声明，以坚定的原则立场赢得了美国媒体的赞誉。然而，这种公开攻击也破坏了中国与美国在南海问题上达成互利谅解、互相尊重核心海洋利益的前景。在地缘政治竞争中，短期的宣传收益往往以牺牲长期的红利为代价。

地缘政治决策同所有政治决策一样，是由风云人物推动的，而这些人在不断变化——在中国和美国皆是如此。中美合作的黄金时代出现在 20 世纪 70 年代，当时四位地缘政治的重量级人物——尼克松、基辛格、毛泽东和周恩来——不同寻常地走到一起，结成了一种非凡的伙伴关系。若没有这四位领导人处理地缘政治的高超技巧，两个强大对手之间的关系就不会有任何突破。

相形之下，希拉里·克林顿在 2009—2012 年担任美国国务卿期间，美国与中国的关系就不太融洽。理论上，推动国际关系进程的是国家利益而非个人利益。但在实践中，个人确实发挥着举足轻重的作用。未来的历史学家很可能会认为，2018 年 10 月 4 日，美国副总统迈克·彭斯发表的关于中国的讲话标志着中美关系的新低点。这是一场令人厌恶、居高临下的演讲，他的几位前任都不会发表这种演讲。一年后，在 2019 年 10 月 24 日，彭斯发表了第二次抨击性演讲，再次全方位攻击中国，重申他一年前的指控，即"中国政府制定了许多伤害美国利益和价值观的政策，从中国的债务外交和军事扩张主义、镇压有信仰者、建设全国监控网络，再到一系列违背公平自由贸易的政策，包括关税、配额、汇率操纵、强制技术转让和工业补贴等"。[①] 一个冷静、理性的副总统在发表此类演讲时，往往会更加谨慎，而不是如此强硬。

在国际关系中，情绪与理性同等重要。如果中国同为西方资本主义国家，尤其是同为盎格鲁－撒克逊国家，那么美国将更容易接受这个大国的崛起。这也解释了为什么权力从英国向美国转移会进行得相对顺利：一个盎格鲁－撒克逊政权让位给另一个。这一转移背后没有情绪上的恶意揣测。相形之下，中国代表着一种截然不同的文化，在西方人脑海中一直被认为是不同的。因此，在中国人和美国人之间，横亘着一个自然而合理的担忧：他们会理解我们，以及我们的利益和价值观吗？我们能理解他们吗？

更糟糕的是，在西方人的潜意识深处，埋藏着一种对"黄祸"的本能却真实的恐惧，但很少露面。当美国高层决策者就中国问题做出决定时，他们可以诚恳地说，这是出于理性考量，而非受情绪驱动。不过，对外部观察者而言，美国对中国崛起的反应显然受到了深层情绪反应的影响。就像人类个体很难挖掘出驱使其行为的无意识动机一样，国家和文明也难以挖掘出它们的无意识冲动。

"黄祸论"已经在西方文明中被埋藏了数个世纪，这是事实。拿破仑有一句暗指这一点的名言："让中国沉睡吧，一旦它醒来，整个世界都会为之震动。"为什么拿破仑提到的是中国，而

---

① "Remarks by Vice President Pence at the Frederic V. Malek Memorial Lecture," Conrad Hotel, Washington, DC, October 24, 2019, https://www.whitehouse.gov/briefings-statements/remarks-vice-president-pence-frederic-v-malek-memorial-lecture/.

不是印度——一个同样庞大且人口众多的文明？因为没有大群
的印度人威胁或蹂躏过欧洲各国的首都。相形之下，13 世纪时，
成群结队的蒙古人就出现在了欧洲的门口。诺琳·吉夫尼记述
道："1235 年，蒙古军队入侵东欧，1236—1242 年又入侵罗斯公
国。……蒙古人在猛攻之后，又神秘地迅速撤退，这让西方人大
吃一惊，也松了一口气。"[1]

吉夫尼追溯了 13 世纪的欧洲作家是如何在蒙古人入侵欧洲
之后，将其塑造成"怪物"的：

> 蒙古人入侵基督教世界及其周边地区后，在各种文字
> 作品中受到了充满敌意的审视，并被称作"无法无天的以
> 实玛利人"、"遭诅咒的无神论者"和"沾满基督徒鲜血的
> 人"（《诺夫哥罗德纪事》，1914，82，83，82）。他们使
> 用了大量让西方军队感到惊讶和困惑的军事技术，再加上
> 蒙古大军不断膨胀的无敌士气，使当时的观察家将他们描
> 述为"一群反基督者"（《世界大事录》，1852，1:469）和
> "撒旦的地狱使者"，来自地狱深渊神塔耳塔洛斯腹中或地
> 狱深处。[2]

对"黄祸"的潜在恐惧，时不时地展露在文学和艺术作品
中。我是一个生活在英国殖民地的孩子，读过当时流行的傅满洲

---

[1]　Noreen Giffney, "Monstrous Mongols," *Postmedieval: A Journal of Medieval Cultural Studies* 3, no. 2, (May 2012): 227–245.

[2]　Ibid.

系列小说，这些小说给我留下了深刻的印象。我并不是西方人，都能够内化吸收这类种族滑稽漫画，我怀疑潜意识中的"黄祸"恐惧也影响了美国决策者对中国崛起的反应。这是对中美关系前景感到悲观的另一个原因。即使大多数美国人会抗议，说他们的外交政策中没有种族主义的影子，但是许多亚洲人（不仅仅是中国人）会同意我的观点。

尽管悲观的理由很充分，但人们也可以找到同样充分的乐观理由。如果我们能够调动理性的力量来理解中美两国真正的国家利益，就会得出结论：这两个大国之间不应该存在根本的矛盾。事实上，中美之间有着五个"不矛盾"。如果两国政府中明智的思考占据上风，它们应该反思并强调这五个根本上的"不矛盾"。

西方语境中很少使用"不矛盾"这个词。西方人的思维习惯了黑白分明，一方是对的，另一方是错的。中国人的思维却不同，黑与白都可能是对的。这种二元论的思维模式在"阴""阳"概念中得到了最佳体现。在西方人的世界观中，只有"阴"或"阳"一方是正确的。在中国人的世界观中，"阴"和"阳"都可能是正确的。

要想清楚解释"阴"和"阳"的关系很困难。南洋理工大学的黄海教授做过尝试。他写道：

> 阴阳思想反映了一种试图解释关系和变化的辩证逻辑。透过现象看本质，阴和阳只不过是捕捉自然界二元性感知的标签——黑暗与光明，柔软与坚硬，女性与男性。因而，阴阳学说是一种对世界的整体观，认为所有实体都

是宇宙整体的一部分。这些实体无法脱离与其他实体的关系而独立存在。二元论意味着像光明这种属性只有相对于黑暗才有意义，就像美相对于丑一样。[1]

他补充道："最基本的原则之一是阴和阳相互对立，却又相互依存。"

持此二元论观点，我们就有可能看到中国和美国之间的五个根本上的"不矛盾"。

第一，两国的根本利益不矛盾。这两个社会的根本国家利益都是改善国民的福祉。1809年3月，托马斯·杰斐逊在卸任美国总统时写道："一个好政府首要且唯一合法的目标是关心人民的生命和幸福，而不是破坏它们。"[2]马丁·沃尔夫注意到这一观点，询问道："如何衡量'幸福'呢？是什么增进了'幸福'？"[3]沃尔夫说，这些都是古老的问题。西方的功利主义哲学家，包括杰里米·边沁在内，早就提出了这种问题。

好消息是，当代功利主义哲学家已经接受了衡量幸福的挑战。例如，伦敦经济学院教授理查德·莱亚德在合著作品《幸福的起源》中说，人们自我报告的"生活满意度"可以作为衡量幸福的

---

[1] Hong Hai, "Daoism and Management," chap. 4 in *The Rule of Culture: Corporate and State Governance in China and East Asia* (London: Routledge, 2019).

[2] Thomas Jefferson, "To the Republicans of Washington County, Maryland," March 31, 1809, https://founders.archives.gov/documents/Jefferson/03-01-02-0088, quoted in Martin Wolf, "The Case for Making Wellbeing the Goal of Public Policy," *Financial Times* (London), May 30, 2019, https://www.ft.com/content/d4bb3e42-823b-11e9-9935-ad75bb96c849.

[3] Wolf, "The Case for Making Wellbeing the Goal of Public Policy."

一个良好指标。鉴于此,莱亚德声称,"幸福感"最终将被完全接受为评估社会政策的标准方法。如果我们可以衡量和增进幸福感,那么就可以关注提升幸福感的政策。我们还可以决定在国家预算中哪些项目应该获得优先考虑:是国内投资还是国防支出?

美国比中国富裕得多。美国的名义人均收入是 62 641 美元,是中国的 9 771 美元的六倍多。[①]美国虽然更富有,但人民的福祉,尤其是底层 50% 人民的福祉,在近几十年里不断恶化。有一个事实不容辩驳:自从"9·11"事件以来,美国在中东战争中浪费了近 5 万亿美元。布朗大学沃森国际问题研究所的报告称:

> 加上这些开支和国会对 2017 财年的要求,美国联邦政府已经在"9·11"事件后的战争中花费了大约 4.8 万亿美元。此外,如果美国不改变支付战争费用的方式,那么到 2053 年,利息成本将至少达到 7.9 万亿美元。[②]

如果这 4.8 万亿美元被分配给美国底层 50% 的人民,那么每个公民将拿到大约 2.9 万美元。如果把这个数字与 2/3 的美国家庭连 500 美元的紧急现金都筹措不来放到一起,就能清楚地看到,把人民的福祉放在首位符合美国的国家利益。

海蒂·加勒特-佩尔蒂埃在 2017 年为布朗大学沃森国际问

---

① World Bank, "GDP per Capita (current US$)," The World Bank data, https://data.worldbank.org/indicator/NY.GDP.PCAP.CD.

② "US Federal and State Budgets," Costs of War, Watson Institute: International & Public Affairs, Brown University, https://watson.brown.edu/costsofwar/costs/economic/budget.

题研究所撰写的论文中写道：

> 2001 年以来，鉴于联邦政府在伊拉克、阿富汗、叙利亚和巴基斯坦的战争中花掉数万亿美元，我们丧失了在国内经济中创造数百万个就业岗位的机会，也丧失了为美国公众改善教育、健康和环境的机会。……在同等支出水平下，教育和医疗保健创造的就业机会是国防部的两倍多，清洁能源和基础设施创造的就业机会则会多出 40%。事实上，在过去的 16 年里，美国因为把钱花在战争中而不是国内经济的其他领域，丧失了创造 100 万～300 万个额外就业岗位的机会。[①]

　　简言之，如果美国停止无谓的国外战争，利用这些资源来改善人民的福祉，那么美国人民的生活会好得多。中国的人均收入远低于美国，因此，增进中国人民的福祉也符合中国的国家利益。中国和美国都应该把增进人民福祉作为首要的国家利益，这一观点无可辩驳。然而，战略思考者看不到这个基本点，这一事实表明，他们的视角已变得何等扭曲。辽阔的太平洋隔开了中国和美国，这是两国的幸运。如果它们都能关注本国人民的福祉，并让太平洋保护各自的家园，中美两国都会更加美好。

---

① Heidi Garrett-Peltier, "Job Opportunity Cost of War," Costs of War, Watson Institute: International & Public Affairs, Brown University, https://watson.brown. edu/costsofwar/files/cow/imce/papers/2017/Job%20Opportunity%20Cost%20of%20 War%20-%20HGP%20-%20FINAL.pdf.

中美两国还可以找到合作的领域。美国正饱受基础设施严重不足之苦，而中国已经成为一个基础设施建设超级大国，中国建设高速铁路（即高铁）网络的速度比其他任何国家都要快。2012年，《纽约时报》记者基思·布拉德舍报道说："中国开始运营……世界上最长的高铁线路，8小时可以行驶相当于从纽约到佛罗里达州基韦斯特的距离……从纽约到迈阿密的距离相对更近，但美国铁路公司的列车依然需要花费将近30个小时。"[1] 常识告诉我们，两国应该在基础设施建设领域展开合作。然而，考虑到彼此恶劣的政治态度，常识无法发挥作用。因此，两个大国之间的关系需要一个重大的战略重启。如果两个大国首先尝试界定自身的核心国家利益，尤其是在改善人民生活方面的核心利益，它们就会得出一个合乎逻辑的结论：在两国的国家利益之间根本不存在矛盾。

第二，在减缓气候变化方面，美国和中国之间也根本不矛盾。如果气候变化使地球变得越来越不适合居住，那么美国和中国公民将成为同一条沉船上的旅客。"重整泰坦尼克号甲板上躺椅的人是傻子"，这已是陈词滥调。但如果美国和中国继续争论地缘政治分歧，而不是把注意力放到保护地球环境这一共同利益上，那么它们就是在做无用之功。

一位智者曾说，对人类来说，最佳之事是天文学家在与地球相碰撞的轨道上发现了一颗遥远的彗星，但不确定它会击中哪个

---

[1] Keith Bradsher, "China Opens Longest High-Speed Rail Line," *New York Times*, December 26, 2012, https://www.nytimes.com/2012/12/27/business/global/worlds-longest-high-speed-rail-line-opens-in-china.html.

大陆。只有面临这种共同的威胁，地球上 75 亿人（包括中国的 14 亿和美国的 3.3 亿）才会意识到，他们作为地球公民的共同利益远远大于各自的国家利益。尤瓦尔·赫拉利在《人类简史》中描绘了一个简单的事实：

> 今天几乎所有人类都接受同一套地缘政治体系……使用同样的经济制度……采用一样的法律制度……也接受同样的科学体系……全球文化虽然单一，但却非同质……但不论如何，它们彼此都密切相关，而且会以许多不同方式相互影响。虽然会有各种争斗，但它们争辩用的是同一套概念，战斗用的是同一套武器……今天，伊朗和美国虽然针锋相对、剑拔弩张，但它们讲的都是民族国家、资本主义经济、国际权利以及核物理学这套语言。[1]

我们唯一的宜居星球正面临着巨大的危险，我们应该关注彼此的差异还是相似之处？人类被认为是地球上最聪明的物种。这是我们成为世界上优势物种的显著原因。然而，最聪明的物种现在正以一种自杀的方式行动——允许气候环境继续恶化，而不采取共同行动来逆转它。我们还在争论哪些国家该受到指责。杰出的美国前驻印度大使罗伯特·布莱克威尔正确地指出，"当今中国产生的碳排放量约占全球的 28%，美国仅占

---

[1] Yuval Noah Harari, *Sapiens: A Brief History of Humankind* (New York: HarperCollins, 2015).

约 15%"。另一个事实是，正在发生的全球气候变暖不单单是当前温室气体排放造成的，也是由西方国家自使用煤炭当作燃料的工业革命以来排放的温室气体存量造成的，尤其是二氧化碳的存量。图 9.1 记录了主要国家和地区的累计二氧化碳排放量，可见中国的排放量远远低于美国和欧盟。简言之，所有工业化国家都需要为自己的行为承担责任，携手努力，以减轻进一步的环境破坏。

（10亿吨）

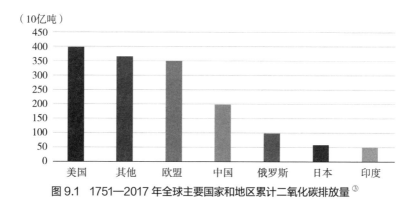

图 9.1　1751—2017 年全球主要国家和地区累计二氧化碳排放量[3]

2017 年，当特朗普政府决定退出《巴黎协定》时，中国和印度没有选择退出，表现得非常负责任。当中国（人均收入为 9 771 美元）和印度（人均收入为 2 016 美元）等相对贫穷的

① Robert D. Blackwill, "Trump's Foreign Policies Are Better Than They Seem," Council on Foreign Relations, https://cfrd8-files.cfr.org/sites/default/files/report_pdf/CSR%2084_Blackwill_Trump_0.pdf.

② EPA, "Understanding Global Warming," US Environmental Protection Agency, https://www.epa.gov/ghgemissions/understanding-global-warming-potentials.

③ Hannah Ritchie and Max Roser, "CO₂ and Greenhouse Gas Emissions," Our World in Data, updated October 2018, https://ourworldindata.org/co2-and-other-greenhouse-gas-emissions#cumulative-co2-emissions.

国家履行全球义务时，美国这个相对富裕的国家（人均收入为 62 641 美元）却选择退出，这个世界真是令人啧啧称奇。[1] 正如布莱克威尔所指出的："美国退出《巴黎协定》，让中国成了气候变化问题上的非正式全球领导者，同协议签署国一道在美国缺席的情况下继续履行义务。这使国际上普遍认为，特朗普政府的政策表明，美国正在退出世界。"[2]

全球气候变暖并非人类面临的唯一"全球共有"的挑战。在其他许多领域，也存在着同样紧迫的挑战。联合国确立了 17 项可持续发展目标，以"应对世界面临的紧迫的环境、政治和经济挑战"。[3] 这 17 项目标旨在实现：

1. 到 2030 年消除一切形式的极端贫困。

2. 消除饥饿，实现粮食安全、改善营养和促进可持续农业。

3. 确保健康的生活方式，促进各年龄段人群的福祉。

4. 确保包容、公平的优质教育，促进全民享有终身学习机会。

5. 实现性别平等，为所有妇女、女童赋权。

6. 确保为所有人提供并以可持续方式管理水和卫生

① World Bank, "GDP per Capita (Current US$)," The World Bank data, https://data.worldbank.org/indicator/NY.GDP.PCAP.CD?.

② Blackwill, "Trump's Foreign Policies Are Better Than They Seem."

③ Background on the Goals, "Sustainable Development Goals," UN Development Programme, https://www.undp.org/content/undp/en/home/sustainable-development-goals/background/.

设施。

7. 确保人人获得可负担、可靠和可持续的现代能源。

8. 促进持久、包容、可持续的经济增长，实现充分和生产性就业，确保人人有体面的工作。

9. 建设有风险抵御能力的基础设施、促进包容的可持续工业，并推动创新。

10. 减少国家内部和国家之间的不平等。

11. 建设包容、安全、有风险抵御能力和可持续的城市与人类住区。

12. 确保可持续消费和生产模式。

13. 采取紧急行动应对气候变化及其影响。

14. 保护和可持续利用海洋及海洋资源以促进可持续发展。

15. 保护、恢复和促进可持续利用陆地生态系统以及可持续森林管理，防治荒漠化，制止和扭转土地退化现象，遏制生物多样性的丧失。

16. 促进有利于可持续发展的和平与包容社会，为所有人提供诉诸司法的机会，在各层级建立有效、负责和包容的机构。

17. 加强执行手段，重振可持续发展全球伙伴关系。[①]

---

① UNDP, *Sustainable Development Goals*, United Nations Development Programme, https://www.undp.org/content/dam/undp/library/corporate/brochure/SDGs_Booklet_Web_En.pdf.

有一个事实不可否认：如果世界上两个最大的强国合作应对这些共同挑战，我们就更有可能找到解决方案。两国中的任何一方采取行动，都可能产生重大影响。这里有一个例子。在中国饮食中，鱼翅是一道美味佳肴。中国由于拥有世界上增长最快的中产阶级，对鲨鱼鱼翅的需求也呈指数级增长。这使鲨鱼成为濒危物种。好在中国领导人采取了行动，禁止在任何公务招待餐中提供鱼翅。中国共产党有 9 000 万党员，当 9 000 万中国人停止食用鱼翅后，对鱼翅的需求量便急剧下降了。捕猎鲨鱼就变得没那么有利可图了。中国单方面的行动可能拯救了一个物种。

第三，美国和中国在意识形态领域不存在矛盾。这一说法可能令人备感意外。人们普遍认为，中美地缘政治竞争的一个关键驱动因素是深刻的意识形态分歧。在一段时间里，中国确实在推行共产主义，我亲身经历过。中国共产党在 20 世纪 50—60 年代积极地支持他国的共产党，特别是东南亚邻国的，比如马来亚共产党。当时马来西亚共产党试图接管我的家乡新加坡。然而，时任新加坡总理李光耀告诉邓小平，如果中国继续支持这些国家的共产党，非社会主义的东南亚国家（尤其是东盟的五个创始成员国：印度尼西亚、马来西亚、菲律宾、新加坡和泰国）就不可能与中国建立和平关系。李光耀传达这一消息后，中国共产党对东南亚共产党的支持逐渐收回，也不再推广社会主义。这一政策转变值得美国的观察家深思。40 多年前，当中国面临一个具体的选择时，它选择了促进国家利益，放弃了在全球推广社会主义的意识形态。

因此，东南亚的非社会主义国家，甚至世界上大多数国家，都感觉不到任何来自中国意识形态的威胁。许多思虑过度的美国人可能嗤笑这种想法很天真。许多美国人已经确信（几乎出于宗教信仰），中国社会主义的成功本身就对资本主义国家构成了威胁。如果说中国的社会主义意识形态对资本主义国家是固有威胁，那么它应该被许多其他资本主义国家也视作一种威胁。根据人口规模来看，世界上最大的三个资本主义国家分别是印度（13亿人）、美国（3.3亿人）和印度尼西亚（2.5亿人）。如果中国的社会主义意识形态是对资本主义国家的威胁，那么这三个国家都应该感受到威胁。但只有一些美国决策者感觉受到了威胁。如果有人去问印度总理莫迪或印度尼西亚总统佐科（或者两国的任何高级官员），贵国是否感受到来自中国社会主义意识形态的威胁，他们会对自己为何会被问到这一问题感到不解。印度和印度尼西亚在地理上比美国离中国更近，它们与中国的联系也更多，所以很了解中国。虽然中国的崛起是它们共同关注的问题，但它们并不关心中国的社会主义意识形态。它们看不出中国领导人有丝毫输出或推广社会主义的愿望或努力。在这方面，中国共产党的态度和行为与苏联共产党恰好相反。

遗憾的是，即便中国共产党的态度和行为与苏联共产党截然相反，许多美国思想家仍不假思索地把他们昔日对苏联共产党行为的假设转移到中国共产党身上。这么做是危险的。中国共产党的治理能力和适应能力都远超苏联共产党，而且有一点不同于苏联共产党，那就是其没有很快消失的危险。在2019年香格里拉对话会上，新加坡总理李显龙表示："冷战结束时，苏联和东欧国家僵化的计划经济，在巨大的国防开支的压力下彻底崩溃。即便如此，这也用了 40 年时间。中国经济充满活力，不太可能以同样的方式崩溃。"① 为什么中国共产党更具备适应力？因为它跟苏联共产党不同，它不是乘着意识形态的浪潮，而是顺应文明复兴的潮流——中华文明已经证实自身是历史上最强大、最具韧性的文明之一。

许多美国战略思想家都认识到第二次世界大战中致使日军占领新加坡的战略失误，即便新加坡本应是英国坚不可摧的堡垒。英国人让大炮对准南方，准备迎接来自海上的进攻。然而，日本军队却骑着自行车从北方赶来。新加坡的失守已经成为教科书般的案例，述说着战略思维是如何犯下错误的。

美国的战略思想家在盯着中国是一个社会主义国家的事实时，同样是在犯一个类似的错误。中国的社会主义不会对美国造成威胁。相反，中国经济和社会的成功与竞争力才是真正的挑战。为应对这一挑战，美国思想家应该把焦点放在确保美国经济和社会的成功与竞争力上。有趣的是，乔治·凯南在以"X 先生"为笔名的著名文章中也强调了一个强大的美国国内社会的重要性。他用了美国人应该注意的两个关键短语。同冷战时期一样，即将发生的地缘政治竞争的结果，将取决于美国的"精神活力"，以及美国能否成功地避免"优柔寡断、不团结和内部分裂"。简言之，是国内因素——而非外部威胁——决定着美国将表现如何。可悲的是，今天的美国既缺乏精神活力，也深深陷入不团结和内部分裂

---

① Lee Hsien Loong, "Shangri-La Dialogue: Lee Hsien Loong on Why US and China Must Avoid Path of Conflict," *Straits Times* (Singapore), June 1, 2019, https://www.straitstimes.com/opinion/why-us-and-china-must-avoid-path-of-conflict-pm-lee.

中。美国与其浪费宝贵的资源来应对"莫须有"的中国意识形态的威胁，不如利用同等资源来振兴自己的社会。美国人和中国人在意识形态上根本没有矛盾，尽管这看起来有悖常理。

第四，更令人惊讶的是，美国和中国的文明之间也不存在矛盾。虽然塞缪尔·亨廷顿在 1993 年曾发出警告，但西方和中国之间没有迫在眉睫的文明冲突的危险。同样地，如果理性成为国家之间关系的驱动力，那么我们就不必担心文明差异的影响。正如伟大的哲学家告诉我们的，理性和逻辑的论据在所有文化和文明中都具有普适性。不同文明之间没有理由不能理性地互动。

人类不仅在个人决策中会受到情绪的严重影响，在地缘政治的判断上也会受到情绪的影响。更糟糕的是，这些情绪往往隐藏在潜意识里，它们虽然不会暴露在表面，但仍然非常活跃。

本章前面谈到，在过去的两三百年间，对"黄祸"的恐惧导致了美国人对"黄种人"的各种歧视行为，从 19 世纪末的《排华法案》，到第二次世界大战期间对日裔美国人的拘押，不一而足。席卷华盛顿特区的强烈反华情绪，也许部分出于对中国某些政策的不满，或者出于对中国陌生文化的恐惧，但也可能出自更深层次的情感暗流。美国前驻华大使傅立民曾表示："看待中国时，许多美国人现在下意识地将阴险的小说人物傅满洲、20 世纪 80 年代日本对美国工业和金融主导地位构成的令人不安的挑战，以及激发了《反苦力法案》和《排华法案》的一种貌似'恐华症'的生存威胁感联系到一起。"[1]

---

[1] Chas W. Freeman Jr., "On Hostile Coexistence with China," Chas W. Freeman, Jr., May 3, 2019, https://chasfreeman.net/on-hostile-coexistence-with-china/.

　　美国民众需要自问，他们对中国崛起的反应，有多少是出于冷静的理性分析，又有多少是对非白种人文明的成功深感不安。理性和情绪的斗争在潜意识中上演，我们也许永远不会知道真正的答案。即便如此，我们还是要感谢基伦·斯金纳暗示了这样一个事实，即这种潜意识维度正在施加影响，现在是时候坦诚地讨论一下中美关系中的"黄祸"意识维度了。对付我们潜意识中的恐惧，最佳方法就是让它们浮出来并加以处理。

　　好在我们可以克服自己的非理性冲动。在现代社会，不同的文明不像台球那样在各处散落。相反，我们已经发展成"地球村"中相互依存的人类命运共同体，各种文明深度交织和融合。在一篇题为《文明的融合》的文章中，我和劳伦斯·萨默斯指出：

　　　　伟大的世界文明，在过去是分离和独立的，现在有越来越多重叠的共同领域。如今，世界上大多数人有着和西方中产阶级一样的愿望：希望自己的孩子接受良好的教育，找到好工作，生活在稳定、和平的社区里，过上幸福、有意义的人生。西方不应该感到沮丧，而应该庆祝：在将世界观的关键要素注入其他伟大的文明方面，西方取得了非凡成功。[①]

---

① Kishore Mahbubani and Lawrence H. Summers, "The Fusion of Civilization: The Case for Global Optimism," *Foreign Affairs*, May/June 2016, https://www.foreignaffairs.com/articles/2016-04-18/fusion-civilizations.

美国的政策制定者不应该惧怕文明的冲突，而应该庆幸我们观察到的一个事实："启蒙运动在西方引发的理性思潮正在全球蔓延，使每个地区都出现了务实的解决问题的文化，并使人们能够设想依据规则建立起一种稳定的、可持续的秩序。"

我们还观察到，西方和中国之间也正在出现一股促进文明融合的压倒性动力。正如我们写道：

> 许多人担心的第二大挑战是中国的崛起。然而，中国的成功也可以被视作西方的终极胜利。1793年，乾隆皇帝给英国国王乔治三世写过一封著名的信，信中写道："天朝物产丰盈，无所不有，原不藉外夷货物以通有无。"两个世纪以后，中国人明白了，他们的社会吸收西方的现代性对于国家的重新崛起至关重要。现代性带来了快速的经济增长，崭新铮亮的基础设施，太空探索的胜利，壮观的2008年北京奥运会，等等。
>
> 尽管中国社会以极大的热情接受了现代性，但它并没有抛弃中国文化的根源。中国人关注现代中华文明，也重视传统中国特性，这两者似乎毫无矛盾。的确，在新财富的推动下，中国现在正经历着自己的文化复兴。[1]

中国领导人还强调，尽管中国与西方存在着文化差异，但不

---

[1] Kishore Mahbubani and Lawrence H. Summers, "The Fusion of Civilization: The Case for Global Optimism," *Foreign Affairs*, May/June 2016, https://www.foreignaffairs.com/articles/2016-04-18/fusion-civilizations.

应该出现文明冲突。2019 年 5 月，在北京举行的亚洲文明对话大会开幕式上，习近平主席说道："各种文明本没有冲突，只是要有欣赏所有文明之美的眼睛。我们既要让本国文明充满勃勃生机，又要为他国文明发展创造条件，让世界文明百花园群芳竞艳。"[①]

当今时代有一个奇怪的地方：在过去，是西方领导人致力于拥抱多样性的价值观，而不是中国领导人。有一位美国总统经历过很可能发生核战争的梦魇，他就是约翰·肯尼迪。这段经历让他的内心备受折磨，在反思过后，他向美国同胞提出了一些宝贵的建议。正如 1963 年他在美利坚大学毕业典礼上的发言："因此，我们不能对彼此的分歧视而不见，我们应该把注意力转移到共同利益上，并通过共同利益来消弭我们的分歧。如果我们现在解决不了这些分歧，至少能以多样化的名义让世界变得安全。因为，归根结底，连接我们的根本纽带是，我们都生活在这颗小小的星球上，我们都呼吸着同一种空气，我们都珍视我们孩子的未来，我们也都是血肉之躯。"[②]他的发言的关键信息是，让多样性在世界上获得安全。

简言之，过去富有远见的美国领导人已经得出一个合乎逻辑的结论，那就是，尽管人类生活在不同的文化和文明中，但文明之间

① Xi Jinping, "Full Text of President Xi Jinping's Speech at the Opening Ceremony of the Conference on Dialogue of Asian Civilizations," China-Pakistan Economic Corridor, May 23, 2019, http://www.cpecinfo.com/news/full-text-of-president-xi-jinping-speech-at-the-opening-ceremony-of-the-conference-on-dialogue-of-asian-civilizations/NzE0MA==.

② John F. Kennedy, "Commencement Address at American University," Washington, DC, June 10, 1963, https://www.jfklibrary.org/archives/other-resources/john-f-kennedy-speeches/american-university-19630610.

并不一定会发生冲突。如果我们听从他们的建议，那么即使在美国和中国之间可能存在有危险分歧的文明维度，也不会产生矛盾。

第五，美国和中国之间似乎存在根本性矛盾的一个领域就是价值观，尤其是政治价值观。美国人对言论、出版、集会和宗教自由的理想是神圣不可侵犯的，也相信每个人都有权享有同样的基本人权。中国人认为社会需求和社会和谐比个人需求和权利更重要，防止混乱和动荡是治理的主要目标。简言之，美国和中国显然信奉两套不同的政治价值观。

然而，只有当中国试图向美国输出价值观，美国也试图向中国输出价值观时，这个领域才会产生根本性矛盾。一些美国人，沉溺在"中国威胁论"里，开始暗示自己，中国正试图破坏美国社会的价值观。这在美国联邦调查局局长克里斯托弗·雷的一句名言里有所体现。他说，现在美国"全社会"都受到中国的威胁。一群美国学者发布的题为《中国影响力与美国利益》的报告也指出，中国正试图破坏美国的自由。该报告称："开放和自由是美国民主的基本要素，也是美国及其生活方式的固有优势。必须保护这些价值不受中国和其他国家的侵蚀。"[1] 尽管一些中国机构可能在美国开展了一些令人反感的活动，但我们可以坚定地断言，中国政府没有意愿和计划去破坏或推翻美国的民主制度。为什么没有呢？答案很简单，中国领导人是政治现实主义者。他们

---

[1] Working Group on Chinese Influence Activities in the United States, *Chinese Influence & American Interests: Promoting Constructive Vigilance* (Stanford, CA: Hoover Institution Press, 2018), https://www.hoover.org/sites/default/files/research/docs/chineseinfluence_americaninterests_fullreport_web.pdf.

才不会在不可能完成的任务上浪费时间和资源。

遗憾的是，在美国的政治体系中，情况却并非如此。许多美国人认为，他们有责任去帮助中国人民摆脱"政治压迫"。既然美国成功地将许许多多人从苏联的枷锁中解放出来，它就有能力也应该对中国这么做。正如本书多次讲述的，许多美国人认为中国"站在历史错误的一边"，美国应该努力帮助中国走向历史正确的一边。他们还认为，既然美国是"山巅闪光之城"，就有义务去改善中国的人权状况。

美国人也讲究公平。他们认为人们应该言行一致。美国人也会同意这样一个广泛的原则，即一个违反《世界人权宣言》某些基本原则的国家，不具备道德权威去向他人宣讲这些人权的优点。

美国人虽然在理论上同意这些观点，但却没有践行它们。我们可以从美国领导人对新疆教培中心的反应中看出这一点。美国人认为他们有权表达愤怒，因为他们认为美国对待穆斯林平民会更好。

但究竟哪个国家对待穆斯林平民更好呢？美国还是中国？如果报道属实，那么自 2011 年 9 月 9 日以来，美国政府已经折磨或杀害了数千名无辜的穆斯林平民。自"9·11"事件以来，美国向伊斯兰国家投掷了成千上万枚炸弹，杀死了许多无辜的平民。

约翰·米尔斯海默在著作《大幻想：自由主义之梦与国际现实》中也总结了这些事实。大多数美国人都知道，美国在关塔那摩监狱中会系统地施行酷刑。但很少有美国人知道，小布什政府制定了臭名昭著的非常规引渡政策，据此将"高价值"囚犯送往埃及和叙利亚等不关心人权的国家，在那里对他们施加折磨和审问。此外，美国中央情报局还在欧洲的"黑狱"、阿富汗的巴格拉姆空军基地和伊拉克的阿布格莱布监狱虐待囚犯。这一政策显然违犯了美国国内法和国际法——二者都禁止酷刑。[①]

酷刑比监禁更严重地侵犯着人权。大多数道德哲学家都会同意这一点。他们还会同意，比酷刑更糟糕的是暗杀，因为最基本的人权是生存的权利。几乎没人注意到，近年来，美国政府加强了暗杀计划的执行力度。米尔斯海默描述了这番情形：

> 奥巴马政府既不能起诉也不能释放关塔那摩监狱的囚犯，所以对逮捕新囚犯并且无限期地关押他们也几乎没有兴趣。于是，奥巴马和顾问们显然做出了替代决定，那就是一旦出现可疑的敌方战斗人员，就暗杀他们。虽然杀死嫌犯要比把他们带到关塔那摩监狱并置于法律困境中容易得多，但这项新政策可能带来更消极的影响。
>
> 无人机在这些暗杀行动中扮演着核心角色。奥巴马有一份被称为"处置矩阵"的杀人名单；每个星期二，白宫里会举行一次被称为"恐怖星期二"的会议，会上将选出下一名受害者。[②]

米尔斯海默又补充了如下观察："记者汤姆·恩格尔哈特写道：'从前，不公开的暗杀行动通常是一种罕见的国家行为，总统可以否认或撇清责任。现在，它已经成为白宫和中央情报局日

---

① John J. Mearsheimer, *The Great Delusion: Liberal Dreams and International Realities* (New Haven, CT: Yale University Press, 2018), 184.

② Ibid., 184–185.

常公干的一部分。总统作为刺客头目的角色几乎被视作一种政治加分项来公开宣传。'"

鉴于美国政府在尊重无辜穆斯林平民的人权方面表现得不尽如人意，因此，其对他国宣教尊重基本人权的重要性就是自讨没趣。对两国政府来说，更明智之举是着眼于全局，承认两国面临共同的挑战，即都要应对伊斯兰激进组织招募的恐怖分子构成的威胁。"9·11"事件以后，美国已经感觉到了这种威胁。中国也经历过类似"9·11"的时刻，比如"5·22"乌鲁木齐恐怖袭击案。伊沙恩·塔鲁尔在2014年5月22日《华盛顿邮报》的文章中写道："星期四上午，乌鲁木齐发生了一起可怕的恐怖袭击，造成至少31人死亡。这次袭击是近年来最严重的一起恐怖袭击事件，袭击者开着两辆车冲向人群，并在一个人群密集的市场引爆炸药。造成的死亡人数超过了今年3月发生的一起恐怖袭击，当时，持刀袭击者在西南部城市昆明的一个火车站砍倒了29个人。当局怀疑此次袭击者同昆明事件中一样，也是维吾尔族极端分子。"[1]大多数美国人并不知道中国也有相似经历，如果他们知道，就会看到中美两国政府携手合作，共同应对人类面临的一项最大生存挑战的长期价值。

这一挑战就是13亿穆斯林正在做出的巨大努力：实现现代化，达到大多数中国和美国公民已经享有的舒适安全的生活水平。好消息是，大多数伊斯兰国家正缓慢、稳健地迈向成功，包括人口规模最大的伊斯兰国家马来西亚、巴基斯坦和孟加拉国。

---

[1] Ishaan Tharoor, "Why China's Terrorism Problem Is Getting Worse," *Washington Post*, May 22, 2014, https://www.washingtonpost.com/news/worldviews/wp/2014/05/22/why-chinas-terrorism-problem-is-getting-worse/.

随着时间的推移，这些更成功的伊斯兰国家将对中东地区一些情况更糟糕的阿拉伯国家产生积极的影响。美国已经洒了大量的鲜血、投入巨大的资源去尝试修复几个阿拉伯国家的问题，但这些努力大都失败了。如果美国能够与亚洲成功的温和派伊斯兰国家以及中国合作，就更有可能获得成功。简言之，面对伊斯兰世界，中国和美国不应该把焦点放在它们的分歧上，而应放在它们共同的挑战和机遇上。

如果在伊斯兰世界的各个角落都培育出积极的增长动力，那么结果将是世界上会减少侵犯人权（监禁、酷刑或暗杀）的情况。总之，即便各国在价值观领域存在分歧，也依旧存在合作的潜力。尤其是中国和美国，两国的合作将为自己的人民创造出一个更安全的未来。

中国和美国在打击恐怖主义和应对伊斯兰世界的问题上有着共同利益，这强化了本书的关键信息。如果中美两国都专注于改善本国公民的生活和福祉这一核心利益，那么它们将认识到，在长期国家利益层面，两国不存在根本性矛盾。2010 年，时任印度总理曼莫汉·辛格和温家宝总理发表联合声明，体现了中印关系的积极精神："世界上有足够的空间供中印共同发展，也有足够的领域供中印开展合作。"[1] 同样，世界上有足够的空间供中国和美国共同繁荣发展。

---

[1] "Joint Communiqué of the Republic of India and the People's Republic of China," Media Center, Ministry of External Affairs, Government of India, December 16, 2010, https://mea.gov.in/bilateral-documents.htm?dtl/5158/Joint+Communiqu+of+the+Republic+of+India+and+the+Peoples+Republic+of+China.

　　同等重要的是，面对全球变暖这一严峻挑战，中国和美国在使地球适宜两国 17 亿人口和世界上其余 50 多亿人口居住方面，也有着根本的共同利益。这一紧迫而严峻的挑战应该优先于人类面临的所有其他挑战。

　　气候变化带给人类的挑战其实很简单：人类能否证明自身仍然是地球上最聪明的物种，并把这种形象传递给子孙后代？当人类看到两个类人猿部落在周围森林失火时还在打斗着争夺领土时，会投之以同情的目光。然而，在地球面临巨大危险时，如果美国和中国继续关注它们的分歧，那么在子孙后代的眼里，这两国的形象同刚才提及的类人猿是一样的。

　　历代的道德哲学家和宗教圣人都提醒我们，试图创造完美永远是徒劳的，我们也不会有非黑即白的简单选项。到头来，我们总是必须做出取舍，包括道德上的取舍。所以我们要厘清最重要的事情是什么，并学会关注它们。归根结底，世界上其他 50 多亿人期望美国和中国能做到：致力于拯救地球并改善人类的生活条件，尤其是本国人民的生活条件。因此，最终的问题将不再是美国赢了还是中国赢了，而是人类是否会赢得胜利。

致　谢

　　我计划撰写本书时，给予我极大帮助的两位是新加坡国立大学前任校长陈祝全教授和现任校长陈永财教授。2017 年 12 月 31 日，当我卸任李光耀公共政策学院院长一职时，他们慷慨地给了我 9 个月的公休假。我也非常感谢李光耀公共政策学院主席吴作栋先生支持和鼓励我休假。卸任院长一职后，我很高兴被安排同新加坡国立大学副校长兼全球关系主任黄载贤教授及其团队一起工作。黄教授慷慨地为我提供了撰写本书的时间和场地。2019 年 7 月，亚洲研究院院长蒂姆·邦内尔教授、副院长梅特瑞·昂敦教授和沙琳·泽维尔·安东尼对我的到来表示热烈欢迎。亚洲研究院已经成为世界上亚洲研究的领先中心之一，我很高兴能在此工作期间完成本书。

　　2018 年的公休假非常充实。我收到六所大学的邀请：哥伦比亚大学、哈佛大学、复旦大学、巴黎政治学院、乔治敦大学和牛津大学。我在每一所大学都受到了热烈欢迎和鼎力支持。我有很多人要感谢，尤其要感谢玛丽特·洁诺教授（哥伦比亚大学国际与公共事务学院院长）、托尼·赛奇教授（哈佛大学艾仕民主治理与创新中心主任）、张维为教授（复旦大学国际关系和公共事务学院国际政治教授）、李世默教授（复旦大学中国研究院理事会理事）、恩里科·莱塔教授（巴黎政治学院公共事务学院院长）、约翰·J. 德焦亚教授（乔治敦大学校长）和拉纳·米特教授（牛津大学中国研究中心主任）。他们每一位都不遗余力地为我撰写本书提供了帮助和支持。

在这六所大学里，我还同许多亚洲研究领域的顶尖教授和研究人员进行深入交谈。他们并非都同意本书的一些观点和结论。尽管如此，我还是希望他们将来能读到本书，并从中发现一些知识和观点是我从跟他们的丰富交谈中汲取的。

我也对一些不吝推荐本书的好朋友表示感谢，他们是格雷厄姆·艾利森、伊恩·布雷默、戴维·兰普顿、迈克尔·斯宾塞、劳伦斯·萨默斯、斯蒂芬·沃尔特、王赓武和杨荣文。

我准备写作本书时，深知找美国出版商合作会是个不小的挑战。因此，当我的老朋友、出版商克莱夫·普里德尔欣然同意出版时，我由衷地感到高兴。过去，我和克莱夫合作出版了三本书，我总是能从他身上学到很多。因此，与他再次合作真的很愉快。他在编辑和润色本书方面做得非常出色。我衷心感谢克莱夫和他在公共事务出版社的团队，他的团队非常棒。

面对当今这个混乱、复杂的世界，如果缺乏良好的研究协助，任何作者都不可能完成写书的工作。我十分感谢谭亚楠从一开始就参与本书的写作并坚持到最后。她的工作非常出色，她研究并找到了显著支撑本书关键结论的事实和观点。本书的诞生在很大程度上归功于她。我也很感谢年轻的实习生阿里·洛迪加入进来为我提供了四个星期的帮助。杰西卡·杨也在本书写作接近尾声时提供了帮助。如果没有我出色的私人助理卡萝尔·陈的支持，我是不可能完成本书的，她使我保持有条不紊的状态，并为我提供了宝贵的意见和建议。

我的妻子安妮给我的生活带来了许多礼物，实在是太多了，无法一一提及。她送给我的一份非常特别的礼物是她与家人的亲密关系，我非常喜欢并欣赏有她的家庭氛围，她的母亲阿黛尔总是热情地欢迎我，对我也非常慷慨。我真的很高兴能把本书献给她。

附 录

"美国例外论"的神话 ^①

美国拥有独一无二的美德，这种想法也许会安慰美国人，但可惜事实并非如此。

——斯蒂芬·沃尔特

在过去的两个世纪里，杰出的美国人把美国描述为"自由帝国""山巅闪光之城""地球上最后的、最好的希望""自由世界的领袖""不可或缺的国家"。这些经久不衰的比喻解释了为什么所有的总统候选人都觉得必须因循惯例赞颂美国的伟大，以及为什么当贝拉克·奥巴马总统说出下面这番话时受到了猛烈的抨击（最近主要是来自米特·罗姆尼的抨击）。奥巴马说，虽然他信奉

---

① 这篇文章的作者是斯蒂芬·沃尔特。"The Myth of American Exceptionalism: The Idea that the United States Is Uniquely Virtuous May Be Comforting to Americans. Too Bad It's Not True," *Foreign Policy*, October 11, 2011, https:// foreignpolicy. com/2011/10/11/the-myth-of-american-exceptionalism/.

"美国例外论"，但觉得它与"希腊例外论"或任何其他国家的爱国式自吹自擂没有什么不同。

"美国例外论"的大部分说法都认为美国的价值观、政治制度和历史是独一无二的，值得全世界钦佩。它们还暗示，美国注定有资格在世界舞台上发挥一种独特而积极的作用。

这种对美国全球角色沾沾自喜的描述的错误在于，它基本上是个神话。尽管美国拥有某些独特的品质，诸如从高度的宗教虔诚到重视个人自由的政治文化，但美国外交政策的实施一直主要取决于美国的相对实力和国际政治的内在竞争性质。美国人把注意力集中在自身的所谓非凡品质上，结果却看不到自己和其他人的许多相似之处。

美国人坚定地信奉"美国例外论"，从而更难理解为何其他人没有那般热衷于美国的主导地位，经常对美国的政策感到震惊，并频繁地被美国的虚伪所激怒。美国的虚伪表现在拥有核武器、遵守国际法律、倾向于谴责他人行为而忽略自身缺点等诸多议题上。讽刺的是，如果美国人不那么确信自己拥有独一无二的美德，也不那么急于宣扬它们，美国的外交政策可能会更奏效。

简言之，我们需要对美国真正的性格和贡献进行更现实和批判性的评估。本着这种精神，我在此处讲解"美国例外论"的五大神话。

神话1："美国例外论"自有非凡之处

每当美国领导人提到美国的"独特"责任时，他们都在说，美国与其他国家不同，这些不同之处要求美国人承担独特的责任。

然而，这种崇高的宣言并没有什么非比寻常之处，发表这番宣言的人实际上也是老调重弹。大多数大国都认为自己比对手优越，并相信当自己把偏好强加给其他国家时，是为了实现更大的利益。英国人认为自己肩负着"白人的使命"，法国殖民者则援引"文明使命"来为自己的殖民帝国辩护。葡萄牙的殖民扩张也不光彩，但它相信自己是在促进某种"文明使命"。就连苏联的许多官员也真心相信，他们正在领导世界走向社会主义的乌托邦，哪怕苏联的统治造成了许多残酷的后果。当然，到目前为止，美国比苏联更有资格宣称自身的美德，但奥巴马的提醒是正确的：所有国家都珍视自己独特的品质。

因此，当美国人宣称他们与众不同、不可或缺时，只不过是最近一次的老调重弹。在大国中，认为自己与众不同是一种常态，而不是例外。

神话 2：美国比其他国家表现得更好

"美国例外论"的宣言基于这样一种信念：美国是一个独一无二的品德高尚的国家，一个热爱和平、培育自由、尊重人权、拥抱法治的国家。美国人喜欢认为自己的国家比其他国家表现得更好，当然也比其他大国表现得更好。

但愿如此。美国也许不像世界历史上最糟糕的国家那般残暴，但如果冷静、客观地看待历史，就会推翻大部分关于美国道德优越感的说法。

首先，美国是现代历史上最具扩张主义的国家之一。它最初由东部海岸的 13 个小殖民地组成，最后向北美洲扩张，并于 1846 年从墨西哥手中夺取了得克萨斯州、亚利桑那州、新墨西哥州和加利福尼亚州。在扩张的过程中，美国消灭了大部分原住民，并将幸存者限制在贫困的保留地内。到了 19 世纪中期，美国已经将英国逐出太平洋西北地区，巩固了它在西半球的霸权。

从那以后，美国打了许多场战争，其中几场战争还是由它发起的，所以其战时行为很难给别国做一个克制的好榜样。在 1899—1902 年美国对菲律宾的征服中，有 20 万～40 万菲律宾人丧生，其中大多数是平民。在第二次世界大战期间，美国及其盟国毫不犹豫地发动空袭，造成大约 30.5 万德国平民和 33 万日本平民丧生，他们大多是在城市遭到蓄意轰炸时死亡的。难怪指挥轰炸日本行动的柯蒂斯·勒梅将军告诉助手："如果美国输了这场战争，我们会被当作战犯起诉。"在印度支那战争期间，美国投掷了 600 多万吨炸弹，其中包括大量凝固汽油弹和橙剂等致命的落叶剂。这场战争造成大约 100 万平民丧生，美国应对其中许多人的死亡负有直接责任。

近来，美国支持的尼加拉瓜反政府武装战争造成大约 3 万尼加拉瓜人丧生，如按人口比例换算，相当于美国死亡了 200 万人。在过去 30 年里，美国的军事行动直接或间接造成 25 万穆斯林死亡（25 万是保守估计数字，不包括 20 世纪 90 年代制裁伊拉克造成的死亡人数），其中包括 2003 年美国入侵和占领伊拉克造成的 10 多万人的死亡。目前，美国的无人机和特种部队正在至少 5 个国家追捕恐怖分子嫌疑人，在这个过程中，造成了数量不详的无辜平民的死亡。为了让美国人更加富裕和安全，其中一些行动可能是必要的。如果某些国家对我们这样做，美国人会毫无疑问地认定其行为毫无辩护余地，然而，几乎没有美国政治家质疑美国发动或参与战争的决策。相反，美国人仍然满腹疑问："他们为什么恨我们？"

美国在人权和国际法方面讲得很好，但拒绝签署大部分人权条约；它没有站在国际刑事法院一方，而是一直非常愿意奉承独裁者——还记得我们的朋友胡斯尼·穆巴拉克吗？他的人权记录糟透了。如果这些还不够，那么阿布格莱布监狱的虐囚事件，加上小布什政府非常依赖使用水刑、非常规引渡和预防性拘留，应该会动摇"美国一直以高尚的方式行事"的信念。奥巴马决定保留上述许多政策，表明它们并非反常的权宜之计。

美国没有通过海外征服成为一个庞大的帝国。如果在过去一个世纪的大部分时间里，任由美国政府支配大权，它肯定会做得更糟糕。历史记录已清楚地表明，美国领导人做了他们认为在面对外部危险时必须做的事情，并且在过程中很少关注道德原则。美国拥有独一无二的美德，这种想法也许会安慰美国人，但可惜事实并非如此。

神话 3：美国的成功源于自身的独特优势

美国确实取得了举世瞩目的成就，美国人倾向于把美国崛起为世界强国直接归因于开国元勋的政治远见、美国宪法的优点、个人自由被优先考虑、创造力以及美国人民的辛勤工作。按照这种说法，美国今天享有特殊的全球地位，正是源于其自身的独特优势。

除了上述原因，美国的成功还有其他客观因素：移民成群结队地来到美国寻找经济机会并非偶然，"大熔炉"式的飞速发展也促使一拨拨"新美国人"加速融入美国社会；美国的科技成就完全值得称赞，这部分归功于美国政治秩序的开放性和生命力。

然而，美国的昔日成功不仅源于自身的独特优势，还归功于运气。这个诞生较晚的国家确实很幸运：它坐拥美洲大陆丰富的自然资源和可通航的河流，幸运地建立在远离其他强国之处，当地社会不那么发达，原住民对欧洲的疾病非常敏感。更幸运的是，在建国初期的大部分岁月里，欧洲列强忙于交战，美国可充分投身于美洲大陆扩张；当其他列强经历了两次毁灭性的世界大战后，美国的全球霸主地位得以确立。这番对于美国崛起的描述并没有否认美国自身的努力，但也应承认，美国目前的地位若归因于任何独特的优势或"命中注定"，那也等同归因于好运气。

神话 4：美国为世界发展做出了大部分贡献

美国人喜欢把世界的良性发展归功于自己。美国前总统比尔·克林顿认为，"美国在促进世界各国建立稳定的政治关系中是不可或缺的"。已故的哈佛大学政治学家塞缪尔·亨廷顿认为，美国的主导地位乃是"未来世界自由、民主、开放经济和国际秩序"的核心。美国《外交政策》高级通信员迈克尔·赫什在著作《与我们自己作战》中更进一步写道，美国的全球角色是"世界在许许多多个世纪——乃至有史以来收到的最大礼物"。一些学术著作也强调了美国对传播民主和促进自由世界秩序的贡献，比如托尼·史密斯的《美国的使命》和约翰·伊肯伯里的《自由主义利维坦》。再看看美国领导人对自身的高度褒扬，大多数美国人将自己的国家视为世界事务中压倒性的积极力量也就不足为奇了。

在过去的一个世纪里，美国为世界的和平与稳定确实做出了贡献，比如马歇尔计划，布雷顿森林体系的创立和管理，对民主和人权核心原则的声援，以及在欧洲和远东地区维持总体稳定的军事存在，这些虽然无法足够准确地支撑这一观点，但也提供了相应的论据。然而，将所有好事都归功于美国，这极其过分地夸大了美国的贡献。

普及一下，虽然观看过《拯救大兵瑞恩》或《巴顿将军》的美国人可能会得出"美国在击败纳粹德国中发挥了核心作用"的结论，但其实大多数战斗发生在东欧，苏联才是击溃希特勒军队的主力。同样地，尽管马歇尔计划和北大西洋公约组织在第二次世界大战后欧洲的复兴中发挥了重要作用，但欧洲人至少值得同等的赞誉，是他们重建了自身的经济，建立起一个新的经济和政治联盟，走出了长达四个世纪的国家之间的激烈较量。美国人还倾向于认为他们是靠自己赢得了冷战的胜利，这种观点无视了其他力量和勇敢的持不同政见者的贡献，正是他们引发了1989年的"天鹅绒革命"。

除此之外，正如戈弗雷·霍奇森近来在他富有同情心但又清醒的著作《美国例外论的神话》中指出的，自由理想的传播是一种根植于启蒙运动的全球现象，欧洲哲学家和政治领袖在此方面做出了巨大贡献。同样，在废除奴隶制和长期努力提高妇女地位等方面，英国和其他民主国家比美国的功劳更大，美国在这两个方面远远落后于许多其他国家。今天，美国也无法在同性恋权利、刑事司法或经济平等方面发挥全球领导作用，是欧洲在这些方面发挥了重要作用。

最后，任何对过去半个世纪的忠实描述都必须承认，美国的主导地位正在走下坡路。在过去一百年的大部分时间里，美国一直是温室气体的主要制造者，是造成全球环境恶化的主因。在南非反对种族隔离的长期斗争中，美国站到了错误的一边；当短期战略利益占了上风时，美国还支持了许多令人讨厌的独裁政权，比如萨达姆·侯赛因。美国人或许对自己在缔造和保卫以色列以及打击全球反犹太主义方面扮演的角色感到自豪，但美国"一边倒"的政策也延长了巴勒斯坦人的无国籍状态，使其长期被以色列野蛮侵占。

总之，美国对全球进步做出了一定贡献，但独揽了太多功劳。对于自身政策起到反作用的领域，美国受到的指责太少。美国人如果对自身的弱点视而不见，就会在现实世界中造成一些后果。还记得五角大楼的策划者以为美军将在巴格达受到鲜花和游行人群的欢迎吗？实际上，他们得到的大多是火箭推进式榴弹和简易爆炸装置。

神话 5：上帝与美国同在

"美国例外论"的一个关键组成部分是，美国相信自己肩负着领导世界其他国家的神圣使命。罗纳德·里根曾告诉公众，是"某种神圣的计划"缔造出美国的，并且他引用罗马教皇庇护十二世的话说："上帝将苦难的人类的命运交到美国手中。"2004年，小布什表达了类似的观点，他说："我们受到星辰之外的召唤来捍卫自由。"奥托·冯·俾斯麦则是话糙理不糙，他的俏皮话"上帝特别眷顾傻瓜、醉汉和美国"也表达了同样的观点。

对任何国家来说，信心都具有宝贵的价值。但是，当一个国家开始自认为享有天命，立于不败之地，也不会被流氓、无赖或无能之辈引入歧途时，它在现实中可能很快就会遭到打击。古代的雅典、拿破仑时期的法国、日本帝国以及无数其他国家都曾经抵挡不住这种狂妄，而且几乎总会招致灾难性的后果。

美国虽然取得了许多成功，但很难对挫折、荒唐和愚蠢的错误免疫。如果你有任何疑问，不妨稍加思考，十年来不明智的减税，两场代价高昂又不成功的战争，再加上一场主要由贪婪和腐败引发的金融崩溃，这些如何毁掉了美国在 20 世纪末享有的特权地位。美国人与其假设上帝站在他们一边，倒不如听从亚伯拉罕·林肯的告诫，即我们最关心的应该是"我们是否与上帝同在"。

今天美国人面临着诸多挑战，从旷日持久的失业到结束两场致命战争的负担，他们发现自己的例外主义的观念十分安抚人心，这毫不奇怪——美国抱负远大的政治领导人已经越发热情高涨地宣扬了这一观念。这种爱国主义观念确实有其好处，但也会让美国对其在世界上的角色产生根本误解，从而做出错误的决定。

同所有国家一样，美国有自己的特质，但它依然是一个包含在竞争性全球体系中的国家。美国比大多数国家都要强大和富裕，也拥有非常有利的地缘政治地位。在处理外交事务时，这些优势赋予美国更广泛的选择，但并不能确保其选择都是对的。美国也远非一个行为与其他大国截然不同的独特国家，它和其他所有国家一样，首先追求自身利益，随着时间的推移，会寻求改善自己的相对地位，并在纯粹理想主义的追求上少花点钱、少牺牲些生命。然而，就像往昔的强国一样，它已经说服了自己，它与众不同，它比其他任何国家都更好。

国际政治需要互相接触，为了安全与繁荣，即使是强国也必须在其政治原则上有所妥协。民族主义是一股强大的力量，它确实凸显了国家的美德，粉饰了不光彩的阴暗面。如果美国人想真正做到与众不同，他们可能需要用一种更加怀疑的目光来审视"美国例外论"这一概念。